海外农业研究中心 ● **智库报告**
Center for International Agricultural Research, CAAS

"一带一路"国家
农业发展与合作——南亚七国

印 度　孟加拉国　斯里兰卡　马尔代夫
巴基斯坦　阿富汗　尼泊尔

◎ 聂凤英　曲春红　主编

中国农业科学技术出版社

图书在版编目（CIP）数据

"一带一路"国家农业发展与合作 . 南亚七国 / 聂凤英，曲春红主编 . —北京：中国农业科学技术出版社，2018.12
ISBN 978-7-5116-3905-9

Ⅰ.①一… Ⅱ.①聂… ②曲… Ⅲ.①农业合作－国际合作－研究－中国、南亚 Ⅳ.① F32 ② F335

中国版本图书馆 CIP 数据核字（2018）第 218144 号

责任编辑	周丽丽　徐定娜　穆玉红
责任校对	贾海霞
出 版 者	中国农业科学技术出版社
	北京市中关村南大街 12 号　邮编：100081
电　　话	（010）82105169（编辑室）　（010）82109702（发行部）
	（010）82109709（读者服务部）
传　　真	（010）82105169
网　　址	http://www.castp.cn
发　　行	各地新华书店
印 刷 者	北京建宏印刷有限公司
开　　本	880 mm × 1 230 mm　1/16
印　　张	15.5
字　　数	328 千字
版　　次	2018 年 12 月第 1 版　2018 年 12 月第 1 次印刷
定　　价	180.00 元

── 版权所有·侵权必究 ──

《"一带一路"国家农业发展与合作——南亚七国》
编委会

主　　任：吴孔明

副 主 任：贡锡锋　　孙　坦　　金　轲

主　　编：聂凤英　　曲春红

副 主 编：张　莉　　张学彪

编写人员：郑海霞　　李辉尚　　朱海波　　张　帆　　李　越
　　　　　乐　姣　　王月琴　　计　晗　　赵　伟

序

在当今世界经济复苏缓慢,全球产业结构和国际投资贸易格局深度调整的背景下,习近平总书记 2013 年提出的共建"丝绸之路经济带"和"21 世纪海上丝绸之路"倡议,得到了国际社会的广泛支持。"共建'一带一路',实现共赢发展"对促进区域经济一体化和加强区域互联互通发挥了重要作用。"一带一路"倡议给沿线国家人民带来了实实在在的好处,为构建共商共建共享的全球治理新机制贡献了中国智慧。

人口增长、资源约束和消费结构升级对我国农业发展提出了新的挑战。党的"十八大"以来,党中央把农业"走出去"摆在了更加突出的位置,习近平总书记提出"要加快推动农业走出去,增加国内农产品供给"。保障国家食物安全,要求我们"统筹利用两个市场两种资源",在全球范围内实现农业资源的优化整合和农产品市场的深度开发,构建开放互利共赢的农业对外合作新格局。

"一带一路"沿线国家高度重视农业发展,但由于自然条件和政治、经济、社会等多方面因素的影响,多数国家都面临区域农业发展不平衡,缺乏有效农业合作机制和农业科技支撑力度不足等问题。"一带一路"倡议为加强区域农业合作带来了难得的历史机遇,通过促进区域内农业要素有序流动,可以使沿线国家更好地发挥比较优势,增加世界农产品的有效供给。

改革开放 40 年来,中国农业产业和科技发展取得了长足的进步,积累了大量"一带一路"国家可以利用和借鉴的技术和管理经验。近年来,中国的农业科技已大量走出国门,在 100 多个国家和地区援建了 270 多个农业项目,"绿色超级稻"已经有 78 个品种在 18 个亚非国家审定和推广,"中棉系列"棉花新品种和植棉技术大幅提高了中亚国家的棉花产量。动物疫苗、生物防治技术和产品等为亚洲和非洲农业生产提供了重要保障。国内对外农业投资热情高涨,境外注册设立的农林牧渔类企业达 1300 多家,覆盖了 105 个国家和地区。农业"走出去"的新常态对海外农业战略研究提出了新的要求。我们需要建立全球农业数据中心，加强海外农业战略高端智库建设，为政府和企业农业走出去工作提供信息服务和技术支撑。

在农业农村部和中国工程院等部门的支持指导下，中国农业科学院海外农业研究中心系统开展了海外农业的研究工作。《"一带一路"国家农业发展与合作》系列丛书汇编了对重点国家的智库研究成果，编写过程中得到了农业农村部相关机构、中国农业科学院部分研究所以及云南、广西、新疆、内蒙古和黑龙江等省（自治区）级农科院、农业高校的大力支持。

丛书按地区分为东北亚四国、东南亚十一国、南亚七国、中亚五国、中东欧十六国、独联体及其他六国和西亚北非十六国共七个分册，系统梳理了"一带一路"沿线65个国家的基本国情和农业发展情况，从经济、贸易、投资和科技多角度分析了重点国家的农业投资环境、农业合作重点领域和发展潜力。丛书内容丰富、系统性强、信息量大，为中国农业对外合作和农产品贸易工作者提供了高水平的专业性参考，对服务中国农业国际合作和推动农业"走出去"工作有重要价值。

中国农业科学院副院长
中国工程院院士
2018年12月

目 录
CONTENTS

印 度

一、国家基本概况 ··· 2
　（一）自然地理 ··· 2
　（二）人口情况 ··· 2
　（三）政治制度 ··· 2
　（四）社会和经济发展状况 ··· 3

二、农业发展现状 ··· 4
　（一）农业资源条件 ·· 4
　（二）农业生产情况 ·· 5
　（三）农产品贸易情况 ··· 8
　（四）农业科技发展 ·· 10
　（五）农业管理体系与政策 ··· 10

三、农业投资环境 ··· 12
　（一）国家商业环境 ·· 12
　（二）农业优势与潜力 ··· 14
　（三）风险分析 ··· 14
　（四）总体评价 ··· 15

四、中印农业合作现状与合作重点 ··· 15
　（一）合作现状 ··· 15
　（二）合作潜力 ··· 18

（三）合作重点 ……………………………………………………… 19
五、中印农业合作建议 …………………………………………………… 21
　　（一）加强两国政策沟通 …………………………………………… 21
　　（二）推动两国间互联互通建设 …………………………………… 21
　　（三）积极探索农业合作方式 ……………………………………… 22
　　（四）优化农产品进出口结构 ……………………………………… 22
　　（五）深入挖掘投资潜力 …………………………………………… 22
参考文献 …………………………………………………………………… 23

孟加拉国

一、国家基本概况 ………………………………………………………… 26
　　（一）地理及行政区划 ……………………………………………… 26
　　（二）人口规模与构成 ……………………………………………… 26
　　（三）宏观经济情况 ………………………………………………… 27
　　（四）社会发展状况 ………………………………………………… 29
二、农业发展现状 ………………………………………………………… 30
　　（一）农业资源条件 ………………………………………………… 30
　　（二）农业生产情况 ………………………………………………… 33
　　（三）农产品贸易情况 ……………………………………………… 37
　　（四）农业管理体系与政策 ………………………………………… 42
三、农业投资环境 ………………………………………………………… 45
　　（一）国家商业环境 ………………………………………………… 45
　　（二）农业优势与潜力 ……………………………………………… 46
　　（三）风险分析 ……………………………………………………… 46
　　（四）总体评价 ……………………………………………………… 47
四、中孟农业合作现状与合作重点 ……………………………………… 47
　　（一）合作现状 ……………………………………………………… 47
　　（二）合作潜力 ……………………………………………………… 51
　　（二）合作重点 ……………………………………………………… 53

五、农业合作建议 ··· 55
（一）建立并强化政府间农业合作协调机制 ·················· 55
（二）加强当地法律政策的研究 ···································· 55
（三）推动科技人才合作，提高生产技能 ····················· 55
（四）围绕重点领域保障当地粮食安全 ·························· 55

参考文献 ··· 56

斯里兰卡

一、基本概况 ··· 58
（一）自然地理 ·· 58
（二）人口与政治制度 ··· 58
（三）经济与社会发展 ··· 59

二、农业发展现状 ··· 61
（一）农业资源条件 ·· 61
（二）农业生产情况 ·· 61
（三）农产品贸易情况 ··· 65
（四）农业科技发展 ·· 70
（五）农业管理体系与政策 ·· 71

三、斯里兰卡农业投资环境与风险分析 ······················· 72
（一）国家商业环境 ·· 72
（二）风险分析 ··· 73

四、农业合作现状与合作重点 ····································· 78
（一）合作现状 ··· 78
（二）合作潜力与合作思路 ·· 80
（三）合作重点 ··· 81

五、中斯农业合作建议 ·· 85
（一）明确农业合作目标与定位 ···································· 85
（二）做好规划设计，强化支撑体系 ···························· 86
（三）重视投资经营的合规合法与风险管理 ·················· 86

参考文献 ··· 86

马尔代夫

- 一、国家基本情况 ·········· 88
  - (一) 自然地理 ·········· 88
  - (二) 人口与政治制度 ·········· 88
  - (三) 社会和经济发展 ·········· 89
- 二、农业发展现状 ·········· 91
  - (一) 农业资源条件 ·········· 91
  - (二) 农业生产情况 ·········· 91
  - (三) 农产品贸易情况 ·········· 93
  - (四) 农业科技发展 ·········· 96
  - (五) 农业管理体系与政策 ·········· 97
- 三、农业投资环境与风险分析 ·········· 98
  - (一) 国家商业环境 ·········· 98
  - (二) 农业投资风险分析 ·········· 98
- 四、农业合作现状与合作重点 ·········· 101
  - (一) 合作现状 ·········· 101
  - (二) 合作潜力 ·········· 103
  - (三) 合作思路 ·········· 105
  - (四) 合作重点 ·········· 106
- 五、中马农业合作建议 ·········· 108
  - (一) 明确农业合作目标与定位 ·········· 108
  - (二) 强化投资风险管理 ·········· 108
  - (三) 加强信贷支持 ·········· 108
- 参考文献 ·········· 108

巴基斯坦

- 一、国家基本概况 ·········· 110
  - (一) 自然地理 ·········· 110

目 录

  （二）政治制度 …………………………………………… 110
  （三）人口状况 …………………………………………… 111
  （四）社会和经济发展 …………………………………… 111
 二、农业发展现状 …………………………………………… 112
  （一）农业资源条件 ……………………………………… 112
  （二）农业生产情况 ……………………………………… 113
  （三）农产品贸易情况 …………………………………… 121
  （四）农业科技发展 ……………………………………… 129
  （五）农业管理体系与政策 ……………………………… 131
 三、农业投资环境 …………………………………………… 133
  （一）国家商业环境 ……………………………………… 133
  （二）农业优势与潜力 …………………………………… 134
  （三）风险分析 …………………………………………… 137
 四、中巴农业合作现状与合作重点 ………………………… 141
  （一）合作现状 …………………………………………… 141
  （二）合作潜力 …………………………………………… 144
  （三）合作重点 …………………………………………… 144
 五、中巴农业合作建议 ……………………………………… 147
  （一）增进中巴农业科技领域的交流 …………………… 147
  （二）拓展中巴农业贸易领域的宽度 …………………… 148
  （三）加强中巴农业投资领域的合作 …………………… 148
  （四）完善中巴农业合作机制 …………………………… 148
参考文献 ………………………………………………………… 149

阿富汗

 一、阿富汗基本概况 ………………………………………… 152
  （一）地理区划 …………………………………………… 152
  （二）政治制度 …………………………………………… 152
  （三）人口民族 …………………………………………… 152
  （四）经济发展 …………………………………………… 154

（五）社会发展 ··· 155
二、农业发展现状 ··· 155
  （一）农业资源条件 ··· 155
  （二）农业生产情况 ··· 156
  （三）农产品贸易情况 ·· 170
  （四）农业管理体系与政策 ··· 179
三、农业投资环境 ··· 183
  （一）国家商业环境 ··· 183
  （二）农业优势与潜力 ·· 183
  （三）风险分析 ··· 184
  （四）总体评价 ··· 185
四、中阿农业合作现状与合作重点 ·· 185
  （一）与中国的合作现状 ··· 185
  （二）中阿合作潜力 ··· 187
  （三）合作重点 ··· 190
五、中阿农业合作建议 ··· 192
  （一）强化顶层设计，增强援助项目的针对性 ······························· 192
  （二）防范合作风险，鼓励农业企业"走出去" ······························· 192
  （三）加强技术交流，不断提升阿富汗农业发展能力 ······················· 192
  （四）扩大合作规模，开辟合作新领域 ··· 192

参考文献 ··· 193

尼泊尔

一、国家基本情况 ··· 196
  （一）自然地理 ··· 196
  （二）政治制度 ··· 196
  （三）人口分布 ··· 197
  （四）社会和经济发展 ·· 197
二、农业发展现状 ··· 198
  （一）农业资源条件 ··· 198

（二）农业生产情况 …………………………………………………… 200
（三）农产品贸易情况 ………………………………………………… 207
（四）农业科技发展 …………………………………………………… 215
（五）农业管理体系与政策 …………………………………………… 219

三、农业投资环境 …………………………………………………………… 221
（一）国家商业环境 …………………………………………………… 221
（二）农业优势与潜力 ………………………………………………… 223
（三）风险分析 ………………………………………………………… 224
（四）总体评价 ………………………………………………………… 227

四、中尼农业合作现状与合作重点 ………………………………………… 227
（一）合作现状 ………………………………………………………… 227
（二）合作潜力 ………………………………………………………… 230
（三）合作重点 ………………………………………………………… 231

五、中尼农业合作建议 ……………………………………………………… 233
（一）加强农业科技合作，培养农业科技创新人才 ………………… 233
（二）加强农业贸易合作，拓宽国内国际市场 ……………………… 233
（三）加强农业投资合作，稳定农产品贸易关系 …………………… 234

参考文献 ……………………………………………………………………… 234

印 度

一、国家基本概况

（一）自然地理

印度共和国简称印度，地处北半球，北纬8°24′~37°36′、东经68°7′~97°25′。印度是南亚次大陆最大的国家，位于亚洲南部，国土面积约298万平方千米，居世界第7位。东北部同中国、尼泊尔、不丹接壤，孟加拉国夹在东北部国土之间，东部与缅甸为邻，东南部与斯里兰卡隔海相望，西北部与巴基斯坦交界。东临孟加拉湾，西濒阿拉伯海，海岸线长5 560千米。

（二）人口情况

2016年，印度总人口为13.24亿人，人口数世界排名第二。其中男性人口6.24亿，女性人口5.87亿。根据2015年印度第15次人口普查结果，2001—2010年10年间印度人口增长率为1.8%，较2001年人口普查时的2.1%出现明显下降。自20世纪70年代以来，在政府干预下，印度人口增长速度有所放缓，到20世纪90年代以后，人口年均增长率逐步下降到2%以下，近10年人口年均增长率为1.4%（图1）。普查结果还显示，印度目前的儿童性别比例是自独立以来最低的，男女比例为1 000∶914。

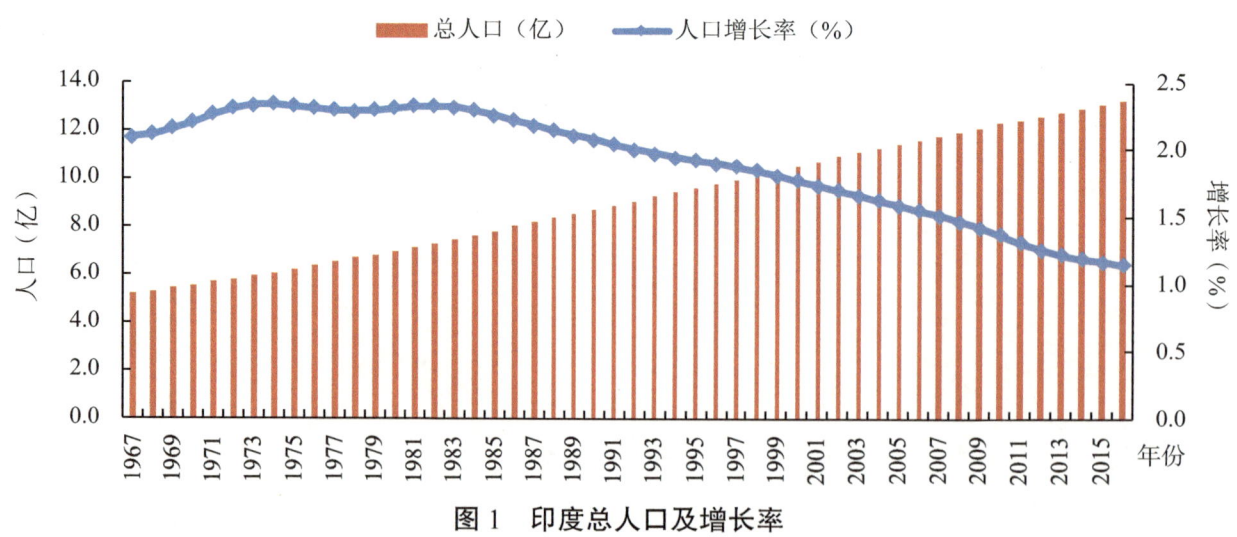

图1　印度总人口及增长率

数据来源：世界银行

（三）政治制度

印度是世界四大文明古国之一。公元前2500年至公元1500年创造了印度河文明。公元前1500年左右，原居住在中亚的雅利安人中的一支进入南亚次大陆，征服当地土著，建立了一些奴隶制小国，确立了种姓制度，婆罗门教兴起。公元前4世纪崛起的孔雀王朝统一印度，中世纪小国林立，印度教兴起。1600年英国侵入，建立东印度公司。1757年沦为英殖民地。1947年8月15日，印巴分治，印度独立。1950年1月26日，印度共和国成立，为英联邦成员国。

印度有27个邦（省）、6个联邦属地及1个国家首都辖区。每一个邦都有各自的民选政府，而联邦属地及国家首都辖区则由联合政府指派政务官管理。印度是一个资本主义联邦制共和国，采取英国式的议会民主制，总统是国家元首，行政权力由以总理为首的部长会议（即印度的内阁）行使，印度的立法权归议会所有，最高法院是最高司法权力机关。政党主要有国民大会党、人民党、印度共产党（马克思主义）、印度共产党、泰卢固之乡党。印度现任总统为拉姆·纳特·科温德，总理纳伦德拉·莫迪。

（四）社会和经济发展状况

印度是世界重要的新兴市场国家和发展中大国，也是金砖国家之一，具有丰富的文化遗产和旅游资源，是世界上发展最快的国家之一。根据世界银行数据统计，2016年印度国内生产总值（GDP）2.26万亿美元，年均增长率为7.1%。印度经济在1947年独立之初基础较差，到20世纪80年代之前，GDP年均增长率仅为3.5%，80年代提升到5.6%。20世纪90年代印度开始向市场经济转轨，GDP增长率逐步提高，特别是进入21世纪以来，GDP年均增长率提升到7%左右（图2）。

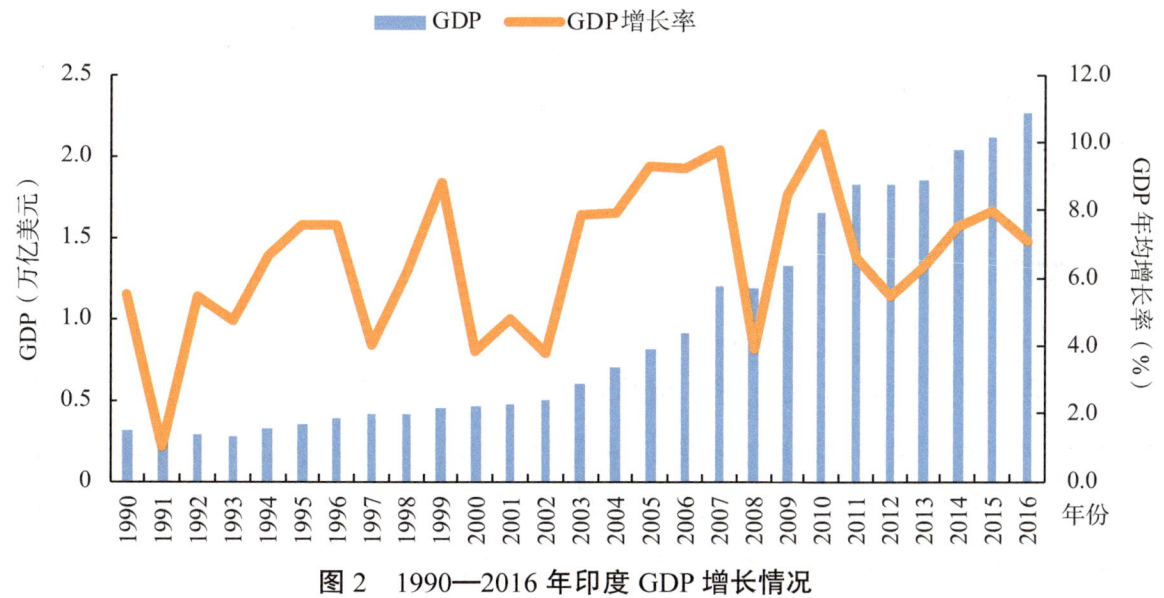

图2　1990—2016年印度GDP增长情况

数据来源：世界银行

印度经济多样性非常明显，由传统农业、现代农业、手工业以及现代工业和服务业所组成。在 GDP 总量中，农业增加值占 15.5%，工业占 26.2%，服务业占 58.4%。服务业是经济增长的最主要动力，使用的劳动力占全国总量的不到 1/3，却创造了国内生产总值的 50%以上。目前，印度已成为全球软件、金融等服务业重要出口国。

二、农业发展现状

（一）农业资源条件

1. 气候条件

印度全境炎热，大体属热带季风气候，印度西部的塔尔沙漠则是热带沙漠气候。夏天时有较明显的季风，冬天则无较明显的季风。印度一年分为凉季（每年 10 月至次年 3 月）、暑季（4—6 月）和雨季（7—9 月）三季，降雨量分配不均。冬天受喜马拉雅山脉屏障影响，基本没有寒流或冷高压南下影响。

2. 土地资源

印度幅员辽阔，土地资源较为丰富，地势以低矮平缓地形为主。由于地壳运动，印度全境大致被分为四部分：北部是山岳地区，从喜马拉雅山向南，一直伸入印度洋，极高的海拔和上面的冰川融水形成了印度多条河流的发祥地，其中就包括亚穆纳河和著名的恒河；中部是印度河—恒河平原，在热带季风气候及适宜农业生产的冲积土和热带黑土等肥沃土壤条件的配合下，中央平原区成为主要的农作物种植区；南部是德干高原，这是印度大陆上第二大高原，其东西两侧是海岸平原；西部是塔尔沙漠区。印度国土中平原约占总面积的 2/5，山地只占 1/4，高原占 1/3，但这些山地、高原大部分海拔不超过 1000 米，1/2 以上土地可供农业利用。FAO 数据显示，2016 年印度农业用地面积 1.797 亿公顷，森林面积 0.7 亿公顷，耕地面积 1.56 亿公顷。农作物一年四季均可生长，多数地区作物一年两熟，有些地区可以一年三熟。

3. 水资源

印度是世界上水资源最丰富的国家之一，境内江河湖泊众多，水域面积辽阔，其中恒河是其境内主要河流，全长 2700 千米，流域面积 106 万平方千米；年平均降水量 1170 毫米，约 38460 亿立方米，实际可利用水资源总量为 11220 亿立方米。然而，由于印度水资源需求较大，目前总用水量已经超过可采水总量，再加上水资源时空分布极不平衡，且近年来季风带来的降水明显减少，印度经济社会发展正面临严重的供水危机。

4. 生物资源

印度有着丰富的野生生物资源，素有小非洲之称，各种动植物群落遍布各地。常见的野生动物有大象、孔雀、骆驼、老虎、猎豹、独角犀和印度狮等，其中，全世界 80% 左右的独角犀牛生存于印度。全世界 60% 的野生虎类生活在印度，印度对虎类保护十分重视，虎被尊为印度国兽，是力量和速度的象征，虎类保护区多达 24 个。孟加拉虎是体形最大的虎类之一。为了保护动植物资源，设立了 70 个国家公园和包括鸟类保护区在内的 400 个野生动植物保护区。各地的鸟类共有 700 多种，喜马拉雅地区是雉、秃鹰、乌鸦的自然栖息地。

（二）农业生产情况

1. 农业产值规模及构成

农业在印度国民经济中占有非常重要的地位。自 1991 年印度推出第一个大自由化改革以来，二、三产业在其后的 20 多年中均得以快速发展，但农业年均增速仅为 2%，相对较慢，农业产值在 GDP 中所占比重逐步下降（图 3）。印度经济已经从农业主导型转变为服务业主导型。1960 年农业占 GDP 的比重为 44.1%，从历史上看，呈现逐渐下降的趋势，从 2000 年以来，降速明显减缓，2016 年农业占 GDP 的比重为 15.5%。

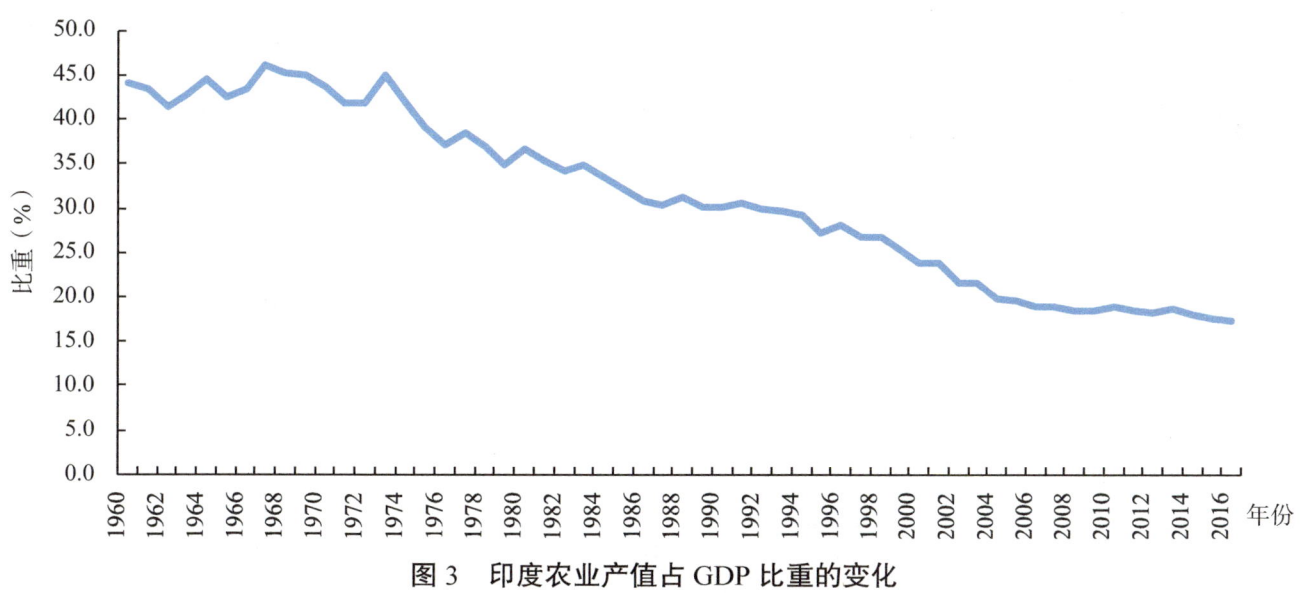

图 3　印度农业产值占 GDP 比重的变化

数据来源：世界银行

印度依靠本国熟练劳动力众多的优势，大力发展软件开发和服务外包等现代服务业，推动服务业快速发展，促使第三产业在其国内生产总值中的比例进一步上升。尽管相较于二、三产业，印度农业发展速度相对较慢，自从实行"绿色革命"（农作物革命）、"白色革命"

（牛奶革命）和"蓝色革命"（鱼制品革命），农业已彻底改变了独立之初的粮食严重匮乏的状态。从结构上看，农业生产结构以种植业为主，种植业又以粮食作物为主。种植业内部结构是：粮食产值占种植业总产值的48.3%，油料占12.7%，蔬菜和水果占10.4%，棉花占3.8%，烟草占0.5%。粮食作物有水稻、小麦、玉米、高粱、小米、大麦、油籽等。

2. 主要农产品产量

（1）种植业

种植业以粮食作物为主，其中水稻、小麦、玉米、小米、高粱、大麦的产量居多；油料作物以油菜籽和花生为主（表1）。

表1 2016年印度主要作物产量　　　　　　　　　　　（单位：万吨）

农产品		产量
粮食作物	水稻	15875.69
	小麦	9350.00
	玉米	2626.00
	小米	1028.00
	高粱	441.00
	大麦	150.50
油料作物	油菜籽	679.70
	花生	655.70
棉类	棉花	1441.30
糖料作物	甘蔗	34844.80
豆类	大豆	1400.80
蔬菜类	马铃薯	4377.00
	洋葱	1941.54
	番茄	1839.90
	茄子	1255.20
	卷心菜	875.50
	花椰菜	819.90
水果类	香蕉	2912.40
	杧果	1877.90
	椰子	1112.79
	柑橘	750.30
	柠檬	297.80
	凤梨	196.04

数据来源：FAO

（2）养殖业

畜牧业占农业总产值的30%，其中养牛业占畜牧业产值的65.8%，是世界上养牛最多的国家。印度是养牛头数最多而不吃牛肉的国家，印度80%的人口信奉印度教，教规严禁宰杀牛和食用牛肉，每年牛的屠宰量只占牛总数的0.9%左右，鸡肉是印度肉类供应的主要来源（表2）。

表2 2016年印度主要畜产品的产量　　　　　　　　　　　　（单位：万吨）

畜产品		产量
肉类	牛肉	90.90
	鸡肉	339.88
	鸭肉	2.76
	山羊肉	50.54
	猪肉	31.56
	绵羊肉	23.44
蛋类	鸡蛋	456.10
奶类	牛奶	7741.59
	山羊奶	376.79
蜜类	蜂蜜	6.13

数据来源：联合国粮农与农业组织

3. 主要农业产业布局

（1）粮食作物和经济作物

粮食作物种植以水稻、小麦为主，还有高粱、玉米等杂粮和豆类等。其中印度的水稻是最重要的粮食作物，种植面积约占粮食种植总面积的30%，占粮食总产量的40%，居世界第二位，是世界上主要稻谷生产国。小麦占粮食总产量的30%，居世界第二位。经济作物约占总播种面积的24%，产值占种植业总产值的45%，种类繁多，以棉花、黄麻、茶叶、甘蔗以及花生为主。印度是世界重要产棉国、最大的茶叶生产和主要出口国，是花生、红花、蓖麻、油菜籽、芥末的主要生产国。

（2）四大农业区及其分布

根据印度各自然条件的差异、社会经济特点以及农作物分布状况，将其分为4个农业区，分别是东北部的水稻、黄麻、茶叶区，位于恒河、布拉马普特拉河下游平原，该区的黄麻和茶叶的产量分别占全国的90%和80%；西北部的小麦、杂粮、油菜区，指印度河和恒河中、上游平原以及周围山地，该区灌溉条件较好，是"绿色革命"的重点区，这里的小麦产量占全国总产量80%，油菜占90%，甘蔗占50%，芝麻占75%；半岛的杂粮、棉花、花生区，范围包括德干高原和沿海平原，棉花产量占全国总产量60%，花生、烟草占全国80%，但该区生产水平较低；西南的水稻、热带作物区，指的是西高止山南段和沿海平原，是胡椒、咖啡、腰果、椰子、木薯、香蕉和橡胶集中分布地（朱行，2010）。

（三）农产品贸易情况

1. 主要农产品贸易规模

印度主要出口商品有贵金属及制品、纺织品及原料和化工产品，2016年分别出口432.4亿美元、354.9亿美元和340.5亿美元，分别增长11.2%、下降4.6%和增长2.2%，分别占印度出口总额的16.4%、13.4%和12.9%。主要进口商品为矿产品、机电产品和贵金属及制品，2016年分别进口950.5亿美元、695.7亿美元和481.8亿美元，分别下降16.9%、增长3.1%和下降19.3%，分别占印度进口总额的26.4%、19.4%和13.4%。

在对外贸易方面，印度农产品主要是自给性质的，在全球农产品贸易中所占比重并不高，进出口数量都不多。2016年主要商品出口总额达到2640.4亿美元，农产品中棉花出口最多，出口额达到62.84亿美元，占总出口额的2.4%，其他出口的农产品有谷物、水产品、肉、咖啡、茶叶和橡胶等（表3）；2016年主要商品进口总额达到3595.5亿美元，其中进口最多的是动植物油，进口额达到105.14亿美元，占总进口额的2.9%，其他出口的农产品有蔬菜、橡胶、水果等（表4）。

表3 印度主要出口农产品构成 （单位：亿美元）

商品类别	2016年	2015年	同比%	占比%
棉花	6284	74.87	-16.1	2.4
谷物	5639	70.42	-19.9	2.1
鱼及其他水生动物	5222	45.75	14.2	2
肉及食用杂碎	3975	43.29	-8.2	1.5
咖啡、茶、马黛茶及调味香料	3046	29.67	2.7	1.2
橡胶及其制品	2423	23.81	1.8	0.9
出口总值	264044	2679.47	-1.5	100

数据来源：UN Comtrade

表4 印度主要进口农产品构成　　　　　　　　　　　　　　　　　（单位：亿美元）

商品类别	2016年	2015年	同比%	占比%
动植物油、脂、蜡；精制食用油脂	105.14	104.91	0.2	2.9
食用蔬菜、根及块茎	40.23	36.81	9.3	1.1
橡胶及其制品	28.90	29.20	-1	0.8
食用水果及坚果；甜瓜等水果的果皮	28.07	30.57	-8.2	0.8
棉花	10.76	6.02	78.6	0.3
进口总值	3595.45	3941.25	-8.8	100

数据来源：UN Comtrade

2. 主要贸易伙伴

据印度商业信息统计署与印度商务部统计，2016年印度货物进出口额为6235.9亿美元，比上年（下同）下降5.8%。其中，出口2640.4亿美元，下降1.5%；进口3595.5亿美元，下降8.8%。贸易逆差955.0亿美元，下降24.3%。

从国别/地区看，印度最主要的3个出口贸易伙伴为美国、阿联酋和中国香港，2016年出口分别增长3.3%、0.8%和8.8%，占印度出口总额的15.8%、11.7%和5.0%。同期，印度排名前3位的进口贸易伙伴为中国、美国和阿联酋，2016年进口分别下降0.8%、增长1.8%和下降6.2%，占印度进口总额的16.9%、6.0%和5.4%。印度前三大贸易逆差来源国为中国、瑞士和沙特阿拉伯，2016年逆差额分别为516.9亿美元、139.5亿美元和130.4亿美元。贸易顺差主要来自美国、阿联酋和中国香港，2016年顺差额分别为199.2亿美元、116.0亿美元和61.4亿美元。

3. 中国与印度贸易情况

据印度商业信息统计署与印度商务部统计，2016年印度与中国双边货物进出口额为696.2亿美元，下降1.7%。其中，印度对中国出口89.6亿美元，下降7.7%；自中国进口606.6亿美元，下降0.8%。印度与中国贸易逆差516.9亿美元。

印度对中国出口的主要商品为矿产品、纺织品及原料和化工产品，2016年出口额分别为23.8亿美元、15.8亿美元和12.6亿美元，矿产品增长41.3%，纺织品及原料和化工产品出口额分别下降30.5%和12.6%，分别占印度对中国出口总额的26.6%、17.6%和14.1%。印度对中国出口的贱金属及制品下降幅度较大，降幅达到39.6%。

印度从中国进口的主要商品为机电产品、化工产品和贱金属及制品，2016年进口额分别为316.6亿美元、93.1亿美元和43.4亿美元，纺织品及原料和化工产品增长7.5%，化工产品和贱金属及制品分别下降21.6%和18.6%，分别占印度从中国进口总额的52.2%、

15.4%和7.2%。印度从中国进口的运输设备实现较大幅度的增长，增幅为47.6%。

（四）农业科技发展

1. 农业科研机构

印度的农业科技体制大体包括中央政府机构、邦政府机构以及其他机构和组织三部分。在中央一级，印度农业研究理事会（ICAR）是全国性的农业科研协调机构，农业部长任理事长，下设48个国家级农业研究院（所）、30个国家级农业研究中心、5个综合性国家农业研究局、12个科研项目指导委员会、77个全印协作研究项目和网络、551个农业科技中心（KVK）；在邦一级，农业科技包括两个系统：一是邦农业大学，二是邦农业厅。印度每个邦至少有一所农业大学，目前，全国共有41所邦高等农业院校（万宝瑞，2007）。邦农业大学主要承担所在邦农业教育和研究的任务，同时也承担一定的农业技术推广职能。农业技术推广主要是邦政府的责任，由各邦农业厅负责。

除了中央和邦政府以外，其他一些公共部门、私人部门和非政府组织也广泛参与农业科技发展，例如科技部、生物技术部等政府机构和私人企业等。此外，目前遍布全国的各种类型的农业合作社也是向农民提供技术支持的重要力量。

2. 农业科技发展状况

印度农业之所以发展这样快，农业科技进步发挥了关键作用。其中，具有重要影响的是五次农业领域的科技革命："绿色革命"通过大面积推广优良品种，增加使用化肥、农药、灌溉系统和农业机械，使印度在20世纪70年代中期实现了粮食自给，粮食年产量由20世纪50年代初期的5000万吨提高到目前的2亿吨，粮食实现出口；"白色革命"通过建立奶业生产、加工和销售紧密联结的产业体系，推动技术研究和推广，使印度成为世界第一产奶大国；"蓝色革命"通过加强对海洋的研究和开发，加大技术和人才引进，增加对海洋渔业和淡水养殖的投入，使水产品出口实现了以平均每年26%的速度增长，并迅速跻身世界10大渔业国；"黄色革命"通过研究和推广园艺作物新品种，以及先进的栽培、储藏保鲜、加工和运输技术，使印度成为世界最大的水果生产国和仅次于中国的第2大蔬菜生产国。目前，印度政府又启动了以提高农业总体效益为主要目标的"第二次绿色革命"，农业科技仍是其核心和关键（万宝瑞，2007）。

（五）农业管理体系与政策

1. 农业管理体系

印度农业部为印度政府分支机构，是管理印度农业相关法律法规的最高机构，主要负责制定有关农业规章制度、法律和管理。其管辖的三大领域包括：农业生产与市场、食品加工以及农业合作。下设农业、合作与农民福利部，畜牧业、乳业与渔业部，农业研究教育部。在中央一级，农业部下设两个专门负责农业教育与科研的机构，一个是作为政府职能机构的农业研究与教育局，另一个是印度农业研究理事会。前者负责协调农、牧、渔业各科研院所的研究、教育活动及国内外合作事项，而后者则从事基础和实用技术的研究与开发，同时负责农业教育及高新技术的鉴定和推广。

2. 农业支持政策

农业的快速发展得益于印度政府对农业的政策扶持，印度政府从粮食价格、生产资料补贴、基础设施投入、农业组织、金融支持等方面采取了一系列措施，大大刺激并保护了农业的发展。一是从事农业生产基本不需纳税，政府出资修建农村基础设施；二是金融支持，1975年开始，印度创立了地区农村银行，专门为信贷服务薄弱地区的贫困农户提供信贷支持，还建立了相对完善的监管、保险和间接支持体系；三是对化肥、农机等生产资料实行价格补贴，化肥是印度农业补贴中最大的项目，不管是进口还是国产化肥，售价普遍低于生产成本，运输费用也完全由政府来承担；四是对农产品贸易实行诸多限制，印度政府规定某些农产品如稻谷等只能由国家收购，规定某些农产品只能由邦政府收购，设定某些农产品如小麦、大米等的收购价格，禁止粮食区际贸易，由国家垄断经营等（李西林，2007）；五是最低支持价格政策，印度农业成本和价格委员会每年都要对各种农作物的生产成本和有关要素进行分析后确定其最低的支持价格，然后政府以该支持价格为基础，根据储存补充的需要，公布当年的粮食收购价格，使之成为该年度的粮食底价，保护农民种粮的积极性（宗义湘等，2007）；六是建立农村社会保障制度，政府对丧失劳动能力的老年农民发放津贴，向无房的贫困农民提供建房补助，中央和邦政府还对贫困子女的教育给予补贴；七是支持农业合作社的发展，农民通过合作社，组织起来保护自己的利益；八是实施以消除农村贫困和失业为目标的农村综合发展计划。

3. 农业发展规划

相较于二、三产业，印度农业发展表现较弱，其主要原因在于缺少适当的灌溉设施、小手工业者居多以及供应链管理存在瓶颈等。根据政府发展规划，在未来一段时期内，印度农业发展将围绕完善农业基础设施建设、增强农业科技支撑，提升农业可持续发展能力等主题展开。

第一，完善基础设施建设是提升印度农业综合生产能力的核心。基础设施建设滞后是印度农业发展的短板，特别是农田水利配套不健全，极大地制约了印度农业生产潜力的发挥。目前，印度60%的农作物区仍然在很大程度上依靠季节性的降雨灌溉农田，在灌溉设施投入不足的情况下，气候变动成为影响印度农作物收成的主要原因之一。根据印度政府

"十二五"发展规划（2012—2017年），基础设施建设将是国民经济发展的重点，相应地，农业基础设施建设也将成为未来五年甚至更长时期内的投资重点。

第二，农业科技进步是未来印度农业发展重要支撑。"十一五"计划期间，印度农业年均3.6%的增长主要得益于农产品价格的提高，但受国际农产品价格影响，该要素已很难支撑印度"十二五"计划（2012—2017年）农业年均4%的增长目标。为此，印度政府需要把重点放在提高农业技术和农业生产力等方面，如农作物多样化生产、高产杂交品种的研发和耕地微灌等技术。此外，为尽快推动农业科技的进步和普及，印度政府还将对国外的先进科技采取开放和引进政策。

第三，有机农业是印度农业发展的新方向。近年来，印度农业因过度施用农药、化肥，大量抽取地下水，导致土壤退化严重，粮食增产潜力降低。同时，随着印度人均收入的提高，人们的健康意识逐渐增强，对食品安全要求逐步提高。因此，有机农业成为印度农业发展的趋势。目前，印度有机农业已经在多个邦试行，有机农业发展处于初级阶段，未来发展空间巨大，不仅消费者乐于消费，政府也对生物肥料和生物农药生产企业进行资金补助和政策扶持，鼓励有机农业发展。

三、农业投资环境

（一）国家商业环境

1. 中印政治基础良好

印度为不结盟运动创始国之一，历届政府均强调不结盟是其外交政策的基础，力争在地区和国际事务中发挥重要作用。2006年以来，印度继续推行全方位的大国外交战略，在保持与俄罗斯关系的同时，大力发展与美、日、欧等发达国家和地区的关系，缓和印巴关系，推进中印关系，改善周边环境，与东盟及亚太地区国家的关系发展迅速，为外资进入营造良好的政治环境。2017年9月，习近平主席与莫迪总理会晤，达成了增进互信、聚焦合作、管控分歧的重要共识，又就密切高层交往，激活一系列对话机制，开展青年、教育合作等达成一致，有力地引领了双边关系发展方向。考虑商签中印睦邻友好合作条约，重启中印自由贸易协定谈判，争取在边界问题上取得早期收获，积极探讨将中国"一带一路"与印度"东向行动"等倡议和战略。

2. 经济增长前景良好

印度地理位置优越，辐射中东、东非、南亚、东南亚市场，市场潜力巨大。印度独立后至20世纪80年代，经济平均增长率只有3.5%，80年代上升为5%～6%，1991年，印度实行全面经济改革，经济进入转型期，总体实行市场调节与宏观调控相结合的经济管理新体制，同时将半封闭经济转变为开放的市场经济，即扩大对外开放，大力吸引外资，推动经济向国际化转轨，放松对工业、外贸和金融部门的管制，适应经济市场化的需要。

农业由严重缺粮到基本自给，工业已形成较为完整的体系，自给能力较强。20世纪90年代后，服务业发展迅速，占国内生产总值的份额逐年上升。高科技发展迅速，成为全球软件、金融等服务的重要出口国。印度资本市场已有100多年的历史，其监管制度较为完善，资本市场的效率和透明度较高，为企业发展提供了便利的融资渠道。

3. 自然资源丰富

印度耕地面积居亚洲之首，世界第二，多达1.56亿公顷，人均占有耕地0.12公顷。印度属热带季风气候，全年均可生长农作物，是世界上最大的粮食生产国之一，热量资源相当丰富。印度土地广阔，资源丰富，拥有近100种矿藏，如云母产量世界第一，煤和重晶石产量均列世界第三。而中国人均资源占有量偏低，能源消耗偏高，目前矿产资源对外依存度已高达90%。因此，赴印度投资自然资源开发项目应充分利用当地自然资源就地办厂，实行采矿、冶炼或加工生产，对保证我国资源供应具有重要战略意义。

4. 劳动力丰富且廉价

印度不仅是世界人口第二大国，年轻劳动力增长势头更是强劲。据2017年德勤会计师事务所报告指出，2027年亚洲65岁以上人口数量将从目前的3.65亿增加到超过5亿，到2030年将占全球该年龄段总人口的60%以上。相比之下，印度将继日本和中国之后推动亚洲经济实现第三波强劲增长，未来20年其潜在劳动力人数将从目前的8.85亿增加到10.8亿，并在50年的时间里持续高于这一水平。印度劳动力资源不仅数量充足且专业教育程度高，薪酬却仅约欧美等国的1/10，即印度是世界上拥有"人口红利"最大的国家之一，在网络、软件和医疗等行业竞争力明显，对于中国转移劳动力密集型产业或价值链环节具有巨大吸引力。

5. 科技水平较高且前景良好

为紧跟世界科技发展潮流，印度历来注重发展科技，20多年前印度政府就已将高新技术产业锁定在生物、材料和信息三大主要领域，以期在知识经济时代，可利用人才与技术优势等软实力大力研发高新技术产业以推动经济发展。为此，印度出台《2020年科技远景发展规划》：至2020年，印度要成为经济强国和信息技术大国、生物技术大国和核技术大国。为实现该规划目标，印度鼓励技术研发，不断完善人才培养体系，强化技术人员的吸引和储备，并提供优越的生活和工作条件。当前，印度已拥有一支实力雄厚、经验丰富的科研队伍，为未来高技术产业发展奠定了良好人才基础，也为外商投资提供良好机遇。

（二）农业优势与潜力

印度耕地面积居亚洲之首，在国土面积中，耕地约占52%，森林约占23%。全国36%的地区年均降水量在1500毫米以上，充沛的雨水和众多的河流为农业生产和农业灌溉提供了有利条件，全国灌溉面积占耕地面积的32.8%。印度属热带季风气候，北方平均气温为15℃，南方平均气温高达27℃，几乎没有霜期，全年均可生长农作物，热量资源相当丰富。印度的渔业资源十分丰富，不仅有绵长的海岸线而且其陆上的水域也十分广阔，河道纵横。目前，印度大约有226万公顷的渔场和水池可供养殖，已经投入养殖的有100万公顷，因此其挖掘潜力还很大。

印度经济学家鲁达尔·达特把农业比作印度经济的脊梁，农业在国民经济中占有极为重要的地位，农产品的出口值在整个印度出口值中约占30%。在印度的农业经济中，种植业所占的比重高达90%，其他的产业如林业、渔业、牧业总和只有10%。在种植业中，水稻所占的比重又是最大的，2016年，印度水稻出口量居世界首位。其他粮食作物如玉米、小米、豆类粮食的产量在独立后也得到巨大的提高。在经济作物方面，印度的棉花、黄麻、茶叶、烟草、天然橡胶的产量在世界上也居于前列。可见，印度农业还有很大的发展空间。

（三）风险分析

1. 政治风险

当下中印友好合作是主流，但两国关系中一些负面因素不时浮现，此外，印度还有一系列保障措施、提高进口关税等限制性措施（岳鹭，2014）。当前，印度希望通过提高制造业比重来发展经济、吸引就业，未来一段时间会采取新的措施保护国内制造业。

2. 制度风险

印度冗长繁杂的行政审批过程是阻碍中国企业在印度开展投资经营的原因之一。虽然经过制度改革，印度烦琐的行政审批程序已大为减少，但是其审批流程依然相对冗长。如在印度注册成立公司需89天，亚洲其他国家和地区平均为43天；在印度意向合同的执行通常需425天，亚洲其他国家和地区仅286天。印度的劳工法规对外资的进入和经营也造成阻碍。有研究表明，印度的劳动法几乎是世界上最为复杂和严格的。这些严格的法律措施不仅增加了企业的用工成本，给企业的经营造成困难，也自然对外资的进入与经营造成很大阻碍。

3. 经济风险

经济风险因素在于人民币尚不能自由兑换，跨国企业缺乏自主经营权、经营管理不善等，企业不具备灵活的机制来承受资本流动、汇率波动、资本价格变动而产生的影响。虽然印度具有较大的市场潜力和较多的市场机会，但跨国投资企业却备受资本管制、汇率波动、通胀和市场秩序混乱的困扰（张同功等，2016）。近年来，经政府努力，印度通货膨胀水平虽得到一定控制，但仍有上升趋势，通胀率上升给增速放缓的印度经济带来更大压力，压缩了印度央行的降息空间。印度中央统计局公布的数据显示，印度2017年8月CPI同比上涨3.36%，涨幅为5个月来最高。印度面临既要压低通胀率，又要保持经济增长的两难处境。印度存在着严重的收入分配不均问题，这将严重制约消费，特别是普通耐用品的消费，因此中国企业赴印度投资前应慎重评估其市场潜力。

4. 社会风险

印度属于典型的热带季风气候，温度通常在10～40℃，水旱灾害频繁。虽然印度水力资源比较充足，但由于印度水资源时空分布不均，再加上人口激增、工业化经济飞速发展、农业区大量用水等因素，印度正面临水资源严重不足的现状。此外，印度在基础设施领域较为薄弱，即使是在首都新德里，像停电等电力系统不稳定的现象也时有发生，给工厂的正常生产经营活动造成了阻碍。印度交通运输管理混乱，效率低下，负荷严重的运输系统，往往会造成货物延期，致使企业蒙受违约损失。印度国内的安全形势仍然严峻，增加了外国投资的政治风险。

（四）总体评价

近年来，中印两国的经贸关系发展迅速。中国已成为印度最大的贸易伙伴、最大的进口来源和第3大出口市场。中印同为金砖国家、二十国集团和区域全面经济伙伴关系协定（RCEP）的成员，两国在改善国际经济环境、提升发展中国家话语权和区域经济合作中展开了积极合作。但是，中印之间的贸易起步较晚，总量偏低，且结构失衡。印度出口中国的是原料、初级产品和半成品，中国对印度出口则主要为机械制造和机电产品，这加剧了印度国内的经济民族主义情绪。印度的贸易保护行为、外资审查制度、劳动力市场不成熟等因素也为中印经贸合作设置了障碍。不过，从总体上看，中印经贸关系互补性强、发展潜力巨大，特别是在基础设施建设、软件服务外包方面的合作大有可为。

四、中印农业合作现状与合作重点

（一）合作现状

1. 合作机制

中国和印度作为陆上邻国以及世界上重要的发展中国家和农业国家，近年来在多个领域展开了务实合作，建立了有效的沟通交流平台。目前，中印已建立多领域、多层次的战略沟通和国际协调机制，两国首脑每年可定期在金砖国家、G20、东亚峰会和中俄印等机制会晤，随着印度加入上海合作组织和APEC，中印磋商和合作的平台将更为丰富。印度已经加入了亚洲基础设施投资银行（AIIB）、金砖国家开发银行等"一带一路"的融资机制，并正在同中国、孟加拉国、缅甸共同建设"孟中印缅经济走廊"，中印自由贸易区计划也正在酝酿之中。中印战略和经济对话、联合工作组等形式，使两国的战略协调和磋商更为顺畅。

2. 科技合作

进入20世纪90年代以来，中印在商品贸易和技术合作方面都有新的发展。1999年4月，中国信息产业部和印度科技部双方签订了《第四届中印科技合作联委会合作协议》，讨论并确定了中印科技合作的优先领域和加强两国科技交流与合作的具体项目。此后，双方在中方入世问题以及加强两国在双边和国际领域的财政金融合作等问题进行了交流和探讨。2014年9月，习近平主席访印期间，两国为全面深化和平衡中印经济关系制定了路线图，确定在印度建立汽车和电力设备两个工业园区和开展铁路等战略性合作，将中印经贸合作水平提升到了新的高度。印度对铁路等基础设施需求巨大，铁路合作有望成为中印经济合作的重头戏。2016年5月，为进一步推进中印海洋领域合作，中印海洋科技合作联委会第一次会议在京召开，就开展西南印度洋季风研究和预测、南北极科学考察、生物地质化学过程研究等合作达成共识。

3. 贸易合作

2010—2017年，中国与印度的农产品贸易额呈波动性下降趋势。根据中国海关数据，2010—2012年，农产品贸易额由31.14亿美元增长至47.83亿美元。自2013年起，农产品贸易额呈下降趋势，2016年贸易额降至15.28亿美元，2017年小幅上升至17.78亿美元。中国对印度的农产品贸易以进口为主。2017年中国从印度进口农产品总额11.09万美元。进口主要农产品为棉麻丝、棉花、水产品与油籽，其进口额分别为3.48亿美元、2.34亿美元、1.28亿美元与0.24亿美元。中国出口印度农产品总额6.69万美元。出口主要农产品为棉麻丝、水果和干豆，出口额分别为1.76亿美元、1.49亿美元与0.59亿美元（表5、图4）。

表5 2010—2017年中国与印度农产品贸易情况 （单位：亿美元）

年 份	贸易总额	进口总额	出口总额
2010	31.14	25.73	5.41
2011	43.29	37.61	5.68
2012	47.83	41.72	6.11

(续表)

年　份	贸易总额	进口总额	出口总额
2013	40.00	33.71	6.29
2014	30.57	24.07	6.51
2015	18.25	12.59	5.66
2016	15.28	8.94	6.34
2017	17.78	11.09	6.69

数据来源：中国商务部

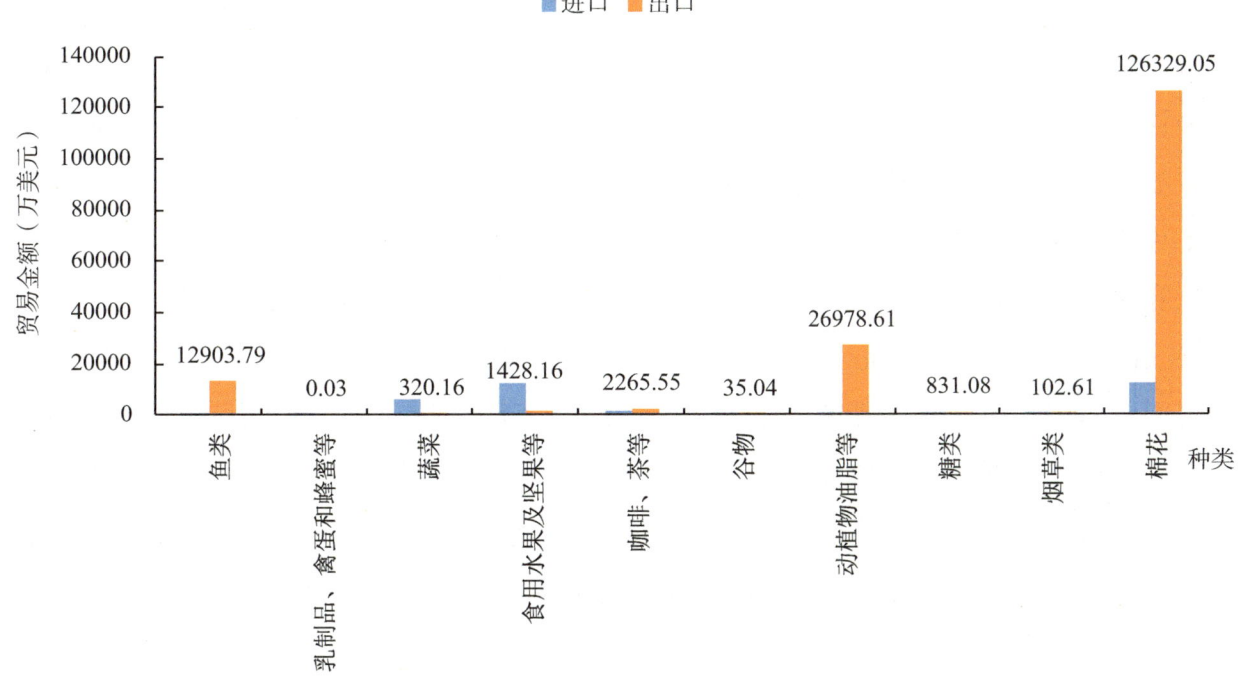

图4　2016年印度与中国农产品贸易情况

数据来源：UN Comtrade

4. 投资合作

与贸易总量相比，中国对印度的直接投资规模较小、方式单一，而且近年来在印度基础设施建设市场的份额也有所下降。预计，随着印度投资潜力的逐步释放以及中印战略合作的强化，未来中国对印投资合作将呈现增长态势。从中国对外直接投资流量的整体趋势来看，印度并不是主要投资目的地。亚洲是中国对外直接投资流出的最重要地区，近年来在投资总流量中一直占据60%～80%的比重（沈梦溪，2014）。印度作为国内生产总值亚洲排名第三位、世界排名第10位的国家，却只吸收了中国对亚洲投资存量总额的0.6%，对世界投资存量总额的0.4%。中国对印度的直接投资主要集中在建筑业和制造业，对其他行业投资额不大。

（二）合作潜力

1. 合作基础

中印两国都是全球重要的农业大国，开展农业合作既有天然的地域优势，又有共同的利益需求，既有共同性，又有互补性，合作前景广阔，双边存在着极为广泛的合作基础。中印两国有着数千年友好交往的历史，传统友谊是双边合作坚实的基石。早在秦汉时期，中印的文化交流即已开始，中国的茶叶、丝绸、陶瓷等产品，通过商人和僧人不断传到印度，促进了两国经济的发展和文化的繁荣。中国和印度同属发展中的人口大国，又互为邻邦，巨大的潜在市场和地理优势为两国开展经贸合作提供了基础，也正是这种地缘政治关系和经济成就使得加强两国经贸往来的呼声也越来越高。在全球经济陷入低迷的大背景下，中印两个发展中大国加强双边经贸合作显得更为迫切和必要。

2. 合作前景

从农业资源上看，两国农业合作具有较大挖掘空间。印度大部分地区属热带、亚热带季风气候，高温、多雨、潮湿是其特点，年平均温度为25℃，热量十分丰富，盛产热带作物。而中国国土面积广阔，从南到北兼有热带、亚热带、暖温带、温带、寒温带几个不同的气候带，其中亚热带、暖温带、温带约占70.5%，并拥有青藏高原这一特殊的高寒区，不同气候带的自然资源都很丰富（高杰，高洁，2006）。这种不同的农业资源差异有利于两国在推动资源开发过程中发挥互补优势，开展农业合作。中印可以充分发挥各自农业资源差异的条件，扩大农产品和农用物资贸易。

从农业发展需求上看，两国农业有着共同的目标和任务。中印两国在农业农村发展环境具有较高的相似性。例如，两国均是农村人口众多的农业大国，现阶段农业生产均以小农户分散经营为主，两国农业发展均面临着减贫的重任。印度目前主要出口到中国的农产品有棉花、天然橡胶、生皮等产品。而从中国进口的农产品主要有生丝、豆类、农用机电设备等项目。印度农用机械化程度低，而这些小型农用机械正是中国国内生产能力过剩的产品，应积极开拓像印度这样的市场。另外，印度的牛肉、牛奶、牛绒、牛皮质量都很好，而且供应充足，中国相关的企业也可以尝试从印度进口这些产品。

从农业发展水平来看，两国之间具有较大互补性。两国的农业发展同时也存在较大差异性，在不同领域各有所长。中国农业现代化程度相对较高，农业机械化水平、科技支撑能力均有较快提升，主要农作物亩产水平处于世界领先地位，在提高农业综合生产能力、农村扶贫减贫等方面成效显著。印度农业生产则面临着亩产水平较低、劳动生产率不高、基础设施不完善等问题，农用机械的使用范围还很小，缺乏轻便的人力、畜力耕作工具。不过印度在解决小散农户信贷服务、保险服务需求，农业农村信息化建设等方面积累了较多宝贵经验。上述差异均可成为两国开展农业合作的重要突破口。

从农业科技发展水平来看，中国和印度两国互有所长。中国在化学杀虫剂的研制与制造上处于较为先进的水平，而印度在生物杀虫剂的研制与制造上却领先于中国；中国在航天育种方面的经验与成果比较丰富，而印度在转基因作物培育领域却有独特之处，著名的印度农业研究院20世纪60年代就成立了国家植物遗传资源局，专门从事转基因植物的研究。在印度只有不到0.6亿公顷耕地实现了部分灌溉，抵御自然灾害的能力很低，中国长期以来就注意修筑灌溉系统，在这方面中国积累了丰富的经验，提供了许多可供印度借鉴的经验。另外，印度在推进农村信息化方面的成就也值得中国借鉴，这也是中印之间应加强合作的地方。

（三）合作重点

1. 重点领域

（1）贸易合作

两国贸易关系紧密、产业互补性强是投资合作的基础。近年来，中国对印度出口贸易高速增长，而贸易作为投资的先导，预示着中国对印投资具有潜力。同时，中印两国产业结构差异较大，分别以制造业和服务业尤其是信息技术业为主，互补性强，这也是中国对印度投资的良好基础。未来中国将第二产业的富余产能转移至印度，或在印度本土并购优秀的第三产业企业，都是产业发展的合理路径。此外，印度人口众多，消费潜力巨大，对走出国门的中国企业来说是不可忽视的目标市场。

（2）基础设施投资

印度新政府将制定雄心勃勃的基础设施发展计划，在未来10年内实施。小型机场、高速列车、连接港口与内陆的项目将是新一届政府推进基础设施升级的重点领域。在印度政府2014/2015财年预算中，基础设施建设的预算为2730亿美元，比2013/2014财年预算增加8.6%（沈梦溪，2014）。中国部分大型承包商在印度已有一定经营基础，在中印关系不断强化的背景下，印度的基建需求对中国承包商而言意味着巨大的商机。

（3）粮食安全

对中国和印度这样两个人口规模在13亿多的发展中大国，粮食安全一直是首要的大问题。在此背景下，加强粮食安全领域的合作交流将成为中印农业合作的首要议题。两国将在建立粮食安全合作框架、加强粮食安全政策交流与立场协调等方面做出更大努力，并以粮食安全为切入点，定好中印农业合作的主旋律，为在农业领域围绕多方面开展合作奠定基础。

（4）农村减贫

中国与印度同处发展中阶段，促进发展、消除贫困是两国共同的奋斗目标。改革开放以来，中国脱贫减贫工作成效显著，截至 2017 年末还有 3000 余万贫困人口，约占农村人口的 5.3%，打好脱贫攻坚战是中国未来发展的重要战略任务。同样，印度过去十年里在减贫方面虽也有不少进步，但与亚洲其他国家相比仍有较大差距，贫困问题是印度面临的最大挑战，减少贫困仍是政府工作的重中之重。在推动农村减贫事业过程中，中印两国均积累了大量的宝贵经验，形成独特的减贫模式，例如中国在全世界除了贡献了减贫人口的成就以外，也贡献了政府主导大规模减贫的经验；印度在推动社区扶贫、农村小额信贷等方面的成功经验尤为值得中国借鉴。

（5）农业应对自然灾害

气候变化是未来农业可持续发展面临的重大挑战之一。全球变暖给世界各国、特别是众多贫困和饥饿人口所在地区的粮食安全和农业造成更加不利的影响。中印两国均已认识到气候变化及其负面影响是全人类的共同关切和 21 世纪最大的全球挑战之一，需要在可持续发展框架下通过国际合作解决。未来两国将通过密切合作提高农业抵抗自然灾害能力以及风险管理能力，促进气候变化背景下农业可持续发展。

（6）农业科技合作

农业在中印两国国民经济中举足轻重，并且中印部分地区农业资源具有一定的相似性，两国农业技术合作切入点多、匹配度高，合作前景十分广阔。目前印度对于运用农业科技提升传统农业的需求在日渐增长，而相较于印度大部分的粗放型农业而言，中国农业和农业科技具有极强的吸引力。中印农业科技合作向纵深方面发展，不仅有助于印度农业生产能力提升，也有利于促进中国农业科技创新，推动科技成果国际化和技术出口，实现合作互惠、互利、共赢。

2. 重点项目

（1）产业布局方面

中国与印度的优势产业互补体现在两个方面：三大产业结构间的互补和进出口产业间的互补性。这些优势条件的互补构成中印两国相互投资的重要潜力。第一，三大产业结构间的互补性。中国特别是沿海地区工业化已经接近尾声，政府正致力于第三产业的发展。相比较而言，印度则直接进入了后工业化时代，第三产业较为发达，第二产业发展较为滞后。可见，中国可以将第二产业的过剩投资转移到印度，印度也可将其较为发达的第三产业引入中国。第二，进出口产品间的互补性（黄梅波，王珊珊，2013）。由联合国商品贸易数据库公布的数据可推知，按 HS 分类法，中国出口至印度的产品有电机、电气、音像设备及其零附件、锅炉、机械器具及零件等工业制成品，而印度出口至中国的主要是矿砂、矿渣及矿灰等初级产品。这一方面形成中印贸易逆差，另一方面这种互补也为两国间的相互投资提供了重要条件。

（2）项目合作方面

跨境动植物疫病联合防控技术合作项目：根据中印两国《关于构建更加紧密的发展伙伴关系的联合声明》布局，加快对中印互输农产品的检验检疫磋商，推动疫病联合防控技术研究合作。高产农业示范基地建设项目：以印度农业产业需求为导向，利用国内优质种质资源和先进种植技术，建设高产农业示范基地，并将示范基地打造成优良品种展示基地，新技术推广基地。农业科技园区建设项目：以优势企业联盟方式，建设农业科技园区、开发园区等方式，打造农业种养殖、加工、贸易全产业链，促进两国优势生产要素有效结合。

五、中印农业合作建议

（一）加强两国政策沟通

在全球化的大背景下，中印两国保持良性互动，并在互动中不断建构互信变得尤为重要，高层之间的互访和交流是两国建构"认同"、增进互信的重要渠道。面对国际局势的风云变幻，中印两国应该继续加强高层会晤，利用高层会晤增进互信，指导两国各个层次、领域关系和利益的协调，共同建设"一带一路"，建构两国互利合作的新局面。中印两国现有的经济合作机制，多是在跨区域、区域或次区域的多边性质框架下的双边合作，但在国家层面上，中印仍没有建立起一个成熟稳定的双边合作机制，导致中印之间的经济往来缺乏规范化保障。因此，两国有必要创新机制建设，开创合作新格局。未来中印经济合作机制建设，应该在继续发挥现有多边合作机制作用的基础上，以建立中印自由贸易区等双边合作机制为目标，使多边合作机制成为双边合作机制的有益补充，并以双边合作机制提升多边合作机制的效率。

（二）推动两国间互联互通建设

印度交通互联互通落后，且航线少、空中运输成本高，陆路交通建设进程缓慢，交通基础设施落后，未实现交通一体化，交通不便导致农产品贸易受限。因此，需加强中印两国公路、铁路、水路、航空运输和管道运输建设，共建"孟中印缅经济走廊"与"丝绸之路经济带"，形成一条高水平的农业贸易通道，推进农产品贸易，扩大优势农产品、互补农产品的进出口。通过加快提升跨境公路等级、跨境铁路对接、现有航空线路运输能力及水路口岸建设，打造便捷的航空经济走廊，便利中印两国开展农业贸易的通道，扩宽农产品贸易种类和运输承载量，提高口岸通关能力，降低口岸通关成本及货物运输成本，便捷出入境手续，增强对水路联运的协调和设计。

（三）积极探索农业合作方式

中印农业合作不仅是产品的合作、资金的合作、项目的合作，更是技术的合作、人才的合作，是农业产业体系的深度合作。为此，应结合企业、项目及印度当地的具体情况，灵活运用多种方式推进中印农业合作，包括进一步加深中印两国农产品贸易合作，通过跨国并购、项目承包、海外建厂等多种方式，积极参与印度农业产业集聚区、经贸合作区等合作园区建设。由于两国农业合作领域范围小、深度不够，应拓宽农业合作交流范围，深入开展企业间、科研机构、高校及政府层面的交流活动，增进理念共识。应为两国交流搭建互助平台，通过人才交流平台增进青年人才交流，鼓励农业领域高级人才在两国间进行交流工作与学习，增加两国互派农业青年人才的名额和机会，加大两国在农业领域的合作，使两国人民共享合作交流成果。

（四）优化农产品进出口结构

中印两国农产品进出口种类及数量还有较大的提升空间，目前中印两国贸易合作主要是传统贸易，因此应在考虑两国市场需求的前提下，调整两国出口农产品结构，例如可考虑加大互补农产品以及各国优势产品的进出口，印度可引进中国先进农业技术设备，解决土地耕种缺乏机械设备以及主要用人力、畜力的现状。同时，在维护双方已有市场的前提下，不断开拓农产品新市场。此外，还应共同推进两国农业领域的产能合作，实现两国农业优势互补。

（五）深入挖掘投资潜力

基于两国国情及经济发展模式层面的共同需求，应不断深入挖掘两国间贸易投资潜力、贸易发展能力以及投资供给能力，实现投资主体多元化、投资领域多样化，扩大两国在农业科研技术、农业机械化等领域的合作，共同推动科技、经贸、农业等领域合作取得重大突破。利用亚洲基础设施投资银行和丝路基金为两国间的大型基础设施建设、资源开发、产业合作等有关项目提供投融资支持。同时，积极开展多种形式的农业投资促进活动，建立各种定期、不定期的交流机制，为双方企业尤其是中小企业搭建交流平台，创造投资合作的良好条件和机会。

参考文献

高杰, 高洁. 2006. 开展中国和印度农业合作的探讨[J]. 南亚研究季刊, (1): 120-122.

黄梅波, 王珊珊. 2013. 中国与印度相互投资的现状及前景[J]. 东南亚纵横, (2): 71-74.

李西林. 2007. 印度农业支持政策改革的经验及对中国的启示[J]. 世界农业, (10): 29-32.

李晓. 2015."一带一路"战略实施中的"印度困局"——中国企业投资印度的困境与对策[J]. 国际经济评论, (5): 19-42.

刘祖明. 2015."一带一路"战略背景下中印两国共同利益的认同分析[J]. 东南亚南亚研究, (2): 18-25.

沈梦溪. 2014. 中国对印度投资合作现状及前景[J]. 国际经济合作, (10): 56-59.

司智陟, 母锁淼. 2012. 印度畜牧业生产和贸易分析[J]. 世界农业, (10): 79-81.

万宝瑞. 2007. 印度农业科技体制的组织框架、运行机制及其启示——印度农业科技体制考察报告[J]. 中国农村经济(9): 77-80.

岳鹭. 2014. 中国企业赴印度投资的机遇与挑战分析[J]. 对外经贸, (4): 42-44.

张同功, 宋子佳. 2016. 中国企业印度投资风险评价研究[J]. 青岛科技大学学报(社会科学版), 32(1): 50-54.

朱行. 2010. 印度农业现状概述[J]. 粮食流通技术, (1): 35-38.

宗义湘, 王俊芹, 刘晓东. 2007. 印度农业国内支持政策[J]. 世界农业, (4): 36-38.

孟加拉国

孟加拉国地处南亚次大陆东北部，东、西、北三面与印度毗邻，东南与缅甸接壤，南濒临孟加拉湾。孟加拉国是"一带一路"沿线重要的国家，农业生产条件优良，工业发展相对落后，经济以农业为主。孟加拉国主要农产品包括水稻、小麦、甘蔗、黄麻、棉纱等；主要出口的农产品包括黄麻、茶叶、鱼、原棉、香料、家禽等，孟加拉国是世界第一大黄麻出口国。孟加拉国主要贸易出口国依次是美国、德国、英国、法国，孟加拉国前4位进口来源国和地区依次是中国、斯里兰卡、中国香港、日本。中孟两国睦邻友好，2014年签署《中孟关于深化更加紧密的全面合作伙伴关系的联合声明》，在平等互利的基础上，进一步加强两国在农业领域的合作。孟加拉国已与中国签订防止双重征税双边协定等多项协议，促进双边经贸发展，推进"中孟印缅"经济走廊建设，实现中孟共同繁荣与发展。

一、国家基本概况

（一）地理及行政区划

孟加拉国全称孟加拉国人民共和国，东、西、北三面与印度毗邻，东南与缅甸接壤，南濒临孟加拉湾。全境85%的地区为平原，东南部和东北部为丘陵地带。最高的山峰是凯奥克拉东峰，海拔1229米。

全国划分为达卡（Dhaka）、吉大港（Chittagong）、库尔纳（Khulna）、拉杰沙希（Rajshahi）、巴里萨尔（Barisal）、锡莱特（Sylhat）和郎故尔（由拉杰沙希的8个县组成，正待批准）7个行政区，下设64个县，472个分县，4490个乡，59990个村。

首都达卡（Dhaka）市坐落在恒河三角洲布里甘加河北岸，是全国政治、经济、文化中心，人口约1200万。2011年11月29日，孟加拉国议会通过议案，将达卡（Dhaka）市分为南达卡（Dhaka）市和北达卡（Dhaka）市，同年11月30日，总统签署该议案，使之正式生效。吉大港（Chittagong）市位于孟加拉湾东北岸，是孟最大港口城市和全国第2大城市，人口超过760万，孟加拉国80%的国际贸易及40%的工业产值均产生于吉大港（Chittagong）。昆明市为吉大港（Chittagong）友好城市之一。

（二）人口规模与构成

孟加拉国人口约1.6亿，是世界上各人口大国（5000万以上人口国家）中人口密度最高的国家。据世界银行数据，2010—2015年孟加拉国人口由1.51亿增加至1.61亿，5年间增加了约1000万人（图1）。

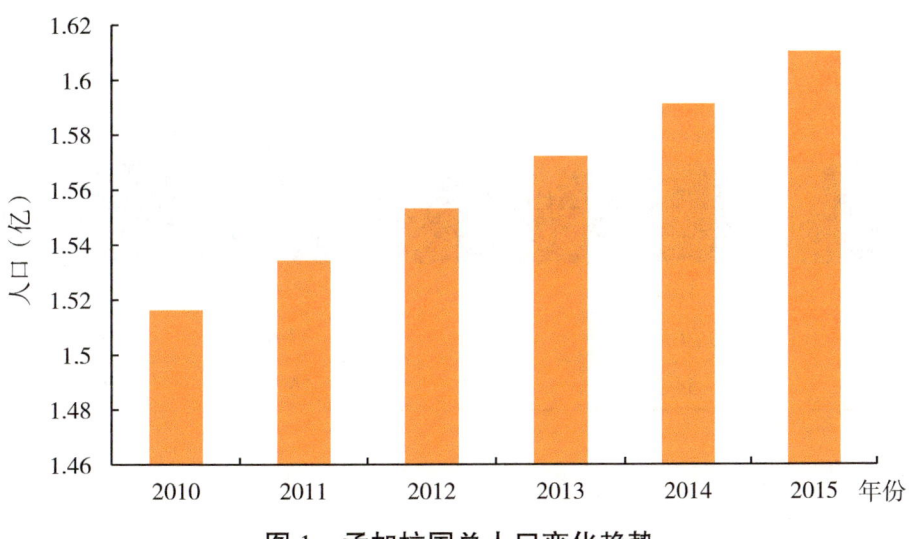

图1 孟加拉国总人口变化趋势

数据来源：世界银行

孟加拉族是南亚古老民族之一，约占孟加拉国人口总数的98%。另有查拉尔玛、山塔尔、加诺等20多个少数民族。伊斯兰教为孟加拉国的国教，穆斯林占总人口的88%，信奉印度教的占10.5%，信奉佛教的占0.6%，信奉基督教的占0.3%。

（三）宏观经济情况

孟加拉国经济基础薄弱，2014—2015财年（孟加拉国经济财年是每年7月至次年6月，下同）国内生产总值（GDP）为1951.6亿美元，人均国内生产总值1316美元。国民经济主要依靠农业。孟加拉国政府积极推行私有化政策、改善投资环境、吸引外国投资、创建出口加工区。据孟加拉国政府公布的数据，2008—2014年，孟加拉国经济持续稳定增长，国内生产总值年均增长率维持在6%以上（表1）。

表1 孟加拉国宏观经济数据

年份	实际GDP总量（万亿塔卡）	人均GDP（万亿塔卡）	投资占GDP比重（%）	经济增长率（%）	人均收入（万亿塔卡）
2008—2009	3.40	2.36	24.4	5.7	2.57
2009—2010	3.61	2.47	24.4	6.1	2.70
2010—2011	3.85	2.60	25.2	6.7	2.81
2011—2012	4.09	2.70	25.5	6.3	2.97
2012—2013	10.38	6.71	26.8	6.1	8.14
2013—2014	13.51	8.67	21.4	6.1	9.25

数据来源：孟加拉国央行，货币名称：塔卡（Taka）

注：孟加拉国经济财年是每年7月至次年6月

孟加拉国经济结构以服务业为主，占 GDP 的比重在 55% 以上（表 2）。

表 2　孟加拉国三大产业占 GDP 比重变化　　　　　　　　　　（单位：%）

三大产业 （占 GDP 百分比）	财年				
	2011—2012	2012—2013	2013—2014	2014—2015	2015—2016
农业	17.1	16.3	16.1	15.5	14.8
工业	26.7	27.6	27.6	28.2	28.6
服务业	56.2	56.1	56.3	56.4	56.7

数据来源：2015 年孟加拉国统计年鉴

1. 第一产业

孟加拉国农产品主要有茶叶、稻米、小麦、甘蔗、黄麻及其制品、棉纱、大豆等。孟加拉国的气候极适宜黄麻的生长，当地农民就大量种植黄麻。黄麻不仅产量高，而且质地优良，纤维绵长柔韧而有光泽，尤其经过布拉马普特拉河清澈河水浸过的黄麻，产量高，质地优，色泽美观柔软，被誉为"金色纤维"。黄麻曾是孟加拉国的主要创汇产品，黄麻出口收入一度占其出口总收入的 80%。黄麻的生产是孟加拉国的经济命脉，平均年产量约占世界产量的 1/3。据统计，孟加拉国是仅次于印度的世界第二大黄麻生产国，同时也是世界第一大黄麻出口国。

2. 第二产业

孟加拉国重工业薄弱，制造业欠发达，从业人口约占全国总劳动力的 8%。孟加拉国工业以原材料和初级产品生产为主，包括水泥、化肥、纸张等；重工业薄弱，制造业欠发达。

3. 第三产业

孟加拉国有丰富的旅游资源。在联合国开发计划署（UNDP）的帮助下，联合国世界旅游组织（UNWTO）已经针对孟加拉国的旅游业出台了相应战略计划。这是一个综合的旅游方案，确定了孟加拉国将要被开发的旅游产品和各类旅游设施。政府借助国外的先进技术来修正和更新这一方案，决定在全国各地设立旅游特区（STZ），以更好的服务于世界各国游客。这些特区包括：库克斯巴扎、桑达班和库卡塔。吉大港旅游区（CHT）则包括 3 个地区：兰格马帝、库噶查、班达班，也将被发展成为一个旅游特区。达卡（Dhaka）的五星级饭店索那港酒店（Sonargaon Hotel）就是国家带头投资的。另外，政府也是达卡、喜来登（Sheraton）饭店的主要股东。主要旅游景点如达卡、兰格马帝、库噶查、孟哥达、希来特、库克斯巴扎等地的旅游设施主要是孟加拉国家旅游组织 Parjatan（NTO）投资建设的。

（四）社会发展状况

据世界银行统计，孟加拉国有约50%的人口生活在贫困线以下，其中34%的人口生活在极贫线以下，自然资源相对匮乏，基础设施如电力、港口、电信、交通等极为落后，经济基础过于薄弱，生产力水平低下，产业结构不合理，结构性矛盾突出。因此，孟加拉国欲实现经济持续快速增长并走出贫困恶性循环仍任重道远。

2016年孟加拉国仍有3760万人口生活在贫困线以下（其中包括1940万极度贫困人口），占人口总数的23.5%，贫困率较2015年（24.8%）下降了1.3%。孟加拉国国家统计局将收入不足1300塔卡者视为极度贫困人口，收入不足1600塔卡者视为中度贫困人口。2009年，孟加拉国约有5000万贫困人口，其中包括2880万极度贫困人口。消除贫穷是孟经济社会最大的挑战，孟政府正稳步推进各项政策措施，使经济增长更具包容性，实现到2021年成为中等收入国家、到2030年消除极端贫困的目标。

据世界银行数据显示，孟加拉国贫困人口占总人口比例逐年下降，但所占比例仍较大，特别是按每天3.1美元来衡量时，直到2013年仍有56.8%的人处于贫困状态（表3）。

表3 孟加拉国贫困人口占比 （单位：%）

分 类	1986年	1988年	1991年	1994年	1998年	2003年	2008年	2013年
按每天1.90美元衡量	38.5	34.6	43.9	44.2	35.1	33.7	24.5	18.5
按每天3.10美元衡量	81.2	76.8	81.5	82.4	73.2	70.1	63.0	56.8

数据来源：世界银行

孟加拉国学制为小学五年、中学七年、大学四年。政府重视教育，规定八年级以下女生享受免费义务教育。截至2014年，孟加拉国有国立大学21所，私立大学53所，国立医学院13所，伊斯兰学校8410所，专业培训学院64所。主要高校有达卡大学、孟加拉国工程技术大学、拉吉沙希大学等。适龄学生入学率57%，教师人数17万。孟识字率为62.7%，其中男性为65.9%，女性为58.7%，成人识字率为54.8%。

据世界银行统计数据显示，孟加拉国小学入学率已达到95%左右，基本实现普遍的小学教育推广，而中学教育入学率自2005年以来略有上升，2013年达52%，但仍只能保证近半数学生继续进行中学学习，高等教育的入学率上升明显，但仍仅为13.4%，处于较低水平。

孟加拉国现有2个海港，吉大港和蒙格拉港，国内港口9个。其内河总长2400千米，适合航行的内河长 5968 千米。拥有国际机场 3 个：达卡、吉大港、锡莱特，国内机场 5 个。

截至 2014 年，孟加拉国公路总里程为 22.26 万千米，其中国家公路 3144 千米，地区公路 1746 千米，支线路 3.55 万千米，乡村路 18.22 万千米。76% 的货运及 73% 的客运由公路运输承担；其铁路总里程为 2880 千米。

二、农业发展现状

（一）农业资源条件

1. 气候条件

孟加拉国位于北纬 20°30′～26°45′，太阳辐射强，每年超过 300 天的平均太阳辐射量达到 5 千瓦时/平方米，日均太阳光照达到 7～10 小时。孟加拉国的太阳能资源极其丰富，各个部门都有巨大的开发利用潜力。太阳能的利用有助于降低传统化石燃料发电需求。

孟加拉国大部分地区属亚热带季风型气候，湿热多雨。全年分为冬季（11 月至次年 2 月）、夏季（3—6 月）和雨季（7—10 月）。年平均气温为 26.5 ℃。冬季是一年中最宜人的季节，最低温度 4 ℃，夏季最高温度达 45 ℃，雨季平均温度 30 ℃。

孟加拉国气候湿润，全年湿度较高，平均湿度在 70% 以上，首都达卡全年平均湿度为区域最低，达 70%，孟加拉国东部和西南部的市区年均湿度都在 80% 以上，7—10 月为孟加拉国的雨季，一般湿度都在 80% 以上。

2. 土地资源

孟加拉国耕地占国土面积的 70.1%，其中 80% 左右的是稻田。永久牧场占国土面积的 4.6%，森林和林地占国土面积的 14.3%。但是孟加拉国可供耕种的土地在不断减少，每年平均流失 8.29 万公顷可耕地，2006 年共用可耕地为 829 万公顷，比十年前整整减少了 100 万公顷（见表 4）。

表 4　孟加拉国土地利用情况　（单位：万公顷）

年 份	森 林	不可利用土地	荒 地	休耕地	一次播种	复 种	总耕种
2004—2005	259.80	353.03	26.83	46.82	797.31	612.75	1410.06
2005—2006	259.80	356.19	25.90	61.43	780.56	593.04	1373.60
2006—2007	259.80	357.52	25.66	61.27	779.63	593.08	1372.71
2007—2008	259.80	359.02	24.12	64.67	776.43	610.76	1387.20

（续表）

年份	森林	不可利用土地	荒地	休耕地	一次播种	复种	总耕种
2008—2009	259.80	357.52	23.15	47.39	794.00	647.18	1441.18
2009—2010	232.85	387.35	22.22	53.01	788.45	657.50	1445.87
2010—2011	257.69	373.83	21.93	46.66	783.76	710.51	1494.27
2011—2012	257.33	374.92	21.08	37.63	792.90	714.92	1507.83
2012—2013	257.33	376.06	20.44	39.21	790.84	712.50	1503.34
2013—2014	257.69	368.45	19.55	37.59	792.38	712.50	1520.45

资料来源：孟加拉国家统计局

同时，孟加拉国农业土地利用类型复杂多样，不同的土地类型及其土壤类型使得其利用的程度和用途各不相同，根据孟加拉国农业统计年鉴，孟加拉国划分为32个生态农业区，其土地开发现状及土壤资源相适宜

孟加拉国农业种植面积中，占比面积最大的是水稻，占75%。其他农作物包括黄麻（4.4%）、马铃薯（3.1%）、小麦（2.9%）、干豆（2.7%）、油籽（2.8%）、蔬菜（2.6%）等（图2）。

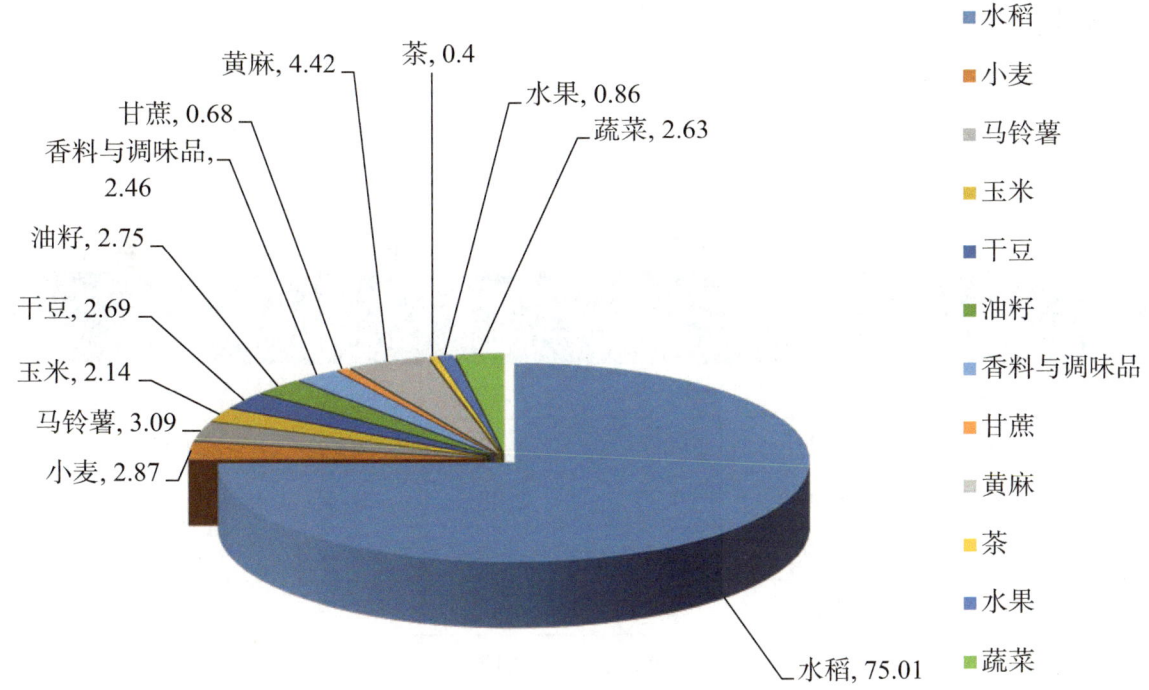

图2　2014—2015 孟加拉国不同农作物种植情况

资料来源：孟加拉国2015年农业年鉴

由于孟加拉国稀缺的土地资源和快速增长的人口，一个有效的土地管理系统是必不可少的。由于地少人稠，同时，孟加拉国的土地转让率和土地转化率非常高，使得大量的农田每年被住房、道路、教育机构和工业等占用，与其同时产生的还有由于气候变化导致的土地退化，使孟加拉国的耕地资源紧缺，也需要进口一些农产品用于本国消费。

政府于2001年制定了国家土地利用政策，以期改善土地行政和管理，并为土地利用和分区制定准则。《2010年国家经济区法》及经济区建设等措施的颁布使得经济用地得到相应的管理与开发。同时，政府加大对土地资源的管理，它涵盖将土地管理作为一种资源的几乎所有方面，包括养殖、矿产开采、房地产管理、乡镇和农村的实际规划等。

3. 水资源

孟加拉国水资源丰富，河流湖泊发达，被人称为"水泽之乡"和"河塘之国"，是世界上河流最稠密的国家之一。水道纵横，运河发达，河流和湖泊约占全国面积的10%，沿海小岛和沙洲众多。孟加拉国是恒河的入海口，有大小河流230多条，内河航运线总长约6000千米。全国约有50～60万个池塘，平均每平方千米约有4个池塘。主要河流水系有博多河、布拉马普特拉河下游（贾木纳河）、梅格纳河、卡纳夫里河、提斯塔河等。

孟加拉国降雨量大，2010—2015年雨季部分地区的降水量逐年增加，月平均降水量集中在每年4—10月，区域分布差异比较大。东部和南部城市降水量很大。

孟加拉国农田的水利设施建设也较为完善，主要的类型有动力泵、深管井、浅管井、手动井、总管井、传统沟渠等不同的灌溉方式，并根据不同作物的习性要求，有不同的使用情况（表5）。

表5　2012—2015年孟加拉国不同方式不同作物的灌溉面积　　（单位：万公顷）

2013—2014年							
作物名称	动力泵	深管井	浅管井	手动井	总管井	传统沟渠	总面积
秋季稻	12.67	12.42	49.29	0.24	61.96	3.56	78.31
冬季稻	75.35	73.21	290.73	1.29	365.23	21.12	461.71
小麦	5.54	5.38	21.37	0.08	26.83	1.54	33.91
甘蔗	1.01	0.97	3.97	—	4.94	0.28	6.27
棉花	0.28	0.24	1.01	—	1.29	0.08	1.62
马铃薯	6.19	6.03	23.92	0.12	30.07	1.74	38.00
蔬菜	5.91	5.75	22.78	0.12	28.61	1.66	36.18
其他	9.27	8.94	35.57	0.16	44.68	2.59	56.49
总面积	116.23	112.95	448.63	2.02	563.61	32.58	712.49

（续表）

2013—2014 年							
作物名称	动力泵	深管井	浅管井	手动井	总管井	传统沟渠	总面积
秋季稻	14.00	13.48	53.82	0.24	67.54	4.49	86.04
冬季稻	75.19	72.28	289.11	1.38	362.76	24.04	461.99
小麦	6.27	6.03	24.08	0.12	30.23	1.98	38.49
甘蔗	0.97	0.93	3.68	—	4.65	0.32	5.91
棉花	0.20	0.20	0.77	—	0.97	0.08	1.21
马铃薯	6.43	6.19	24.85	0.12	31.16	2.06	39.70
蔬菜	6.07	5.87	23.43	0.12	29.38	1.94	37.43
其他	10.16	9.75	39.01	0.20	48.97	3.24	62.36
总面积	119.30	114.73	458.75	2.19	575.67	38.16	733.13
2014—2015 年							
作物名称	动力泵	深管井	浅管井	手动井	总管井	传统沟渠	总面积
秋季稻	15.34	14.81	57.06	0.24	72.11	3.97	91.42
冬季稻	76.49	73.90	285.06	1.17	360.13	19.91	456.53
小麦	6.60	6.39	24.60	0.08	31.08	1.70	39.38
甘蔗	0.93	0.89	3.40	—	4.29	0.24	5.46
棉花	0.20	0.20	0.81	—	1.01	0.08	1.29
马铃薯	6.72	6.47	25.01	0.08	31.57	1.74	40.02
蔬菜	7.00	6.80	26.14	0.12	33.06	1.82	41.88
其他	10.85	10.48	40.39	0.16	51.03	2.83	64.71
总面积	124.12	119.95	462.47	1.86	584.29	32.29	740.70

数据来源：孟加拉国统计局

（二）农业生产情况

1. 农业产值规模及构成

农业在孟加拉国经济中占有重要地位。2011—2016年孟加拉国农业产值总量持续增加，农业增加值占GDP的比重从2012年的17.7%持续下降到2016年的14.8%，显示其农业发展变化过程中总量的发展以及在国民经济发展中农业相对第二、第三产业所发挥的作用有所下降，产业结构出现优化。

孟加拉国农业发展主要集中在种植业、渔业以及畜牧业方面。孟加拉国农产品以谷物为主，渔业产品以水产养殖业为主。孟加拉国农业总产值逐年增加，农业总产值中以谷物种植为主，其次是渔业收入、畜牧养殖（表6）。

表6 孟加拉国农业产值 （单位：亿万塔卡）

部门	2011—2012	2012—2013	2013—2014	2014—2015	2015—2016
农业	17070.64	18575.24	20627.58	22408.10	24241.82
种植业及林业	13887.91	14875.78	16396.82	17649.97	18927.20
谷物种植	10089.93	10679.41	11790.29	12612.09	13353.45
畜牧养殖	2299.87	2535.88	2766.68	2988.45	3291.01
森林服务	1498.10	1660.50	1839.85	2049.42	2282.75
渔业	3182.73	3699.46	4230.76	4758.13	5314.62

数据来源：孟加拉国统计局（2015—2016）

2. 主要农产品产量

孟加拉国主要农作物有水稻、黄麻、甘蔗、油籽、香料等，水果主要有菠罗蜜、杧果、香蕉、椰子、番石榴、菠萝等。据孟加拉国统计年鉴，2015年，孟加拉国水稻总产量为3471.00万吨，产甘蔗443.40万吨，香料240.90万吨，黄麻产量达750.10万捆，分别比上年增长1.0%、-1.6%、17.9%和0.9%。在水果方面，2006—2015年，杧果、菠罗蜜产量总体呈上涨趋势，而香蕉产量却逐年下滑，在2011—2012财年达到最低，为74.60万吨。2014—2015财年，菠罗蜜产量最多达106.10万吨，杧果产量为101.80万吨，香蕉达77.70万吨（表7）。

表7 2006—2015年孟加拉国主要农产品产量 （单位：万吨）

种类	2006—2007	2007—2008	2008—2009	2009—2010	2010—2011	2011—2012	2012—2013	2013—2014	2014—2015
水稻	2731.90	2893.10	3131.70	3197.50	3354.20	3388.90	3383.30	3435.70	3471.00
黄麻（万捆）	88.60	83.90	—	92.40	152.30	145.20	761.10	743.60	750.10
甘蔗	577.00	498.40	523.30	449.10	467.10	460.30	446.90	450.80	443.40
香料	140.50	137.00	110.40	135.00	164.90	188.00	172.20	204.30	240.90
油籽	68.40	70.10	66.10	78.60	73.00	78.70	80.40	84.40	93.40
烟草	3.90	4.00	4.00	5.40	7.90	8.50	7.90	8.50	9.40
茶叶	5.85	5.90	5.90	6.00	6.05	6.05	6.35	—	—
菠罗蜜	92.60	97.60	97.50	100.50	96.20	92.90	95.70	100.40	106.10
杧果	76.70	80.30	82.80	104.70	88.90	94.50	95.70	99.20	101.80

（续表）

种　类	2006—2007	2007—2008	2008—2009	2009—2010	2010—2011	2011—2012	2012—2013	2013—2014	2014—2015
香蕉	100.50	87.70	83.60	81.80	80.10	74.60	77.40	77.00	77.70
椰子	35.20	33.40	31.60	40.20	32.60	37.20	36.40	34.10	—
番石榴	15.20	15.20	16.10	18.10	18.70	19.00	20.50	20.30	20.30
菠萝	23.80	21.00	22.90	24.40	21.90	18.10	18.70	19.90	19.80
木瓜	9.60	10.40	—	11.20	12.50	12.00	12.50	13.10	13.30

数据来源：2015年孟加拉国统计年鉴

水稻是孟加拉国最主要的粮食作物，分为夏季稻、秋季稻和冬季稻。冬季稻产量最大，2015年，冬季稻产量占水稻总产量的55.3%，秋季稻和夏季稻分别占比为38.0%和6.7%。相较于水稻，小麦产量较小，2015年为135万吨，其播种面积为4.37万公顷，比2011年增加0.63万公顷（表8）。

表8　2011—2015年孟加拉国不同类型水稻和小麦播种面积和产量

（单位：万公顷、万吨）

作　物	2011		2012		2013		2014		2015	
	面积	产量	面积	产量	面积	产量	面积	产量	面积	产量
夏季稻	11.13	213	11.38	233	10.53	216	10.51	233	10.45	233
秋季稻	56.46	1279	55.80	1280	56.10	1290	55.30	1302	55.30	1319
冬季稻	47.70	1862	48.10	1876	47.60	1878	47.90	1901	48.40	1919
水稻合计	115.29	3354	115.29	3389	114.24	3383	113.72	3436	114.16	3471
小麦	3.74	97	3.58	100	4.17	125	4.30	130	4.37	135
合计	119.03	3451	118.87	3488	118.40	3509	118.02	3566	118.53	3606

数据来源：2015年孟加拉国统计年鉴

孟加拉国养殖业主要以禽类（肉鸡、蛋鸡）为主，其次是水产类（鱼、虾），和牲畜类（奶牛、肉牛、羊）。在孟加拉国，80%的农村人口养鸡，但大部分数量较少。孟加拉国畜牧养殖的水平很低，全国约17.7%的家庭拥有耕牛，16.1%的家庭拥有奶牛。孟加拉国畜禽数量呈持续增加的趋势（表9）。

表9　孟加拉国畜禽数量及其变化　　　　　　　　　　　　　　　　　（单位：万头，万只）

年　份	水牛	牛	鸡	鸭	山羊	绵羊
2000	89.0	2231.0	13270.0	3300.0	3410.0	113.2
2001	92.0	2238.0	14268.0	3383.0	3440.0	114.3
2002	97.0	2246.0	15224.0	3467.0	3690.0	119.4
2003	101.0	2258.0	16244.0	3554.0	3850.0	126.0
2004	106.0	2260.0	17263.0	3640.0	4010.0	133.0
2005	111.0	2267.0	18345.0	3728.0	4180.0	140.0
2006	116.0	2280.0	19482.0	3807.0	4360.0	148.0
2007	121.0	2287.0	20690.0	3908.0	4540.0	156.0
2008	126.0	2290.0	21247.0	3984.0	4730.0	164.4
2009	130.4	2297.6	22139.4	4123.4	4930.0	173.0
2010	134.9	2305.1	22803.5	4267.7	5140.0	182.0
2011	139.4	2312.1	23468.6	4412.0	5340.0	186.0
2012	144.3	2319.5	24286.6	4570.0	5500.0	189.0
2013	146.5	2334.1	24901.0	4725.3	5560.0	190.0
2014	145.7	2348.8	25531.1	4886.1	5590.0	192.5

资料来源：孟加拉国统计局

孟加拉国渔业包括淡水捕捞、淡水养殖和海洋捕捞，渔业产量逐渐增加，其中淡水养殖占比最高，达到1/3左右，每年渔业总产量以1994—2003年5%左右的速度增长，2003年以来增值速度开始下降，一般为4.5%～6.5%，多数年份为5%左右。

3. 粮食人均占有量与粮食安全

根据世界银行数据计算得出的孟加拉国人均粮食占有量在2000—2004年呈现下降态势，2004年达到最低值之后又逐渐上升，目前孟加拉国人均粮食占有量基本维持在350千克，低于世界平均400千克/人的标准。粮食安全水平方面，世界粮食计划署（WFP）2016年发布的报告认为，目前孟加拉国存在着数百万人面临着饥饿和营养不良的问题，营养不良给国家造成了超过了10亿美元的社会成本。

2014年孟加拉国人口约有4000万的人口粮食安全得不到保障。孟加拉国容易受到气候变化的影响，为了阻止粮食安全的进一步恶化，需要发达国家更多的资金与技术方面的支持，在应对气候变化的同时加强粮食安全。除此之外，孟加拉国的粮食安全现在面临着一系列因素的挑战，这其中包括该国不断上升的人口密度、自然资源匮乏（几乎所有的农地已经用于耕作）、易受价格冲击的影响和持久性贫困。

目前粮食安全仍然是政府工作的重中之重，并被纳入各项政策的主流。继 2008 年制订了一项全面的"国家粮食政策"以后，2011 年又制定了"国家投资计划"，为各利益相关方投资于农业和粮食安全提供了明确的路线图。

（三）农产品贸易情况

1. 农产品贸易规模

（1）主要农产品出口情况

据孟加拉国统计局农产品进出口统计，孟加拉国主要出口的农产品包括茶叶、黄麻及其制品、鱼虾、原棉、香料、烟草、水果蔬菜、牛皮及其他动物毛皮和制品等，涉及种植业、养殖业、农产品加工等多个领域，出口创汇前几位的是黄麻、鱼类、速冻虾、牛皮、皮革制品、烟草、蔬菜等。出口量连续增加刺激了国内生产这些产品的生产领域（种植业和养殖业）的发展（表 10）。

表 10　2011—2015 年孟加拉国主要农产品出口贸易情况　（单位：吨，万塔卡）

农产品	2011—2012 财年		2012—2013 财年		2013—2014 财年		2014—2015 财年	
	出口量	出口额	出口量	出口额	出口量	出口额	出口量	出口额
烟草	2307.64	43.53	14724.88	36.55	14150.66	28.55	12565.46	28.46
水稻	439.05	4.80	6056.17	8.76	5332.78	7.26	5208.24	6.77
茶叶	154.00	2.27	970.00	2.23	1208.00	2.70	1485.00	2.04
鱼	8113.00	421.02	82196.00	449.14	58851.00	360.41	60956.00	437.20
原棉	—	—	160.00	0.30	—	—	—	—
黄麻产品	4000.00	33.61	24000.00	203.19	49000.00	73.61	144000.00	105.34
原黄麻	48000.00	179.71	416000.00	177.61	186000.00	74.55	173000.00	82.47
冷冻虾	4493.48	332.14	56359.54	378.18	34155.72	293.42	—	—
预加工食品	758.58	9.82	2229.54	3.49	2022.94	3.15	2390.33	4.17
蔬菜	1954.69	39.47	1425.10	1.12	745.57	1.08	1297.99	1.78
水果	213.34	5.24	923.33	2.33	52.72	0.19	99.23	0.37
牛皮	390.61	6.08	24126.05	20.54	24240.13	224.06	18917.03	185.85
其他动物皮	316.60	62.73	3271.33	82.82	3078.23	73.32	2412.79	62.82

数据来源：2015 年孟加拉国统计年鉴

由于三面环海，渔业是孟加拉国主要的出口产品，在 20 世纪 90 年代，渔业出口占整个农产品出口的 9% 左右，是孟加拉国主要的出口创汇产品。1992 年以来，渔业出口创汇总额逐年增加，但由于黄麻等其他经济作物出口的增加，出口创汇收益比例下降，但仍然是主要的出口创汇产品。

20世纪初美国曾是孟水产品主要出口市场，但2004年后美国对孟水产品征收反倾销税，致其在美国市场失去竞争力，欧盟取代美国成为孟水产品最主要的出口市场。孟加拉国水产品出口中，虾占主导地位，主要出口欧盟、美国和日本，欧盟市场中，比利时、德国和英国占主要地位。2014—2015财年，孟加拉国出口冻虾4.43万吨，出口额达4118.80万塔卡，占水产品出口总额的88.4%（图3）。

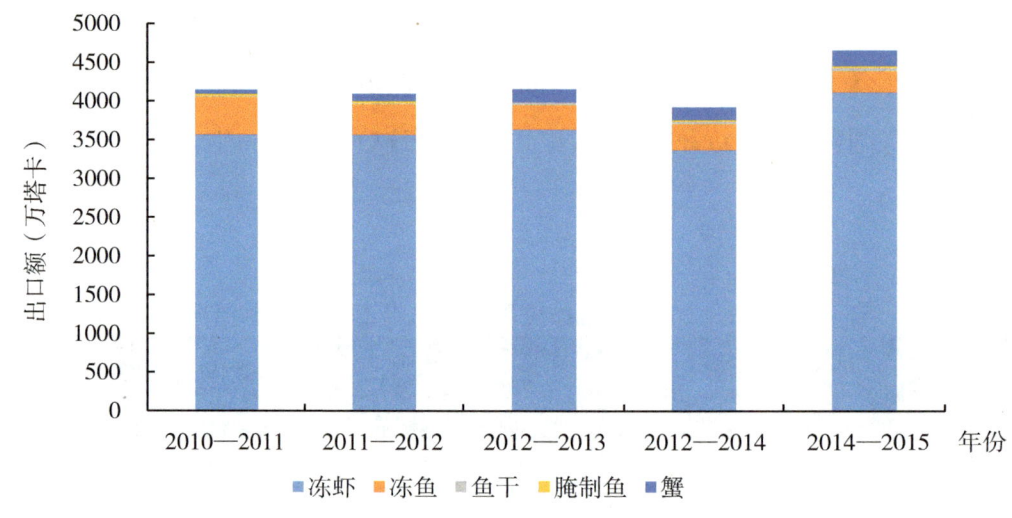

图3　2010—2015年孟加拉国水产品出口情况

数据来源：2015年孟加拉国统计年鉴

孟加拉国鱼类养殖能力并不高，且本国消费需求强劲，许多养殖户或贸易商更愿意在本国销售。孟加拉国出口的鱼类中，最著名的为鲥鱼（Hilsha Shad）。养殖鱼出口潜力最大的为鲶鱼（Pangasius）和罗非鱼（Tilapia）。2015年，孟加拉国出口冻鱼277.63万塔卡。冻鱼主要出口英国、沙特、美国、意大利和中国，鲜鱼主要出口印度、中国、德国和阿曼。孟加拉国鱼产品出口大多定位于低端消费市场，在高端消费市场竞争力不足。

（2）主要农产品进口情况

由于孟加拉国拥有1.6亿人口，本国生产的农产品不能满足消费需求，也需要大量进口农产品，主要进口农产品包括蒜、洋葱和葱、芥末籽等调味产品、豌豆荚、鹰嘴豆荚、扁豆等豆类、奶粉、棕榈油、棕榈粕、油菜籽等油料产品、蔗糖、加工食品和农业投入的生产资料：化肥、杀菌剂、小型机械，另外还有造纸用的木浆和棉花等原材料（表11）。

表11 主要农产品进口情况 （金额单位：万塔卡）

农产品进口	2011—2012财年		2012—2013财年		2012—2013财年		2014—2015财年	
	数量	金额	数量	金额	数量	金额	数量	金额
油菜籽（吨）	31968	348621	161268	885748	52189	242332	25274	100128
扁豆（吨）	78297	419445	2131198	1212717	154447	875735	181387	1133557
鹰嘴豆荚（吨）	141502	731670	259487	1268295	248115	1022792	299948	1250578
豌豆荚（吨）	291657	1029349	1514385	1480365	122315	395976	836631	3470107
蒜（吨）	48729	321797178	20818	152879	63228	412636	7490	501388
洋葱和葱（吨）	22884	82270053	47736	178476	43001	73328	423411	1066708
芥末籽（吨）	34370	1652691	1384	72345	3809	17377	2540	33139
蔬菜种子（吨）	1278	79344	1401	98763	657	48040	1091	93107
活家禽（只）	37403	43333	7354200	100159	2013500	38788	1271700	14735
动物，可食（只）	17217	2566	124986	3146	53438	1879	2298	135
冷冻无骨牛（吨）	46	1063	23	431	2	34	4	108
牛奶奶油（升）	401208	2855	410320	2342	711317	9067	394491	4190
奶粉（吨）	65916	1878324	39774	1096173	70165	2126154	93905	2315239
乳清（吨）	5453	45152	6384	66614	6788	66753	8670	81148
豆油（吨）	574	6435	719228	7134988	546810	4290243	1084653	7203623
棕榈油（吨）	1159780	1026282	1420234	10400000	1544152	10145735	24795	13816660
毛棕榈油（吨）	2114767	18815652	7621	755528	466013	3086907	97312	637139
蔗糖（吨）	1679750	89470381	1506528	62243301	1712388	60062061	2077649338	62360680
加工食品（吨）	6587875	2735879	14312528	2629754	5933371	2008553	23672595	3893028
杀菌剂（吨）	14958	249209	-	-	17264	336550	23547	445925
拖拉机等机械（台）	162888	553948	6572	241352	5689	192743	11885	405202
棉花（美国滚压）（吨）	729664	15468471	1081948	18200000	980177	16728808	1252376	18196793
木浆（吨）	96710	478860	-	-	108313	523988	160688	377733

数据来源：2015年孟加拉国统计年鉴

2. 主要贸易伙伴

根据UN Comtrade数据库显示，孟加拉国主要农产品贸易品种为水稻、黄麻、鱼类、水果、蔬菜等，其优质水稻主要出口美国、意大利、斯里兰卡，热带水果主要出口印度、沙特阿拉伯、科威特、英国和马来西亚等国。鱼类主要出口英国、比利时、挪威。黄麻主要出口巴基斯坦、印度、中国等。热带蔬菜主要出口英国、沙特阿拉伯、阿联酋和马来西亚等国（表12）。

表12 2015年孟加拉国出口世界各国主要农产品贸易情况　　　（单位：万美元）

产　品	贸易国家	出口额
水果	沙特阿拉伯	158.29
	美国	104.45
	意大利	86.63
	印度	2446.57
	英国	76.66
	马来西亚	65.11
蔬菜	沙特阿拉伯	1339.00
	马来西亚	1103.26
	英国	1036.03
鱼类	英国	8801.41
	挪威	7881.11
	比利时	6077.96
黄麻	印度	4896.96
	巴基斯坦	3136.63
	中国	1257.82

数据来源：UN Comtrade 数据库

3. 中孟农产品贸易

中孟两国高层互访不断，政治互信逐步加强，人民往来日益频繁，友谊日渐深厚，各领域的交流带动了经贸的发展，两国的经贸关系不断得到深化，贸易额逐年上升。据中国海关统计，2014年中孟两国的进出口总额125.47亿美元，同比增长21.7%。其中，中国对孟加拉国的出口为117.85亿美元，同比增长21.4%；从孟加拉国进口7.62亿美元，同比增长26.56%。

中国与孟加拉国的贸易长期处于贸易顺差，孟加拉国出口中国的主要农产品包括鱼类、黄麻、热带水果、蔬菜、油籽、油类、肉制品等（表13）。孟加拉国大量从中国进口家禽、水果、蔬菜（主要是洋葱、葱、蒜等调味品）、树木纤维、茶、鱼类、谷物等（表14）。

表 13　孟加拉国出口中国的主要农产品贸易情况　　　　　　　　　（单位：万美元）

农产品	2012	2013	2014	2015	2016
水稻	514.63	190.38	312.12	239.59	142.58
鱼	2636.92	2979.51	—	—	—
蔬菜	1877.59	3017.96	4839.46	5060.38	5396.49
水果	8587.02	8881.79	10615.12	11867.06	15319.14
化肥	20750.13	16561.71	22392.69	25601.56	21625.23
棉花	182866.96	216417.63	214642.58	225695.96	232115.81
黄麻	5352.31	2547.24	—	1257.82	—

数据来源：UN Comtrade 数据库

表 14　孟加拉国从中国进口的主要农产品情况　　　　　　　　　（单位：美元）

农产品	2012	2013	2014	2015	2016
蔬菜	99.72	86.60	67.00	70.65	—
水果	8.87	29.86	43.10	40.36	—
烟草	254.94	476.42	552.90	18961.38	—
活家禽	2411.08	1987.16	1830.09	1929.40	—
蔗糖	1.25	51.79	46.49	1.89	—
棉花	1070.04	134788.51	111617.84	96094.73	123.82
鱼类	1533.29	2211.71	2294.64	1912.67	1927.05
树木纤维	4800.30	3003.90	1852.00	1502.53	1670.34
茶叶	20.86	16.45	478.46	81.55	—
奶油	0.26	0.15	—	2.71	—
葱蒜	1984.80	3462.02	—	5378.79	—

数据来源：UN Comtrade 数据库

中国与孟加拉国间的贸易顺差逐年增加，这是两国贸易中存在的首要问题，也是孟加拉国政要及学者最为关注的一个问题。2004年，两国的贸易顺差18.49亿美元，增幅为42.1%。从2006年开始，中孟之间的贸易差额不断加剧。2006年，中国对孟加拉国的出口额为30.9亿美元，进口额为0.99亿美元，顺差29.91亿美元。2010年，中孟贸易顺差超过了50亿美元，达到62.23亿美元。2014年，中孟贸易顺差超过100亿美元，达到110.23亿美元；2015年，中国对孟加拉国的出口额为139.01亿美元，进口额为8.06亿美元，中孟贸易顺差达到130.95亿美元。

（四）农业管理体系与政策

1. 农业科研管理体系

为推动孟加拉国农业技术发展，政府设立众多国有公司以及研究机构，研究机构设有孟加拉渔业研究所（BFRI），为渔业和畜牧业部下辖研究机构，是孟渔业和养殖业最重要的研究机构，成立于1984年，总部在迈门辛，在渔业和养殖业主要分布地区设有分支机构。渔业研究所除从事科研外，还提供初级生产培训。海洋渔业研究院（MFA），该研究院同为渔业和畜牧业部下辖研究机构，除科研外，主要提供渔船驾驶人员培训等。

孟加拉国还设有出口促进局（EPB）和水产品商业促进委员会（FPBPC），这两个机构均为孟商务部下属机构。水产品商业促进委员会成立于2003年，侧重于国内水产品贸易的推广，致力于提升水产业的产品质量和多样性，出口促进局则侧重于出口业务推广。

协会商会有孟加拉国鱼虾基金（BSFF），该基金致力于提高鱼、虾业的经济效应、社会效应和环境效应，实现可持续发展，搭建业内公共机构和私有企业，以及私有企业间的沟通平台，提供资金、物资和智力支持。孟冷冻食品出口商协会（BFFEA），该协会旨在促进和保护冷冻产品加工企业、包装企业和出口企业利益，充当政府机构、贸易商和私人企业间的沟通桥梁，并致力于拓展冷冻食品出口市场，推动本国厂商与国际采购商和商协会签订采购协议，与出口促进局联系紧密。孟加拉国水产养殖业联盟（BAA），该联盟为鱼、虾业企业交流平台，致力于提高行业产品质量和可追溯性，提升行业社会和环境效应，较早参与了鱼、虾业产品追溯机制的建立。

联合国工业发展组织（UNIDO）、粮农组织（FAO）、世界银行（WB）、国际农业发展基金（IFAD）和欧盟、美国国际开发署（USAID）、英国国际开发署（DFID）及丹麦国际开发署（DANIDA）等多边和双边援助组织对孟农业发展，特别是农业技术创新支持提供管理体系建设、质量体系建设、解决贫困问题和加强环境保护等多种能力建设援助，帮助孟农业提高竞争力和可持续发展能力。

2016年12月5日，中化集团下属中国种子集团有限公司（以下简称"中种公司"）在达卡（Dhaka）与孟加拉国农业发展总公司（以下简称"BADC"）签约建立孟加拉国适应性研发中心，中国驻孟加拉国大使馆代表参加签约仪式。中种公司与BADC携手建立孟加拉国适应性研发中心，旨在充分发挥公司在生物育种技术与常规育种技术集成与创新方面的技术优势，加速选育满足孟加拉国消费者需求的杂交水稻新品种，以应对极端气候等不利因素，提高当地粮食生产水平。

2. 农业支持政策

种子是农业部门的主要生产投入，其可用性和质量是可持续农业生产的手段。非政府组织和一些私营公司已经开始生产、进口、储存和杂交水稻、玉米和蔬菜优质种子的销售规模。因此，国家制定可持续供应政策需要保持优质种子。同时为加强化肥管理，政府应对在私人和公共部门的肥料采购和分配施加压力；采取措施在地区农场维持肥料缓冲库存水平；为农民提供高质量的肥料；对土壤、植物和动物群有害的任何种类的肥料的生产、进口、营销、分销和使用都将被禁止；不断监测各级肥料的供应、储存、价格和质量；延长农民要求的开放市场化肥；找到方法以阻止化肥中任何人采取的任何不公平的手段等。就灌溉而言，由于水资源缩减，国家农业政策特别强调合理使用水资源，并注重灌溉设施的建设。

畜牧业而言，政策重点在于进口动物饲料的质量；农民技能；需要形成散养家禽成小规模的待开发商业/半商业化生产；提高信贷易获性；加强成本管理并提高生产率，尽量减少后期制作的损失；提高可持续发展能力。

渔业而言，孟加拉国独特的水资源丰富。它的海岸、河口、红树林、河流、湖泊和池塘为鱼类养殖提供了巨大的机会。因此，渔业部门在营养、收入、就业等方面很重要，同时由于渔业部门是自营职业，在缓解贫困和社会经济发展方面发挥着重要作用。因此，在公开水域发展内陆渔业的重要问题是养护，合作解决水污染问题；对于海洋渔业，需要库存评估，并检测水域，扩张渔区并发展技术；而对于封闭的水系统或水产养殖的重点是引进现代的鱼品种、遗传改良、管理改善，通过集约化和发展市场基础设施建设来发展渔业。

总的来说，孟加拉国的主要农业政策如表15所示。

表15 孟加拉国主要农业政策清单

1	关于宣布车辆和其他设备故障的规定
2	2015年国家农业推广政策（草案）
3	2015年奖励：实施政策
4	中期战略和商业计划
5	非尿素肥进口，销售和补贴支付程序
6	2016—2020年第七个五年计划
7	国家农业政策（NAP）2013
8	化肥经销商预约及分销政策修订—2009
9	国家种子政策
10	作物品种和技术开发政策
11	化肥经销商预约及分销系统

12	国家病虫害综合治理（IPM）政策	
13	综合小规模灌溉政策	
14	国家农业政策（1999）	
15	国家粮食政策（2006）	
16	国家畜牧政策（2007）	
17	国家渔业政策（1998）	

资料来源：孟加拉国农业部发布文件、资料整理

3. 农业发展规划

最新的农业发展规划有孟加拉国农业政策发展规划、第七个五年规划、2015年国家农业推广政策等。《孟加拉国农业政策发展规划》指出，研究系统需要从供应驱动型向需求驱动型转变方法，这需要一系列战略行动，如：加强规划，监测和实施方面的协调，可以进行NARS研究所的研究计划。激励和内在奖励将提供给个别研究人员或创新研究所。向科学家提供充分的研究应急支持，使基于项目的活动制度化；促进研究环境，以获得更好的投资回报；将建设适当的基础设施，并保持现有的基础设施用于研究，培训和外联方案；国家农业研究所，包括BRRI、BARI、BJRI等，均大力推进实施人力发展计划。并将之进一步细化为研究机构的治理、研究相关性、多样化的农业、技术转让、公平交付服务、自然资源管理、管理信息系统、人力资源开发、锻造合作以及各分部门的工作。

《国家农业推广政策》为了实现愿景和目标，提议利用渠道化资源以执行以下活动：加强协调和综合扩展、提高农民组织水平、强化一站式服务中心—FIAC、加强供应链发展的信息联系、确保食品安全、创新性改进电子农业、运用新技术、战略沟通和政策治理、推进都市农业、主流化防灾和适应气候变化、恶劣气候地区推广专业服务、加强"公私合作伙伴关系（PPP）"农业推广、加强优质种子和其他投入的供应、积极推进农业Organic/绿色养殖、农业妇女主流化、强调住宅园艺、推动农业机械化、实现高效技术的有效传播、增强产业联系发展农基工业、加强信贷和保险、启用和指导技术推广人员、加强监督和评估。

现行农业政策多种多样，孟加拉国政府长期以来注重农业产业的发展，根据时代背景及农业发展状况推行不同形式下的农业政策体系。多年来，孟加拉国政府在国家粮食管理与市场体系中扮演主角，其政策目标是使农业生产满足本国需要的同时，保障充足的粮食供应并确保较为稳定的价格。政府所采取的政策手段有：通过公共食品分配系统以低于市场的价格出售粮食，在自然灾害期间向灾民发放免费食品，以及指标明确的饲养计划等。政府还对国内的粮食进口与粮食市场负责。政府以拥有的粮食开展辅助活动，既作为粮食市场化经营的补充，又可作为战略储备，在非常时期政府也进口粮食。

三、农业投资环境

（一）国家商业环境

根据世界银行发布的《2018年营商环境报告》，孟加拉国在190个国家中位列177位，在南亚国家中垫底。在10个分项指标中，其创办企业排名第131位，办理建筑许可排名130位，电力供应排名185位，财产登记指数排名185位。根据世行分析，在强劲需求推动下，孟加拉国经济在发展中国家中处于增速最快的行列，如果进行有效的经济改革，未来还可期待更快的增长速度；要实现预期的经济增长，孟加拉国需要通过增加私人投资、出口多样化，以及加大人力资源方面的投入来创造更多更好的工作机会，孟加拉国还需要改善营商环境，加快大型基建项目建设，改善金融部门治理以及确保可靠的电力供应。

而根据世界经济论坛《2017—2018年全球竞争力报告》，孟加拉国在全球最具竞争力的137个国家和地区中排名第99位，较2016—2017年上升7位（表16）。信息与通信技术基础设施的升级与应用停滞不前，成为阻碍孟加拉国、包括整个南亚整体竞争力提升的最大障碍。

表16 孟加拉国2017—2018全球竞争力指数

指　标	排名（总共137位）	得分（1～7分）
全球竞争力指数	99	3.9
1. 院校、学府	107	3.4
2. 基础设施	111	2.9
3. 宏观经济环境	56	4.9
4. 健康与基础教育	102	5.2
5. 高等教育及培训	117	3.1
6. 商品市场效率	94	4.1
7. 劳动力市场效率	118	3.6
8. 金融市场发展	98	3.6
9. 技术条件	120	2.8
10. 市场规模	38	4.7
11. 商业成熟度	91	3.7
12. 创新	114	2.8

数据来源：世界经济论坛《2017—2018年全球竞争力报告》

（二）农业优势与潜力

孟加拉国是一个农业国，自然资源条件良好，人均占有量低，土地产出率低，开发程度不高，开发潜力大。其土地肥沃、光照充足、水量充沛、气温偏高，自然地理环境十分适合发展热带农业，适合水稻、黄麻、玉米、咖啡、茶叶、烟草、甘蔗、豌豆、油籽、香料、马铃薯、蔬菜等的种植。

另外，孟加拉国降水量大，河流水系和湖泊发达，三面环海，淡水和海洋渔业资源丰富。在农产品初加工和深加工提高农产品价值方面潜力巨大。

孟加拉国人力资源丰富，劳力成本低廉。孟加拉国是世界上人口大国（5000万以上人口国家）中人口密度最高的国家。其中适龄劳动力人口约占总人口的60%，劳动力充足，人力成本较低，适宜发展劳动密集型产业。

孟加拉国实行投资自由化政策，鼓励投资。近年来为鼓励外国投资，孟政府制定了一系列优惠政策："投资者享受国民待遇、投资受法律保护不允许被国有化和被征用、保证资本和股息外派、公司享受5~7年免税期、进口机械设备享受关税优惠、享受最不发达国家出口优惠、允许100%外资股权和无退出限制"。孟加拉国几乎所有经济领域都对外国投资者开放，投资自由度较高。另外还积极建设出口加工区、特殊经济区。孟加拉国为推动农业对外合作出台实践了多个相关的对外政策，其中主要涉及的政策包括投资者国民待遇、土地、税收、投资、融资、外汇管理、劳工、保险、其他等。

（三）风险分析

气候灾害严重，劳动力素质低。由于地理位置和气候条件等原因，孟加拉国是世界上最易遭受自然灾害的国家之一，包括洪水、飓风、河堤崩溃和干旱等。资源贫乏，大量工业原材料、资本货物、生活物资均需从国外进口，进口依赖度很高。同时，劳动力素质较低，基础设施建设较薄弱，生产力水平低下，资金和技术依赖外国援助。

国际贸易便利化程度仍然有待改善。农产品贸易在市场准入、通关管理、检验检疫、货币结算等运行管理中存在诸多不便利的问题，影响农产品贸易。同时，各国在劳务卡发放、投资比例和签证期限方面都有不相适应的严格规定和办理手续，不利于开展农业合作。从中国方面来看，中国企业在外生产的农产品输入国内市场存在进口配额小、下达时间与农产品收获时节脱节的问题，抑制了农业贸易扩大和中方资本到境外开发。

政策对接有一定障碍。孟加拉国实行的是土地私有、家庭分散经营制度，大部分土地集中在富人手中，小规模土地所有者拥有的资源有限，劳动力和土地资源难于组织，而且政府对于境外资本参与土地资源开发有一定的限制，不利于规模化生产。

法律体制有待完善。孟加拉国法制不健全，执法不力，案件审理效率较低。一旦出现法律纠纷，会导致企业启动成本、运营成本等投资成本增加，风险加大，从一定程度上抵消了孟加拉国被广为称赞的投资鼓励政策的效果。因此，公共行政改革可以说是孟加拉国整体经济改革的核心环节。

（四）总体评价

孟加拉国以平原地形为主，水资源丰富，土质疏松肥沃，是多种热带植物的天然种植园，较为适合发展农业，但是洪水、飓风等自然灾害多发也对农业生产造成了一定影响。长期以来，农业一直是孟加拉国的支柱产业。近年来，由于消费水平的提高，孟加拉国对食品制成品、水果及乳制品的需求量增长迅速。但孟加拉国生产技术落后，农产品加工业发展不足，发展空间巨大。此外，在考虑投资孟加拉国农业时，政策对接以及法制法规体系的不健全是必须要考虑的问题。

孟加拉国巨大的投资机会是其有条件支持"一带一路"倡议和建设"孟中印缅经济走廊"的基础条件，其目标在于通过区域间互联互通和广泛合作，交融经济互补性，以保证区域的和平发展及繁荣。鉴于中孟都有深化合作、参与构建良好合作环境的积极意愿，双方在"一带一路"倡议下的经济合作已取得了初步成效，在投资过程中，中资企业强调以实效换取更多的支持与认可，对改善孟加拉国的国计民生发挥重要作用。

四、中孟农业合作现状与合作重点

（一）合作现状

1. 合作机制

2007 年，中孟两国发布《中华人民共和国政府与孟加拉国人民共和国政府的联合公报》，其中提出，"双方强调，在平等互利，公平合理的基础上，继续努力进一步加强在经贸、投资、农业、交通、旅游、教育、文化等领域的合作重视实际效果的精神。加强农业合作，鼓励农业技术，农产品加工和人员培训方面的互利合作"。

2010 年 3 月，孟加拉国总理谢赫·哈西娜应邀对华进行国事访问。中孟两国发布联合声明，称将根据 2005 年签署的《中华人民共和国农业部与孟加拉人民共和国政府农业部农业合作谅解备忘录》，积极开展杂交水稻种植技术、农业机械技术、农作物种质资源交换、农产品加工、农业技术人员培训等领域的合作；加强两国农业科技与管理人员的交流，进一步探讨扩大农业合作的具体途径和方式。

2014年6月，孟加拉国总理谢赫·哈西娜对中国进行了正式访问，中孟共同签署了《中孟关于深化更加紧密的全面合作伙伴关系的联合声明》，声明指出，在平等互利的基础上，进一步加强两国贸易、农业等领域合作。

2016年8月，中国商务部副部长高燕与孟加拉国财政部高级秘书（副部长）梅巴乌丁在达卡共同主持召开中国—孟加拉国政府间经济贸易合作联合委员会第14次会议。双方就落实两国领导人在经贸合作领域达成的共识，共建"一带一路"，深化贸易投资、援助、重大项目、产业园区合作及自贸区建设等议题深入交换意见，并签署了《中华人民共和国政府和孟加拉人民共和国政府关于中国向孟加拉国提供物资援助的换文》。

2016年10月，习近平总书记对孟加拉国进行国事访问期间，在中孟两国元首共同见证下，国家发展改革委主任徐绍史代表中国政府与孟加拉国外长穆罕默德·阿里签署了《中华人民共和国政府与孟加拉人民共和国政府关于开展"一带一路"倡议下合作的谅解备忘录》。该备忘录是中国与南亚地区国家签署的首个政府间共建"一带一路"合作文件，具有标志性意义。其签署不仅将推动中孟在"一带一路"框架下的互利合作，也将对孟中印缅经济走廊建设发挥积极的促进作用。

2. 科技合作

作为世界上第四大水稻生产国，孟加拉国水稻常年播种面积约1100万公顷，然而由于人均耕地较少，水涝严重，病虫多发，水稻单产较低，供给存在较大缺口。统计数据显示，孟加拉国每年需进口200万吨大米。因此，中国四川、重庆、湖南等相似的南方水稻产区在孟加拉国开展大量水稻种植合作。

（1）开展水稻技术合作

中国重庆市农科院成果转化平台重庆中一种业有限公司承担了中国商务部《援孟加拉水稻技术合作项目》。该项目于2015年底启动，总投资2100万元，中方派遣8名专家长期入驻孟加拉国，合作单位是孟加拉国水稻研究所（BRRI），双方共同开展杂交水稻育种、品种试验、生产示范、技术培训及种业公司体系建设等工作，在水稻种子进出口贸易、大米加工以及农产品国际贸易等多方面合作，力争在人才、品种、技术方面合作实现双赢，提升农业科技能力，改进农业实用技术，促进两国农业增产增收。

据孟加拉国种子审定委员会公布，2016年8月，由中国重庆市农科院水稻研究所和重庆中一种业有限公司选育的杂交水稻品种Q优12，通过了孟加拉国国审，审定名为Naafco 112。该品种在孟加拉国全生育期140天，株高适中，叶片直立，叶色浓绿，抗逆性强，大穗、高产，平均产量9.7吨/公顷，部分地区最高产量达10.2吨/公顷左右，高出孟加拉国对照品种 20% 以上，在 Dhaka、Barisal、Chittagong 等水稻主产区产量优势尤为突出。中一种业公司自 2006 年在孟加拉国进行杂交水稻品种试验示范以来，目前已通过孟加拉国国审品种有 Q 优 8 号、Q 优 4108 和 Q 优 12 等 3 个，公司每年向该国出口杂交水稻种子近 400 吨。

（2）建立孟加拉国适应性研发中心

2016 年 12 月，中国种子集团有限公司与孟加拉国农业发展总公司（简称"BADC"）在达卡签约建立孟加拉国适应性研发中心，这是中种集团在海外建立的第 1 个研发中心。中种集团与 BADC 携手建立孟加拉国适应性研发中心，旨在充分发挥公司在生物育种技术与常规育种技术集成与创新方面的技术优势，加速选育满足孟加拉国消费者需求的杂交水稻新品种，以应对极端气候等不利因素，提高当地粮食生产水平。为了使选育出的品种快速应用于当地水稻生产，中种集团还与孟加拉国金色谷物王国私人有限公司（GBK）签署了商业推广开发协议，并就未来在孟加拉国开展杂交水稻技术的推广进行深入交流。

（3）成立中国—孟加拉国水稻联合研究中心

2014 年，在中国国家科技部的支持下，由四川农业大学与孟加拉国家水稻研究所合作建立"中国—孟加拉国水稻联合研究中心"，旨在联合选育适合当地种植的高产、优质、多抗的杂交水稻新组合，并研究配套栽培技术，帮助建立水稻栽培实验室等科研设施，帮助培训孟方相关技术人员掌握育种、高产制种、高产栽培等应用技术，提高当地杂交稻种子质量及产量，缓解粮食安全问题。

中孟双方已联合开展了收集筛选孟加拉国抗病虫优质种质资源，中方推荐多个杂交稻新组合在孟加拉国进行初试，大多数杂交稻组合较孟加拉国当地对照品种增产显著。其中新组合 H-575 在孟加拉国家区试中表现尤其突出，试验点 RARS Jamalpur 增产 37.8%，费尼（Feni）增产 30.5%，BRRI 拉杰沙希（Rajshahi）增产 50.7%，平均增产达 39.6% 以上。

3. 贸易合作

中国与孟加拉国于 1989 年 11 月签订《中华人民共和国政府和孟加拉人民共和国政府贸易协定》。中国目前是孟加拉国最大的贸易伙伴，孟加拉国是中国在南亚第三大贸易伙伴。近几年，中孟双边贸易额增长迅速。从 2000 年的 9 亿美元迅速增长到 2015 年的 147 亿美元，年均增幅为 20% 左右。

中国自 2001 年加入《曼谷协定》（该协定于 2005 年底更名为《亚太贸易协定》），目前协定的成员国包括中国、韩国、印度、斯里兰卡、孟加拉国和老挝等 6 国。根据《亚太贸易协定》第 3 轮关税减让谈判结果，各成员国不同程度地降低了进口关税。从 2006 年 9 月 1 日起，中国对原产于韩国、印度、斯里兰卡、孟加拉国和老挝的 1700 多个税目商品实行降税，对原产于老挝、孟加拉国的部分商品实行特惠税率。

4. 投资合作

据中国商务部统计，2015年中国对孟加拉国直接投资流量3119万美元。截至2015年末，中国对孟加拉国直接投资存量1.88亿美元。投资领域涉及服装、纺织、陶瓷、装修、饮用水、医疗、养殖、印刷、家电、轻工等，但主要集中在纺织服装及其相关的机械设备等领域，农业方面主要涉及的企业是水产养殖和种植园（表17）。

中国对孟加拉国农业投资的典型案例有由原大连麻纺织厂（现大连加美地毯有限公司）投资于1996年建立的大吉麻制品有限公司（DAJI JUTE MILLS LTD.）主要生产7LBS-18LBS（相当于国内的1.84支-4.73支）的黄麻单纱和股线，年生产能力3600吨，目前主要出口到中国、日本、土耳其、伊朗、叙利亚等国家。

表17　中国对孟加拉国农业的重点投资项目　　　　　　（单位：万美元）

项目名称	类型	资本结构（%）	投资	项目地址	部门/产品
孟加拉国巨型椰子纤维实业有限公司（CTG）	合资企业	本地（10）国外（90）	12.0	吉大港	椰子纤维
中国Bangla Coco Fiber Industries Ltd	合资企业	本地（81）国外（19）	26.7	吉大港	椰子纤维和椰壳产品（农业）
拉尔特尔畜牧业发展（孟加拉国）有限公司	合资企业	本地（75）国外（25）	8013.2	达卡	乳制品
库尔纳（Khulna）水生生物利用厂（卡欧）有限公司	合资企业	本地（50）国外（50）	9	达卡	鱼饲料
浙江安吉豪森国际有限公司	绿地投资	本地（0）国外（100）	11.5	库尔纳	鱼粉
中国海食品加工COLTD	绿地投资	本地（0）国外（100）	10.6	达卡	鱼加工
高海记国际食品	合资企业	本地（52）国外（48）	6.4	达卡	鱼加工
QXT孟加拉国有限公司	绿地投资	本地（50）国外（50）	1010.1	达卡	鱼的保存
国家Agricare与永盛制造股份有限公司	合资企业	本地（51）国外（49）	3012.9	达卡	麻油
景英贸易有限公司	绿地投资	本地（0）国外（100）	12.1	达卡	虾壳

(续表)

项目名称	类　型	资本结构（%）	投　资	项目地址	部门/产品
盛旺贸易有限公司	绿地投资	本地（0） 国外（100）	18.0	达卡	虾化场
宏福实业虾 Co.Ltd	合资企业	本地（51） 国外（49）	38.6	达卡	虾孵化场
龙毒液有限公司	合资企业	本地（66） 国外（44）	21.8	达卡	蛇农场
Realfine 工贸有限公司（红茶）	合资企业	本地（25） 国外（75）	15.4	达卡	茶

5. 农业援助

自 1975 年中孟两国建立外交关系以来，中国向孟加拉国的经济建设提供了力所能及的援助。中国对孟援助主要是通过实施项目的方式。在确定实施项目方面，中国充分尊重孟加拉国政府的要求，着眼于有利于推动孟加拉国经济发展的项目。自两国建交以来，中国在各种援助项下，在孟实施了一大批农业援助项目，如中国—孟加拉国水稻联合研究中心、新希望孟加拉有限公司、孟加拉通威饲料有限公司等。

2017 年 4 月，中国驻孟加拉国大使马明强与孟加拉国农业部常务秘书穆因丁·阿卜杜拉在孟加拉国首都达卡签署交接书，中国向孟加拉国交付了 6004 件农机和农业设备，以期帮助该国实现农业现代化。这批援助设备主要包括谷物联合收割机、拖拉机、旋耕机、播种机和插秧机等。据介绍，设备移交孟加拉国农业部后，将发至各地农技服务站，供当地农民免费使用。

（二）合作潜力

1. 合作基础

中孟政治关系稳定，农业合作发展得到双方领导人的重视。双边农业合作的重要性日益凸显，得到了双方领导人的重视，随着两地友好关系、社会经济的不断发展，孟中印缅经济走廊的建设、互联互通水平的日益提升，面临的问题将得到两国政府的重视，通过双边协商的方式解决。2003 年签署《中国—东盟农业合作谅解备忘录》，将杂交水稻种植、水产养殖、生物工艺、农场产品和机械等方面列为中国与东盟在农业科技方面长期合作的重点。

地区合作机制的日益完善，为两国的经贸合作提供机会与便利。"孟中印缅地区合作论坛"是由孟加拉国、中国、印度和缅甸共同发起的，简称 BCIM 论坛。论坛围绕 4 国毗邻地区的交通连通性、贸易与投资、旅游合作以及合作机制等问题展开讨论，有利于推动本地区的和平稳定、经济繁荣和社会进步。

2010 年，孟加拉国政府通过经济区法，以提高出口加工区的出口收入。根据该法，经济区的建设者和投资者将获补偿，开发者有 10 年免税期，经济区内的投资者将享受 2 年免税期，之后 8 年税率逐步恢复到常规水平。孟加拉国已建设 8 个出口加工区，其中最大的是吉大港出口加工区和达卡出口加工区。加工区为投资的企业提供了一系列优惠措施和条件，如完善及提供优惠基础设施的配备、减免税收、放宽可投资的领域等。

孟加拉国政府鼓励和给予外来投资各种优惠政策。自 20 世纪 80 年代中期开始孟加拉国实施以市场为导向的自由经济增长战略，并在 20 世纪 90 年代初期加大实施这一战略的力度，全面修订工业贸易政策，推动贸易、投资自由化进程，加强对民营企业发展的支持，大力改善基础设施。特别是推出大量的合作项目和优惠政策，加上劳动力成本低，房屋、水电、土地等价格低，使得孟中农业合作成本降低。孟加拉国对需要进口的商品实行税收减免和国民待遇政策，大力引进外商投资，对于进口需要的农产品减少关税。孟加拉国已与大约 20 个国家包括中国签订了双边投资保护协定，与中国签订防止双重征税双边协定以及鼓励和保护相互投资的协定。有专门的法律保护外资，相关的农业发展体系也较为完善，有很大的发展空间。同时，标准普尔给予孟加拉国"BB-"的长期主权信用评级以及"B"的短期信用评级，穆迪投资服务（Moody's）给予孟加拉国 Ba3 的评级，使孟在南亚的排名位于巴基斯坦之前，印度之后，在南亚位居第二。

中孟农业合作具有互补性和相似性。中国在重庆、云南、湖南、湖北等南方亚热带种植区，生产条件与孟加拉国相似，但在水稻、玉米育种和食品加工方面已经拥有很高的技术，在农业机械、化肥、杀虫剂等农业投入方面已经有成熟的技术，可以与孟加拉国开展农业合作。

人力资源非常丰富，劳动力成本低。孟加拉国是世界上人口最稠密的国家之一，人力资源非常丰富而廉价，即使按地区标准比较也颇具竞争力，这是在孟投资最有吸引力的因素之一。孟劳动力成本优势明显，工人最低月基本工资约为 70 美元，中国为 432 美元，周边国家印度 165 美元，越南 96 美元，巴基斯坦 87 美元。由于人口众多，耕地减少，最近农产品进口需求量巨大，为中孟农业合作提供了广阔的前提。孟加拉国进口的农产品，包括：小麦、大米等谷物、蔬菜、食用油、马铃薯制品、牛奶及奶制品、加工食品、家禽、鱼类、花卉、种子、化肥、杀菌剂、农业机械等农产品。

农业发展水平低，存在较大的提升空间。农业机械化水平、农业基础设施条件、农业科技推广普及程度较低。农作物新品种开发与推广不足，尤其在水稻育种、小型农业机械方面存在较大的合作空间。

2. 合作前景

"一带一路"倡议既满足了孟加拉国发展经济和改善基础设施的强烈需求，同时其良好的经济发展潜力也吸引着中国投资者的目光，为两国开展双边合作奠定了坚实的基础。孟加拉国在历史上是"海上丝绸之路"和"陆上丝绸之路"的必经之地，随着世界形势的变化，其战略地位的重要性日益凸显。鉴于孟加拉国人力资源丰富，劳动力成本低，但农产品结构单一，急需满足其国内不断增长的消费需求。而在地理位置上，孟加拉国同中国地理位置相隔较近，加之欧美及其他发达国家对孟加拉国商品的市场准入条件低。我国拥有丰富的农产品种类，也具有资金、技术、人才和丰富的经验，两国合作经济互补优势显著。且自1975年中孟两国建交来，中孟关系一直朝着友好紧密的方向发展，两国间政治交往不断，文化往来日益频繁，在多个地区合作机制下，贸易往来越来越便利，中孟两国可开展农业合作的领域较多，前景广阔，对推动"一带一路"倡议在南亚地区的落实意义重大。

（二）合作重点

1. 重点领域

重点围绕水稻、玉米、蔬菜育种技术开发新品种研发和培训，开展农作物肥料和杀菌剂的使用和研发技术的合作研究和应用。开展农业种植技术、耕作技术等的培训，加强中孟农业技术合作。中国有先进的农业生产技术，在良种的开发利用、病虫害的防治、农业机械的使用、农产品加工、资本投入等方面领先于孟加拉国，可以把国内优良品种、种植技术引入当地，并结合当地的生产情况适当改良。与孟加拉国国家农业科学院、孟加拉国农业大学、孟加拉国Sher-e-Bangla农业大学等科研机构及高校农业技术专家、学者开展合作和考察交流；通过举办援外技术培训班，先后培训孟加拉国农业技术人员。

在经济作物领域，重点围绕黄麻、土豆、油料、棕榈、蔬菜、水果等经济作物的开发，尤其黄麻是孟加拉国主要出口创汇作物。加强对经济作物的合作开发，尤其是黄麻、热带种植园的发展，有广阔的合作前景。随着中国"一带一路"倡议的实施，中国云南的花卉、葡萄、白菜、葱、蒜、茶等经济作物可以进一步出口到孟加拉国。

孟加拉国农业机械化水平低，地形复杂，农场面积小。孟加拉国在播种机械和收割（尤其联合收割）机械的使用率分别小于2%和1%，农业机械化程度低。中国可通过援助、贸易或者建厂生产等多种方式加强农业机械化领域的合作。

2. 重点产业

（1）农产品加工业

孟加拉国逐步扩大农产品加工和出口规模，以促进国民经济快速发展。但是由于孟加拉国农产品加工能力和发展水平比较低，还没有摆脱小农经济的束缚，孟加拉国出口的农产品多为原材料，种类也比较单一，如原麻、黄麻制品、水产品等，这些商品附加值低，出口创汇的效益也低，由于孟加拉国人口众多，消费量也大，农产品加工的领域发展潜力巨大。孟加拉国每年以6%以上的速度发展，随着经济的发展和人们生活水平的提高，孟加拉国内对加工食品的需求量也增加。如果能提高农产品加工能力，对于节约食物成本和本国农产品出口创汇都非常有益。

（2）海洋渔业

孟政府计划在第七个五年计划（2015/2016—2019/2020财年）期间对专属经济区（EEZ）西南部分海域（约1.95万平方千米）的渔业资源量进行评估，制定国家海洋渔业政策，严格控制幼鱼捕捞，海岸警卫队及海军合作打击非法捕捞和外国渔船非法进入，同其他国家合作开展远洋捕捞。未来孟海洋渔业政策将更加清晰，发展环境将更加透明，有利于中国渔业企业进入，相关企业可抓住机会密切跟踪孟海洋渔业政策动向，按有关规定在孟进行合法海洋作业，获取正当经济利益。可有针对性关注深海捕捞和海洋资源勘探评估方面的合作。目前孟海洋捕捞主要集中在中近海领域，尚不具备深海捕捞能力，亟待资金和技术投入，深海渔业开发需求迫切。此外，孟海洋资源勘探和评估能力较弱，至今尚不能完整评估渔业资源量，希与外部合作提高资源勘探和评估能力，中国相关企业可积极考虑此领域合作。

（3）水产养殖加工业

孟加拉国在淡水养殖和海上捕捞方面都比较发达，尤其黑螃蟹、虾、黄鳝和鱼的养殖和出口占孟加拉国出口创汇的重要部分，主要在吉大港和卡塔，形成养殖加工一体化生产体系，重点发展优势养殖品种的生产和加工，对出口创汇和进一步优化农产品价值链具有重要作用。

根据《2016年产业政策》，孟加拉国将重点发展农业和食品加工业等优先产业，水产加工业作为农业和食品加工业的分支也将受到孟政府的大力支持。预计孟政府将延续对水产加工产品的出口补贴政策。此外，完全出口企业还将享受资本设备进口关税减免等普遍适用的出口激励政策。有意投资孟加拉国水产业的企业应充分了解产业基本情况，利用孟水产业亟待提升行业发展水平和产品质量的需求，考虑引进先进的生产技术和设备，针对性地做好投资计划，同时充分估计投资风险，做好风险防范工作。

五、农业合作建议

（一）建立并强化政府间农业合作协调机制

中国政府需建立并强化政府间农业合作对话磋商机制，在税收、投资政策等方面加强对话，促进国际贸易便利化，降低"走出去"企业的合作成本。孟政府也需通过加强高层承诺、定期跟进、更好的机构间协调和有效的问责机制，加快政策落实。"走出去"企业应在两国政府合作框架基础上，通过政府间的"一揽子"合作协议，稳步推进中孟农业合作。

（二）加强当地法律政策的研究

企业要积极研究孟加拉国甚至东南亚区域市场，充分了解法律法规、相关政策和经贸环境，慎重做好投资决策，努力提升经营管理水平，提升合作项目质量，积极防范各种风险，打出中方企业的良好品牌。

（三）推动科技人才合作，提高生产技能

科技发展是国家间农业合作的重要推动力。要积极推动中国农业科研机构联合企业"走出去"，构建科研、投资、贸易和人员交流培训等全方位一体化的合作格局。可通过高等院校、研究所或企业合作的形式定向培养。双方的合作也将进一步推进与南亚、东盟国家的农业科技合作，特别是共建联合实验室平台和人才培养方面的合作。

在企业生产中，引进先进的生产技术和设备，减少储藏、运输和生产等过程的损耗，提高相关农产品生产效率。短期内可通过雇佣有经验的外籍劳工，长期通过针对性的技能培训提高本国行业从业人员技能，以解决缺乏熟练工人的问题。

（四）围绕重点领域保障当地粮食安全

孟加拉国农业发展与粮食安全面临巨大挑战，企业在生物技术、农业机械以及高产、优质、抗性水稻育种方面可共享中国经验，加强合作交流。

在水稻生产方面，由于水稻是孟加拉国最重要的农作物，合作企业可充分发挥在杂交水稻上的技术优势，研制出适合当地种植条件和消费习惯的水稻品种，提高当地粮食生产水平。

此外，可围绕农产品加工项目、科技示范园区项目或科技示范中心或种业基地、现代农业产业园项目，在热带种植或养殖、农产品加工、农机装备等方面提升孟加拉国的科技水

平，提高农产品产量和加工附加值，满足孟加拉国粮食安全和国内农业科技和产业结构调整的需求。

参考文献

刘振伟.1989.孟加拉政府发展农业的措施［J］.世界农业，（3）：11-14.

商务部国际贸易经济合作研究院.2017.对外投资合作国别（地区）指南-孟加拉国［M］.

孙喜勤.2015.云南省与孟加拉国农业合作研究［J］.保山学院学报，（4）：29-35.

孙喜勤.2016.中国与孟加拉国经贸关系的现状、问题与前景［J］.东南亚南亚研究，（3）.

王立杰.2004.孟加拉市场及项目实施特征［J］.国际工程与劳务，（2）：21-22.

王文海，冯会会.2013.孟加拉国承包工程市场概况［J］.国际工程与劳务，（6）：33-35.

魏建明，兰宁.2005.开拓孟加拉国农机市场可行性分析［J］.农业机械，（3）：63-63.

张汝德.1999.当代孟加拉国［M］.成都：四川人民出版社.第212-216.

中华人民共和国商务部.2010.中国对外投资合作发展报告［M］.上海：上海交通大学出版社.

周建明.2009.孟加拉国乡村银行对我国建立现代农村金融制度的启示［J］.新金融，（2）：47-49.

AliS. An Empirical Analysis of Foreign Direct Investment and Economic Growth in Bangladesh［J］.2015，4（1）.

Hussain M，Haque M. 2016.Foreign Direct Investment，Trade，and Economic Growth：An Empirical Analysis of Bangladesh［J］. Journal of Mammalogy, 4（2）：7.

Mottaleb K A，Krupnik T J，Erenstein O. 2016.Factors associated with small-scale agricultural machinery adoption in Bangladesh：Census findings［J］. Jounal of Rural Study，46：155-168.

Nahrin K, Shafiq-Ur M，Rahman. 2012. Land Information System (LIS) for Land Administration and Management in Bangladesh［J］. Journal of Bangladesh Institute of Planners，2.

斯里兰卡

斯里兰卡民主社会主义共和国（简称斯里兰卡）是地处印度洋上的重要岛国，扼印度洋海洋交通要道，靠近发达的欧亚国际主航线，在海上转运、中转和补给等方面具有天然的优势。其独有的地理位置成为中国"21世纪海上丝绸之路"的重要一环。自1957年建交以来，中斯两国一直保持着友好关系，2005年，两国宣布建立真诚互助、世代友好的全面合作伙伴关系，为双方共同推进"21世纪海上丝绸之路"建设打下了良好的政治互信基础。中国提出的"一带一路"倡议，也得到了斯里兰卡的积极响应。在此背景下，中斯双方应利用这一契机，在农业领域进行广泛深入的合作，实现优势互补，共同推动两国农业的发展。

一、基本概况

（一）自然地理

斯里兰卡是南亚次大陆以南印度洋上的岛国，素有"印度洋上的明珠"之称。国土面积6.56万平方千米，大致呈梨形，南北最长432千米，东西最宽224千米。中部与南部是高原，沿海地区和北部为平原，其中北部的沿海平原地势宽阔，西部沿海和南部平原较为狭窄。

斯里兰卡行政上共划分为9个省25个区，9省包括中央省、东方省、南方省、西方省、北方省、北中省、西北省、乌瓦省和萨巴拉加穆瓦省。首都科伦坡，是斯里兰卡政治、商业和文化中心。其他主要城市包括康堤、高尔、汉班托塔和亭可马里。

（二）人口与政治制度

1. 人口

2016年斯里兰卡人口2120.3万（图1），其中农业（包括林、牧、渔业）人口1730.0万，占全国总人口的81.6%（世界银行）。在人口比重中，最为密集的西部地区占比达28.8%，最为稀少的北部地区占比仅5.2%。首都科伦坡大区人口达230多万人，是全国人口最密集的地区。斯里兰卡是多民族国家，主要包括僧伽罗族（约占75%）、泰米尔族（约占15%）和摩尔族（约占10%）等。官方语言和全国语言为僧伽罗语和泰米尔语。宗教信仰主要有佛教（70%）、印度教（12.6%）、伊斯兰教（9.7%）、天主教和基督教（7.4%）。

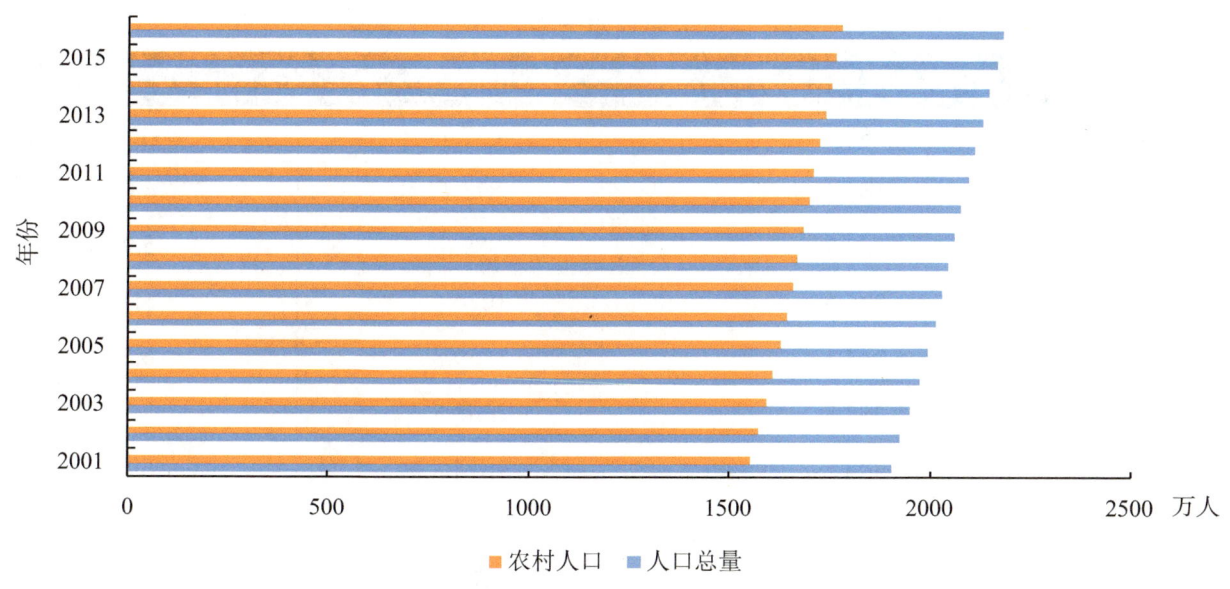

图1 2001—2016年斯里兰卡人口总量与农村人口数量变化

数据来源：世界银行数据库

2. 政治制度

斯里兰卡实行西方式民主制，三权分立，多党竞争。总统为国家最高行政元首与武装部队最高长官，议会为最高立法机构，实行一院制。法院为司法机构，包括最高法院、上诉法院和高级法院等。

（三）经济与社会发展

斯里兰卡的农业以种植园为主，茶叶、橡胶和椰子是斯农业的三大支柱产业，也是斯出口创汇的重要来源。工业基础薄弱，矿产资源匮乏，主要矿产是宝石和石墨等，石油、煤等能源均依赖进口，资金技术密集型工业很少。目前主要有食品、烟草、皮革、编织、橡胶、化工、非金属矿产品加工业等。服务业主要包括批发零售、酒店餐饮、交通运输、仓储、信息通讯、旅游、房地产及商业服务、金融、公共管理、社会和个人服务等。政府十分重视对资源和环境的保护，严格限制矿产资源开采。

2016年，斯里兰卡国内生产总值（GDP）813亿美元（表1），总量位列世界第63位，较上一年增长4.4%，人均GDP为3835美元。

表 1 2001—2016 年斯里兰卡 GDP 变化情况

年　份	GDP 总量（亿美元）	人均 GDP（美元）	GDP 增速（%）
2001	157.5	837.7	-1.5
2002	165.4	873.1	4.0
2003	188.8	989.5	5.9
2004	206.6	1074.6	5.4
2005	244.1	1259.8	6.2
2006	282.8	1448.8	7.7
2007	323.5	1644.8	6.8
2008	407.1	2054.5	6.0
2009	420.7	2106.7	3.5
2010	567.3	2819.5	8.0
2011	652.9	3221.0	8.4
2012	684.3	3350.5	9.1
2013	743.1	3610.3	3.4
2014	793.6	3820.5	5.0
2015	806.1	3844.9	4.8
2016	813.2	3835.4	4.4

数据来源：世界银行数据库

教育。教育事业较为发达，民众的文化水平在南亚国家中名列前茅。居民识字率超过90%，在南亚各国中识字率最高。全国有大学15所，中学与小学1.1万所，全部在校生435万人，教师25万人。主要大学有佩拉德尼亚大学和科伦坡大学。

医疗卫生。卫生事业在南亚地区比较发达。斯里兰卡卫生部下设卫生局和锡兰医药局（负责管理斯里兰卡传统医学），在全国有较为完善的卫生保健网。2014年斯里兰卡人均寿命为75岁，全国医疗卫生政府总支出达138亿卢比，占GDP的1.4%，平均每万人拥有医院床位37张、医生9人、护理和助产人员20人、牙医1人、阿育吠陀医师10人。

基础设施。近年来，斯政府重视对基础设施的投入，建设了一大批基础设施工程，包括交通运输、能源电力、通讯、航空航运、水利等。目前，斯里兰卡已初步形成全国高速公路网，地方道路交通条件也大幅改善；能源安全进一步提高，结构进一步优化，是南亚唯一没有电荒的国家；同时，通过扩建科伦坡港、新建汉班托塔港，在国际航运界的竞争力进一步增强。

二、农业发展现状

（一）农业资源条件

土地资源。斯里兰卡农业用地27400平方千米，占国土面积的43.7%；耕地12900平方千米，占国土面积的19.7%（2014年）。斯里兰卡国内有大片的茶园、橡胶园和椰子园，茶叶、橡胶和椰子这三大经济作物的种植面积分别占全国耕地面积的14%、16%和33%左右，合计占63%。

水资源。斯里兰卡拥有众多河流，有16条主要河流，大多数发源于中部山区，流域短且流势急，因此水流量丰富。马哈韦利河是全国最长的河流，全长335千米。在较低的东部平原地区，湖泊星罗棋布，最大的湖是巴提卡洛湖，面积120平方千米。

气候资源。地处热带，终年如夏，属于热带海洋型气候。年均气温28。由于受印度洋季风的影响，岛的中南部又有高度在900～2000米的山区，所以气候并不十分炎热。沿海地区最高气温平均31.3，最低气温平均23.8。山区最高气温平均26.1，最低气温平均16.5。全年气温的季节差别很小，雪、霜极为少见。斯里兰卡无四季之差，只分雨季和旱季，每年5—8月和11月至次年2月是雨季。受印度洋西南季风和东北季风的影响，全岛雨量充沛，年均降水1283～3321毫米，湿度很高。

水果资源。盛产香蕉、椰子、芒果、木瓜、红毛丹、山竹以及榴莲等热带水果。

花卉资源。开花植物有3300多种。兰花可供出口。

（二）农业生产情况

1. 农业产值规模及构成

气候条件极好，平原地区土地肥沃，盛产热带经济作物，具有发展种植业的良好条件。由于受技术落后的影响，斯里兰卡农业生产成本高、效率低、损耗大。同时由于非农产业产值增长迅速，导致斯农业GDP占全部GDP中的比重逐年下降，从1950年代的50%降到1970年代的35%，1990年代进一步降到20%，进入21世纪，更是不断下降，到2016年，占比只有7.1%。

渔业也是斯里兰卡重要的涉农产业，主要由外海和深海渔业、近海和沿岸渔业、沿海地区的水产养殖和内陆渔业4部分组成。主要出产品种有日本鲭鱼、鲣鱼和黄鳍金枪鱼等，出口品种主要为养殖虾、龙虾、蟹、有鳍鱼类和观赏鱼。近年来，海洋渔业发展迅速，2012年渔业总产量超过30万吨，其中海洋捕捞产量占90%，内陆淡水渔业总产量占渔业的10%。

在发展传统捕捞渔业的同时,也在推进更具附加值的观赏渔业发展。目前,斯里兰卡观赏鱼出口在世界上处于第3的位置,2014年这一收益达到近1000万美元(12.12亿卢比)。

2. 主要农产品产量

(1)种植业

主要种植作物为水稻、茶、椰子和橡胶(表2)。2006—2016年,水稻与椰子产量呈波动性增长趋势,茶产量较稳定,橡胶产量呈先上升后下降趋势。2016年水稻种植面积105.14万公顷,总产量411.73万吨,比2006年的334.20万吨增长23.2%。茶产量在2006—2016年间稳定保持在30万吨左右。2016年茶种植面积23.16万公顷,总产量34.93万吨,比2006年的31.08万吨增长12.4%。2016年椰子种植面积40.89万公顷,总产量252.01万吨。比2006年的211.58万吨增长19.1%。2006—2011年,橡胶产量呈增长趋势,2011年高达15.82万吨。自2012年产量开始下降,2016年橡胶种植面积11.54万公顷,总产量13.09万吨,比2006年的10.91万吨增长20.0%。2016年茶、橡胶和椰子产量分别位列世界第4位、第13位与第5位。

表2 2006—2016年斯里兰卡主要作物产量　　　　　　　　　　(单位:万吨)

年　份	水稻	茶	橡胶	椰子
2006	334.20	31.08	10.91	211.58
2007	313.10	30.52	11.76	218.04
2008	387.50	31.87	12.92	221.08
2009	365.17	29.00	13.60	216.83
2010	430.06	33.14	15.30	199.04
2011	389.49	32.75	15.82	205.73
2012	384.59	33.00	15.06	222.45
2013	462.10	34.02	13.04	251.30
2014	338.10	33.80	11.34	287.00
2015	391.90	34.17	13.35	284.36
2016	411.73	34.93	13.09	252.01

数据来源:FAOSTAT

(2)畜牧业

2006—2016年,牛、绵羊、山羊、生猪存栏量呈下降趋势,鸡存栏量呈上升趋势(表3)。2016年牛、绵羊、山羊、生猪存栏量分别为106.80万头、0.74万只、31.16万只和8.14万头。2016年鸡存栏量为1686.4万只,比2006年1331.3万只增加26.7%。

表3　2006—2016年斯里兰卡主要畜禽存栏量　　　　　　　　（单位：万头、万只）

年　份	牛	绵羊	山羊	猪	鸡
2006	118.47	1.36	38.16	9.22	1331.3
2007	120.65	1.65	38.86	9.42	1377.9
2008	119.56	1.05	37.68	8.94	1433.1
2009	113.69	0.80	37.75	8.13	1361.5
2010	116.97	0.79	37.35	8.38	1401.8
2011	119.19	0.83	37.53	8.20	1419.9
2012	123.55	0.92	38.35	8.93	1403.8
2013	116.90	0.95	33.12	8.12	1664.6
2014	110.48	1.10	29.91	10.52	1663.0
2015	108.81	0.77	30.92	6.97	1674.4
2016	106.80	0.74	31.16	8.14	1686.4

数据来源：联合国粮食及农业组织

2006—2016年间，牛肉、绵羊肉、山羊肉、猪肉产量均呈下降趋势，鸡肉呈上升趋势（表4）。2016年鸡肉产量15.32万吨，比2006年的7.88万吨增长94.4%。2016年牛肉产量2.29万吨，比2006年的2.63万吨下降12.9%。绵羊肉、山羊肉、猪肉产量较低，2016年分别为90吨、1062吨和1900吨。此外，2016年牛奶与鸡蛋产量分别为14.38万吨和7.79万吨。

表4　2006—2016年斯里兰卡主要畜禽产量

年　份	牛肉（万吨）	绵羊肉（吨）	山羊肉（吨）	猪肉（吨）	鸡肉（万吨）	牛奶（万吨）	鸡蛋（万吨）
2006	2.63	170	1480	2290	7.88	13.93	5.11
2007	2.35	200	1280	2310	10.01	14.34	5.19
2008	2.23	130	1160	1560	10.25	14.56	5.90
2009	2.29	100	1250	1620	9.93	15.55	6.48
2010	2.85	100	1370	1370	10.24	16.21	6.47
2011	2.27	106	1375	1780	10.30	17.18	6.73
2012	2.37	106	1460	2190	12.68	23.47	10.20
2013	2.32	100	1290	2150	13.54	22.40	11.46
2014	2.06	86	1120	1720	14.39	19.73	12.05
2015	2.28	95	1030	1691	15.12	18.71	7.74
2016	2.29	90	1062	1900	15.32	14.38	7.79

数据来源：联合国粮食及农业组织

（3）渔业

2006—2016 年间，渔业总产量呈持续增长趋势（表5）。2016 年渔业总产量 55.26 万吨，比 2006 年的 28.43 万吨增长 94.4%。2016 年渔业捕获量 52.16 万吨，占渔业总产量的 94%。水产养殖产量 3.10 万吨，占渔业总产量比重较小，仅为 6%。

表 5　2006—2016 年斯里兰卡渔业产量　　　　　　　　　　　　　　　（单位：万吨）

年　份	渔业捕获量	水产养殖产量	渔业总产量
2006	27.86	0.57	28.43
2007	30.49	0.82	31.31
2008	32.39	0.75	33.14
2009	33.69	0.75	34.45
2010	39.02	0.81	39.82
2011	42.82	1.19	44.01
2012	47.58	0.88	48.46
2013	49.45	3.09	52.53
2014	53.05	3.42	56.47
2015	50.21	3.60	53.81
2016	52.16	3.10	55.26

数据来源：联合国粮食及农业组织

3. 主要农业产业布局

种植业。农作物生产分布较为广泛，水稻生产相对集中在中北部地区，椰子、橡胶和茶叶三大经济作物的产区分明，山区种植茶林，地势稍高地区种植橡胶林，沿海最低处种植椰林。椰子生产在西部沿海地区，橡胶生产主要集中在西南部地区，茶叶生产在中南部地区。

畜牧业。养牛业主要分布在中北部地区，养猪业分布在西部地区，养羊业分布在北部地区和部分中北部地区，养禽业集中分布在西部地区和部分中部地区。近年来，斯里兰卡奶牛养殖业发展较为迅速，成为其畜牧业的重点发展领域。

渔业。斯里兰卡是鱼类资源最丰富的国家之一，其中深海金枪鱼是斯最具优势的渔业资源。斯海域周边内分布有众多渔场，如知名的斯里兰卡—马尔代夫金枪鱼渔场（位于南部）、孟加拉湾渔场（位于东北部）和阿拉伯海渔场（位于西北部）。此外，斯里兰卡还有沿岸水产养殖，主要在西北省，以虾类养殖为主。

（三）农产品贸易情况

1. 农产品贸易情况

外贸依存度接近40%。斯里兰卡于1995年1月1日加入世界贸易组织（WTO），实行贸易自由化政策，与全球200多个国家和地区有贸易往来。政府除控制石油进口外，其他商品均可自由进口。由于斯里兰卡资源条件有限，国内工业和农业生产规模不大，大量矿物燃料、工业机械和农副产品需要从国际市场进口，所以该国对外贸易多年来持续呈现贸易逆差形势。为提高经济增长速度和缓解对外贸易逆差形势，斯里兰卡政府采取对外贸易导向的发展策略，政府不断出台新政策，支持发展出口导向型产业。

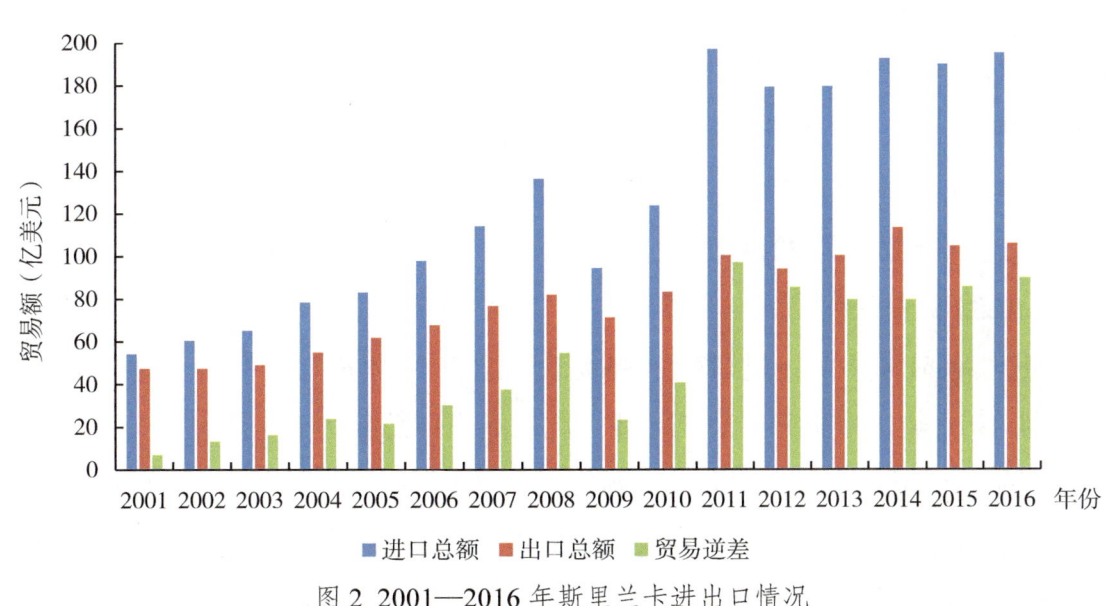

图2 2001—2016年斯里兰卡进出口情况

数据来源：ITC TRADE MAP

2016年斯里兰卡进出口贸易总额为300.5亿美元，增长2.2%。其中，出口105.5亿美元，增长1.1%；进口195.0亿美元，增长2.8%。贸易逆差达89.5亿美元（图2）。

在农产品进口方面，主要进口小麦、天然橡胶、干豆科蔬菜、洋葱、马铃薯、糖、乳制品等农产品。2016年小麦进口量95.0万吨，进口额2.3亿美元，主要来自加拿大、俄罗斯、澳大利亚和美国，其中加拿大占比高达47%（图3）。

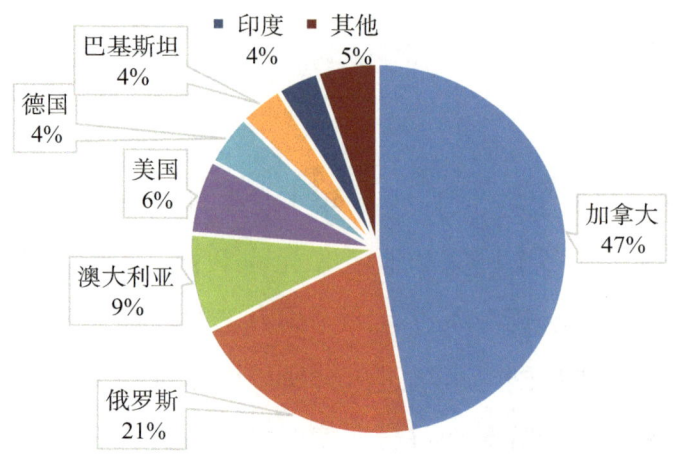

图 3 2016 年斯里兰卡谷物进口来源情况

数据来源：ITC TRADE MAP

近年来，斯里兰卡大力发展橡胶产品制造业，从 2014 年起开始出口天然橡胶及制品。2016 年天然橡胶出口量 1.7 万吨，进口量 6.5 万吨，出口 3330 万美元，进口 1.08 亿美元。

2016 年食用蔬菜进口占斯里兰卡进口总额的 1.9%，主要以干豆科蔬菜、洋葱、马铃薯进口为主，进口量分别为 22.9 万吨、14.5 万吨、8.0 万吨，进口额分别为 2.34 亿美元、1.00 亿美元、0.33 亿美元。

2016 年进口糖 61.4 万吨，进口额 3.35 亿美元。2016 年进口奶酪和豆腐 2505 吨、乳清 1525 吨、黄油 1016 吨、牛奶和奶油 430 吨，乳制品进口总额达 2.5 亿美元。

出口农产品是斯里兰卡创汇的重要来源之一，占斯里兰卡外汇收入的 1/4。茶叶、椰子和橡胶是三大出口支柱产品，其中茶叶大部分外销，橡胶由于近年来发展橡胶制造业已由外销转内销，椰子产品大部分也内销。

2016 年茶叶出口量 28.8 万吨，出口额 12.5 亿美元（表 6），占出口总额的 11.8%；橡胶及橡胶制品出口 8.0 亿美元，占出口总额的 7.6%，其中大部分以橡胶制品出口，天然橡胶出口仅占橡胶及其制品出口的 4.1%；椰子出口量 7.7 万吨，出口额 1.2 亿美元，占出口总额的 1.18%。

表 6 2001—2016 年斯里兰卡茶叶出口情况

年　份	出口量（万吨）	出口额（亿美元）
2001	29.14	6.80
2002	29.01	6.50
2003	29.68	6.73

(续表)

年 份	出口量（万吨）	出口额（亿美元）
2004	29.89	7.30
2005	30.78	8.04
2006	32.64	8.73
2007	31.03	10.17
2008	31.85	12.59
2009	28.84	11.76
2010	31.29	13.67
2011	32.11	14.75
2012	31.84	14.03
2013	35.53	15.29
2014	32.51	16.09
2015	30.48	13.22
2016	28.68	12.52

数据来源：ITC TRADE MAP

2. 主要贸易伙伴

美国是斯里兰卡最大的出口国，2016年对美国出口占出口总额的26.6%，其次为英国（9.9%）和印度（7.1%）；中国为斯里兰卡最大进口国，2016年自中国进口占进口总额的21.9%，其次为印度（19.6%）和阿联酋（5.5%）（表7）。

表7 2016年斯里兰卡前10位贸易伙伴（国家和地区）

进 口		出 口	
前10位贸易伙伴	总占比（%）	前10位贸易伙伴	总占比（%）
中国大陆	21.9	美国	26.6
印度	19.6	英国	9.9
阿联酋	5.5	印度	7.1
新加坡	5.3	德国	4.8
日本	4.9	意大利	4.1
马来西亚	3.3	比利时	3.2
美国	2.8	阿联酋	2.8
泰国	2.6	中国大陆	2.0
中国台湾	2.5	荷兰	2.0
中国香港	2.4	日本	1.9

数据来源：ITC TRADE MAP

近年来,斯里兰卡产品出口结构发生显著变化,由过去农产品出口为主逐步转变为以工业品出口为主。主要出口商品为服装、纺织品、茶叶及产业加工品、橡胶及其制品、珠宝产品等(表8)。2016年主要出口国是美国、英国、印度、德国、意大利等,主要进口国是中国、印度、阿联酋、新加坡、日本等。

表8　2016年斯里兰卡主要进出口商品

进口		出口	
商品名称	总占比(%)	商品名称	总占比(%)
原油及石油产品	12.0	纺织服装	43.6
机械设备	9.0	茶叶和咖啡	14.5
铁路设备	7.7	橡胶及橡胶制品	7.6
电气设备	7.1	电气设备	2.3
针织物	4.1	珍珠和宝石	2.0
塑料及其制品	3.6	椰子和其他水果	1.8

数据来源:ITC TRADE MAP

茶叶是最主要的出口创汇农产品,近年来出口量维持在30万吨左右,2015年出口量30.5万吨,出口额13.2亿美元,占农产品出口总额的40%以上。主要出口品种为红茶,主要出口国为伊朗、俄罗斯、伊拉克等国家和地区(表9)。绿茶出口占比很小,主要出口俄罗斯和欧盟等。

表9　2010—2016年斯里兰卡茶叶出口情况　　　　　　　　　　　(单位:亿美元)

年份	伊朗	俄罗斯	伊拉克	土耳其	阿联酋
2010	1.39	2.19	0.51	0.76	1.37
2011	1.60	2.51	0.85	0.79	1.04
2012	1.86	2.23	0.83	0.91	0.55
2013	1.94	2.41	0.87	1.44	0.90
2014	1.60	2.29	0.90	2.09	0.92
2015	1.32	1.57	0.99	1.38	1.12
2016	1.54	1.44	1.04	0.99	0.76

数据来源:ITC TRADE MAP

斯里兰卡橡胶产量居世界前列,主要出口目的地为美国、德国、比利时和意大利。椰子产量仅次于菲律宾、印度尼西亚和印度等国，椰产品出口地主要包括印度、美国、巴基斯坦和阿联酋等。

其农产品进口来源国主要包括加拿大、印度、俄罗斯、美国、中国、澳大利亚、缅甸、新西兰等国家和地区。谷物主要进口来源国有加拿大、俄罗斯、澳大利亚、美国、德国等，食用蔬菜主要进口来源国有加拿大、印度、中国、澳大利亚和缅甸，占比分别为27.5%、24.9%、14.5%、13.1%和6.8%，其乳制品进口来源国主要有新西兰、澳大利亚、美国和奥地利，占比分别为73%、17%、4.1%和2.8%。

3. 中国与斯里兰卡贸易情况

中国是斯里兰卡第8大出口目的国和第一大进口来源国，对中国的出口占出口总额的2%。自中国的进口占进口总额的21.9%（表10）。斯里兰卡出口中国的农产品主要有茶叶、天然橡胶和鱼类等产品，2016年出口额分别为3199万美元（表11）、166万美元和111万美元；自中国进口的农产品主要有鱼子酱、洋葱、土豆和干豆科蔬菜，2016年进口额分别为5120万美元、4253万美元、851万美元和168万美元。

表 10　斯里兰卡对中国农产品贸易情况　　　　　　（单位：万吨，万美元）

年　份	进口量	进口额	出口量	出口额
2008	45820.49	1560.92	69216.03	4972.02
2009	97061.14	2844.68	90671.30	6019.91
2010	103727.39	4810.35	73225.93	8650.77
2011	89857.77	5610.59	88475.33	10584.87
2012	95777.25	6320.37	89971.77	11458.91
2013	97689.08	6544.00	85284.75	12759.55
2014	112236.84	7491.44	136076.25	16727.59
2015	81691.97	6475.06	138229.08	27844.60
2016	86074.09	6457.065	152584.31	27558.82

数据来源：ITC TRADE MAP

表 11　2008—2016年斯里兰卡对中国茶叶出口情况

年　份	出口额（万美元）	出口量（吨）
2008	384.90	1041
2009	349.30	880
2010	644.40	1498

（续表）

年　份	出口额（万美元）	出口量（吨）
2011	1126.60	2490
2012	1462.70	3212
2013	2185.50	6074
2014	2605.70	5301
2015	3435.90	7454
2016	3198.60	7604

数据来源：ITC TRADE MAP

（四）农业科技发展

1. 农业科研体系

农业科研主要是在农业研究政策委员会（SLCARP）的指导下实施，由5个部委下属的20个政府机构和高校从事农业科学研究，研究经费主要由政府资助。农业科学研究的主要领域包括作物研究、畜牧研究、渔业研究和自然资源研究。其中作物研究人员占农业研究人员总量的近2/3，畜牧研究占8%，渔业研究占6%，自然资源研究仅占3%。政府科研机构的研究主要集中于作物和渔业研究，高等教育机构的研究主要集中在畜牧业研究。作物科学研究的主要对象是水稻、水果、蔬菜、香料、糖等。畜牧研究主要集中在禽、猪、牛、牧场和饲草以及奶业。畜牧研究工作主要由斯里兰卡畜牧研究所来承担。从具体的研究方向来看，斯里兰卡14个政府研究机构中，19%的人员都在从事作物遗传改良研究，11%的人员从事作物病虫害防治研究，8%的人员从事作物采收及采后研究，16%的人员开展其他作物科学领域的研究。

2. 农业科技发展状况

科技发展较慢。20世纪50年代主要由锡兰科学促进协会（现斯里兰卡科学促进协会）管理，后来划归部委管理。1978年，斯国家科学委员会发起的国家科技政策成为首个科技政策。1991年总统科技发展特别工作组对该科技政策进行了修订。1994年，专门成立了科技部。斯研发支出占GDP的比重约为0.15%～0.2%，低于国际标准。2014年，科技部与专家组讨论2015—2020年研发投资框架，希望到2020年斯里兰卡成为科技发达国家。

（五）农业管理体系与政策

1. 农业管理体系

负责农业管理的政府部门包括农业部、茶叶局和农产品出口局等。农业部从总体上制定农业发展的政策体系，茶叶局主要负责全国的茶叶种植、加工、销售及出口管理，促进斯里兰卡茶叶开拓国际市场；农产品出口局主要负责推动斯里兰卡优质出口型农产品的生产、种植、加工与销售推介，同时向政府主管部门提出支持农产品出口的政策建议。

2. 农业支持政策

斯里兰卡的农业政策主要关注两个方向，一是有关种植园经济的政策，目的是增加茶、橡胶、椰子等产品的出口；二是针对小农户基本食物生产的政策，目的是保障食物自给。对于种植园经济主要是提供对扩大出口和对外贸易的刺激，而对于生计农业部门的政策主要是公平提供进口保护，主要措施是对投入品进行补贴，特别是通过支持措施对肥料、种子和种植材料的补贴，包括低利率贷款、促进市场销售和提供免费灌溉用水等。农业支持的主要目的是维持食物安全、保障小农户获益和提高国家的食物自给率。

（1）椰子产业政策

世界上主要的椰子生产、消费和加工国，椰子产业是该国支柱产业之一，种植面积与产量分别居全球第三位与第四位，该产业为全国70多万人提供了各种生计依靠。斯政府对国内椰产品加工业采取保护政策，免征该行业的增值税，同时提高棕榈油进口关税。此外，为防止耕地流失，椰子产量下降，政府颁布法令，禁止椰农出售椰林，并对椰树砍伐执行税收政策。

（2）橡胶产业政策

为提高国内的橡胶产量和橡胶产业竞争力，斯里兰卡政府实施了一系列产业扶持措施。为保护橡胶种植户的利益，政府将对胶农的补贴提高了25%。政府还向胶农发放肥料补贴，旨在激励胶农扩大橡胶种植面积。同时，橡胶研究学会也加强对胶农种植橡胶技术的支持力度，以帮助胶农提高橡胶产量。在国际贸易方面，政府为了保护国内橡胶产业免受全球经济危机的冲击，一方面对橡胶制品的进口征收高关税，另一方面为国内橡胶制造业减免电费，补贴燃油费，以降低国内橡胶制品的生产成本，提高本国橡胶制品的市场竞争力。此外，政府大力扶持私营橡胶种植园发展，鼓励私有主体参与橡胶种植、加工。在吸引外资方面，斯里兰卡投资局（BOI）将橡胶业列入本国优先发展行业，颁布了一系列优惠政策，以吸引国外投资者进入橡胶相关产业。

（3）茶产业政策

近年来受国际市场影响，斯里兰卡茶叶出口价格下降。为改变这一不利局面，斯政府对国内种植茶园实施补贴扶持政策，每公顷茶园政府提供35万卢比的补贴，对新开垦的茶园，每株茶树政府给予25卢比补贴。同时，在财政预算中对小型茶叶种植园提供化肥补贴，以提高茶叶产量，并支持引进先进加工包装技术，提高茶叶的附加值。

（4）农业补贴政策

长期实行大米补贴政策。为了减轻广大农民的负担，政府还对尿素进行补贴，每年的尿素补贴支出为5亿多卢比。

3. 农业发展规划

为了促进包容性增长、实现每个家庭增收、保障贫困人口和弱势群体的社会福利，使所有社会成员能够平等地分享经济增长带来的福利。斯政府制定了针对性的农业发展规划：一是提高种植园产业的产品附加值，鼓励持续耕种，采用现代技术和耕作方式，丰富农产品种类，提高市场营销能力。通过提高进口农产品税率、改进金融服务、完善农产品价值链和农业科研等措施，保护和促进农业发展。引导社会资本加大对农业、畜牧业、家禽养殖业和渔业的投资。二是加快干旱地区水资源项目建设，建设新的农业灌溉水利设施，提高水库蓄水能力和水资源利用率。三是实施出口优先战略。提高茶叶、橡胶、椰子制品、香料等优势出口农产品附加值，增强出口产能和国际竞争力。加快与中国、日本等国自由贸易协定的谈判进程，简化关税结构，鼓励创新研发，推进产业结构升级，开拓国际市场。四是加快港口、道路、电力等基础设施建设，大力发展海洋经济。通过扩建科伦坡港、引进外资建设汉班托塔港，进一步增强国际航运能力。通过吸引投资，加快港口基础设施建设，发展临港产业和服务业。完善国家路网，推进省道和农村公路建设。修缮、扩建或新建机场、桥梁、码头、铁路等基础设施，提高服务水平。加大电站、输变电等基础设施建设，加快对风能、太阳能等可再生能源的开发利用。

三、斯里兰卡农业投资环境与风险分析

（一）国家商业环境

1. 投资吸引力

2009年，在结束长达26年的内战后，斯里兰卡开启和平发展时期。斯里兰卡政府始终奉行鼓励外国投资政策，制定自由市场政策，政府通过大量公共投资，着力改善落后的基础设施，积极营造有利于投资和经济增长的政策环境。出台了稳定的吸引外资政策，积极组织境外招商活动。

斯里兰卡地处印度洋，紧邻亚欧国际主航线，与南亚其他国家相比，在地理位置、劳动力素质、政策环境、营商环境、投资法律和税收优惠等方面，斯里兰卡均具有明显的优势。因此，斯目前已发展成为亚太地区最具吸引力的投资地之一。

斯里兰卡制定了一系列涵盖公司法、知识产权保护法、争端解决条文等在内的成熟的法律法规框架，对外国的投资形成了较完善的法律保障体系，允许外资进入除典当、贷款、低于100万美元零售业、近海捕鱼等少数领域外的所有经济领域，对酬金、红利、版税和资本的汇出没有限制。

斯里兰卡是亚太贸易协定和南亚自由贸易区成员国，与包括中国在内的27个国家签署了《双边投资保护协定》，与38个国家签署了《避免双重征税协议》。

世界经济论坛《2017—2018年全球竞争力报告》显示，斯里兰卡在137个国家和地区中，竞争力排名第71位。世界银行公布的《2017年全球营商环境报告》中，斯里兰卡在189个经济体中排名第110位。

2. 投资优惠政策

(1) 优惠政策框架

斯里兰卡有多项吸引外国投资的优惠政策。对允许外资进入的领域，外资的份额不设限；外国投资的收益，可以随意汇出和汇入，外国投资享有宪法保护；对外国投资提供减税，甚至免税；对特别审批的战略性投资项目，可提供更为优惠政策。

(2) 行业鼓励政策

吸引外资优先领域包括：① 农业。粮食作物和经济作物种植、园艺、林业、畜牧业（包括奶牛养殖、家禽养殖、养猪场、奶牛场等）。② 服务业。旅游业，酒店，新能源，公共卫生及垃圾处理，水务，小型水电站，信息技术，软件开发，服务外包，教育，商业地产，仓储设施，工业园区、经济开发区或知识经济园区建设、商业住宅及城市开发、内陆航运开发（货运及游客）、所有轻工业和重工业、医疗服务设施、体育产业、畜牧养殖、飞机维修、船舶维修及拆解、针对外国人的服务业等。

（二）风险分析

海外投资存在风险且面临更大的不确定性。各国政治、经济、法律和文化特点及其变化对投资稳定性影响巨大。因此，有必要对影响投资的主要风险因素进行系统分析。本部分利用世界银行、经济学人、经济与和平研究所等国际权威智库发布的相关指标及数据，分析"一带一路"国家的风险状况，为海外投资提供风险研判的依据。

1. 总体风险——经商环境指数

全球经商环境指数是世界银行发布的反映投资总体风险的综合性指标，由 10 个指标构成，涵盖海外投资面临的诸多影响因素，包括开办企业、施工许可证、电力供应、资产登记、信贷、中小投资者保护、税负、跨境贸易、契约意识和破产处理等。该指数满分 100 分，得分越高，经商环境越好，风险越低。同时，按照 20 分一个等级，将全球不同国家的经商环境划分为 5 级。其中 1 级表示优，2 级表示较好，3 级表示中等，4 级表示较差，5 级表示差。斯里兰卡的经商环境指数处于第 3 级，表明经商环境中等。

2. 制度风险

关于制度风险，本部分选取 3 个权威指标，包括全球和平指数、政治稳定性指数和腐败控制指数，具体分析"一带一路"国家的制度风险状况。

（1）全球和平指数

全球知名智库经济与和平研究所（IEP）构建了全球和平指数，是世界上公认的反映各国和平状况的权威指标（表12）。该指标从高到低划分为 5 个等级。

表 12　和平指数等级划分

和平指数特征	等　级	得分区间（0～4分）	涵盖国家数量
非常高	1级	1.148～1.503	25
高	2级	1.542～1.891	38
中等	3级	1.903～2.196	52
低	4级	2.210～2.845	35
很低	5级	2.910～3.645	12

数据来源：经济与和平研究所

斯里兰卡和平指数处于 3 级，表明和平度中等。

（2）政治稳定性指数

世界银行构建了世界治理指数（WGI）指标体系，其中政治稳定性指数是世界公认的反映各国政治稳定状况的权威指标（表13）。该指标分为 6 个等级，分别为非常高、高、较高、较低、低、很低，满分 100 分，得分越高，政治稳定性越高，投资风险越低。

表 13　WGI 政治稳定性指数等级划分

政治稳定性指数特征	等　级	得分区间（0～100 分）
非常高	1 级	90～100
高	2 级	75～90
较高	3 级	50～75
较低	4 级	25～50
低	5 级	10～25
很低	6 级	0～10

数据来源：世界银行世界治理指数

斯里兰卡政治稳定性指数处于 4 级，政治稳定性较低。

（3）腐败控制指数

世界银行构建了世界治理指数（WGI）指标体系，其中腐败控制指数是世界公认的反映各国政府腐败控制程度的权威指标。该指标分为 6 个等级，分别为非常高、高、较高、较低、低、很低，满分 100 分，得分越高，腐败控制程度越高，投资风险越低（表 10）。

表 10　WGI 腐败控制指数等级划分

腐败控制指数特征	等　级	得分区间（0～100 分）
非常高	1 级	9～100
高	2 级	75～90
较高	3 级	50～75
较低	4 级	25～50
低	5 级	10～25
很低	6 级	0～10

数据来源：世界银行世界治理指数

斯里兰卡政治稳定性指数处于 4 级，政治稳定性较低。

（3）腐败控制指数

世界银行构建了世界治理指数（WGI）指标体系，其中腐败控制指数是世界公认的反映各国政府腐败控制程度的权威指标（表 14）。该指标分为 6 个等级，分别为非常高、高、较高、较低、低、很低，满分 100 分，得分越高，腐败控制程度越高，投资风险越低。

表 14　WGI 腐败控制指数等级划分

腐败控制指数特征	等　　级	得分区间（0～100 分）
非常高	1 级	90～100
高	2 级	75～90
较高	3 级	50～75
较低	4 级	25～50
低	5 级	10～25
很低	6 级	0～10

数据来源：世界银行世界治理指数

斯里兰卡腐败控制指数处于 4 级，腐败控制程度较低。

3. 经济风险

关于经济风险，本部分选取 2 个权威指标，包括经济自由度指数和商业环境指数，来分析"一带一路"国家的经济风险状况。

（1）经济自由度指数

经济自由度指数是世界上公认的反映一个国家支持经济自由发展的政策与制度基础的指标，由个人自由选择、自由交易、自由进入市场、公平竞争和保护私有财产等指标构成，由全球知名智库美国传统基金会（FRSER）构建。该指标分为 4 个等级，指数最高 10 分，最低 0 分，得分越高，经济自由度越高，越有利于投资。

斯里兰卡经济自由度指数处于 3 级，经济自由度较低。

（2）商业环境指数

商业环境指数由经济发展、金融自由度、政治环境、外资法律监管、人力资源和基础设施水平等指标经过加权计算，用于反映一个国家商业环境的综合性指标，由国际知名智库"经济学人"权威发布。该指数满分 10 分，得分越高，商业环境越好，越利于投资。该智库发布了目前全球排名前 82 位国家的商业环境指数。

斯里兰卡商业环境得分 5.82 分，处于中等水平。

4. 法律风险

关于法律风险，本部分选取 2 个权威指标，包括法治水平指数和全球国家法治指数，用来分析"一带一路"国家的法律风险状况。

（1）法治水平指数

世界银行构建了世界治理指数（WGI）指标体系，其中法治水平指数是世界公认的反映各国法治程度的权威指标（表15）。该指标分为6个等级，分别为非常高、高、较高、较低、低、很低，满分100分，得分越高，法治程度越高，投资风险越低。

表15 WGI法治水平指数等级划分

法治水平指数特征	等　级	得分区间（0～100分）
非常高	1级	90～100
高	2级	75～90
较高	3级	50～75
较低	4级	25～50
低	5级	10～25
很低	6级	0～10

数据来源：世界银行世界治理指数

斯里兰卡法治水平指数处于3级，表明其法治水平较高。

（2）全球国家法治指数

全球国家法治指数由限制政府权力、控制腐败、透明政府、法律和安全、监管执法、民事审判和刑事审判等指标经过加权计算得出，用于反映一个国家法治状况的综合性指标，由世界正义事业联盟（WJP）权威发布。该指数分为10个等级，指数得分最高1分，最低0分，得分越高，表明法治程度越高。该智库发布了目前全球排名前100位国家的法治指数。

在发布的前100位国家中，"一带一路"有40个国家进入排名。斯里兰卡处于第5级，法治程度中等。

5. 综合风险分析

为了综合分析某个国家的风险状况，选取政治稳定性、腐败控制、营商环境、经济自由度和法治水平这五个代表性指标，利用矩阵雷达图表现方式，分析斯里兰卡的综合性风险。

斯里兰卡营商环境指数中等，政治稳定性、腐败控制、经济自由度和法治水平较低。从重点国家看，斯里兰卡的经商环境、经济自由度、法治水平得分处于中等水平，表明经济风险与法律风险中性，政治稳定性和腐败控制得分较低，表明制度风险较高（图4）。

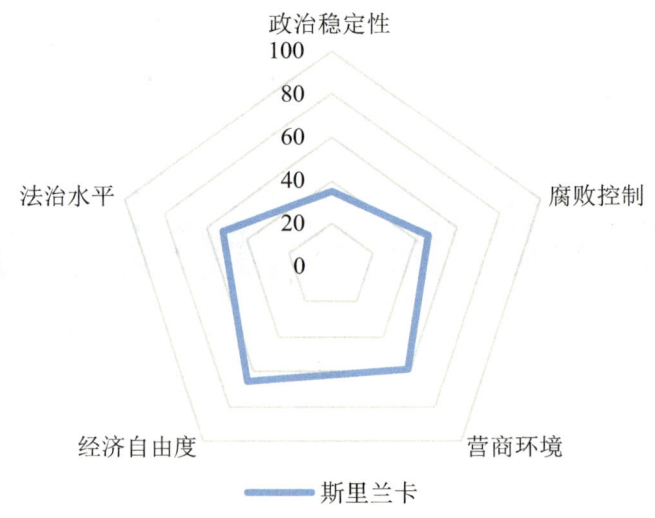

图4　斯里兰卡风险矩阵

数据来源：世界银行，美国传统基金会

四、农业合作现状与合作重点

（一）合作现状

1. 合作机制

2003年8月11日，中斯签署避免双重征税协议，协议于2005年5月22日生效，2006年1月1日开始执行。同时，中斯两国签署有互免国际航空运输和海运收入税收的协议。2013年5月，斯里兰卡总统访华期间，中斯两国确定把双边关系提升到"战略合作伙伴关系"，2014年9月16日，习近平主席访问斯里兰卡，双边签署了深化两国战略合作伙伴关系的实施刚要，同日双方还签署了涵盖双边经济合作、贸易和商业、电力和能源、农业、教育和文化的协议，进一步强化了两国间的相互合作机制。1986年，中斯签署《中华人民共和国政府和斯里兰卡民主社会主义共和国政府关于相互促进和保护投资协定》，为双向投资创造良好的环境，并保护投资者利润汇出等相关利益。

2. 科技合作

农业科技合作是中斯农业合作的重点领域。1984年中国科技部与斯里兰卡科技部即签署了科技合作协议，农业科技领域也借此展开了一系列合作，包括科技人员互访考察、学术交流、专项技术支持等方面。2007年，中国农业部与斯里兰卡农业部签署了农业科技合作谅解备忘录，内容包括双边在农业科技方面的技术合作、交流与培训、信息共享等。2014年，中国与南亚国家在农业科技领域内的首个多边合作机制与平台——中国—南亚农业科技交流合作组正式成立，旨在通过跨境多边的农业科技交流合作，促进农业技术创新与利用，达到支持粮食安全、消除贫困、保护环境，并引领中国—南亚地区农业未来发展的目标。

借助"一带一路"倡议的推动，中国与斯里兰卡的农业科技合作主要在云南、海南、广西和湖南等省（区）开展。其中，云南省走在了科技合作的前列。

云南省与斯里兰卡的农业科技交流与合作集中于农业科技示范园、作物育种栽培、茶叶品种改良、新农业技术等领域，双方合作不断加强。双方正在筹划共建的农业科技合作项目包括"中国（云南）—斯里兰卡农业高新技术示范园"和"中国（云南）—斯里兰卡生物技术实验室"。其中，"中国（云南）—斯里兰卡农业高新技术示范园"分核心示范区和辐射区。核心示范区即温棚立体设施农业展示栽培区，主要种植花卉、蔬菜、中药材等品种，以示范区为蓝本，辐射带动科伦坡周边地区发展高效种植业。依托该核心园，中斯两国在茶叶种植土壤改良、水稻试验种植、蔬菜品种培育、花卉资源开发和鲜切花生产等多方面开展了深度合作，并逐步引进中国及相关国家高等农业院校、科研单位、知名企业及高级专家，到示范园开展技术转移与研究，使其成为斯里兰卡农业技术转移、示范及培训基地。

2006年以来，中国热带农业科学院与斯里兰卡农业科研机构开展了广泛的合作交流，具有代表性的是中国热科院椰子研究所与斯里兰卡椰子研究所在椰子种植技术、病虫害防控和产品加工方面展开的合作，对斯里兰卡椰子产业的发展产生了良好的成效。2015年3月，中国热带农业科学院椰子研究所与斯里兰卡种植业部签订合作协议，在椰子育种、病虫害防治及深加工方面开启全面深入合作，促进两国椰子产业的深入融合发展。

3. 贸易合作

近年来，中国与斯里兰卡农产品贸易发展迅速，但斯里兰卡处于明显的贸易逆差状态。斯里兰卡在亚太贸易协定框架下积极发展与中国的经贸合作，特别是通过在中国参加贸易展览会在中国推广斯里兰卡的特色产品出口，比如广西（斯里兰卡）商品博览会、昆明南亚国家商品展、广州广交会、北京国际茶业博览会、广州茶业博览会、厦门茶业博览会。

4. 投资合作

随着中斯两国经贸合作的不断深入，中国对斯里兰卡投资呈现快速增长态势。中国商务部统计数据表明，截至2016年底中国对斯里兰卡直接投资存量达到7.79亿美元。中资企业近年来对斯投资不断扩大，完成了多个大型投资项目，如招商局集团投资的科伦坡港南集装箱码头、中国交通建设集团投资的科伦坡港口城。与此同时，中资民营企业在斯里兰卡的投资也迅速扩大，涉及的农业产业包括农产品加工、渔业、饲料和仓储物流等领域。

中国还向斯里兰卡贷款建设了大批涉农民生项目，包括多条乡村道路、电站、灌溉设施等，推动了斯里兰卡经济和社会发展。2011年，中资企业中工国际工程股份有限公司与斯里兰卡水利部就建设斯里兰卡东北部延河农业灌溉项目签署了合作协议，中工国际利用中方银团贷款为斯里兰卡建设了5座大坝以及配套的灌溉渠道，解决了近万公顷农作物的灌溉问题，7000个农民家庭从中直接受益。2018年8月24日，由中国建筑股份有限公司承建的斯里兰卡中部17千米水渠项目正式开工，项目的建成将为西北省的农业灌溉区提供足够的水利保障，同时将为当地居民获得安全饮用水提供极大便利。

（二）合作潜力与合作思路

1. 合作潜力

近年来，斯国民经济取得了较快的发展，但要解决农村经济和80%农村贫困人口问题，仍要经历较长的发展阶段，特别是农业生产技术和装备供应的缺口较大。因此，中斯在农业科技、管理、投资、人员交流、作物栽培与育种、农产品加工、物流仓储设施、农业机械、农产品贸易以及渔业、畜牧业的发展等方面都具有广泛的合作前景。

在农业科技领域，斯里兰卡基础薄弱，与中国有较大的差距，因此对中国的科技支撑迫切需要。在中国"一带一路"倡议下，双方具有实施农业科技合作的潜在需求。斯里兰卡也鼓励并积极支持与中国开展农业科技合作，建立联合研发和教育基地，培养农业科研人才，提高斯国内农业科技创新能力。从目前的合作层次看，中国云南省在积极支持省内相关科研单位、企业与斯里兰卡科研单位、企业展开技术转移、人才培养等的合作，参与斯里兰卡科研基础设施和科技项目建设，助推斯里兰卡科技实力的提升，这都为中斯双方的农业科技合作提供了广阔的机遇。

在农业基础设施建设方面，双方具有很强的合作前景，斯里兰卡国内对农产品交通运输、仓储、物流、远洋捕捞渔船、港口建设方面都有迫切需求，而斯国内资金、技术能力有限，亟需引进国外投资。中国在基础设施建设方面具有很强的优势，对外基础设施建设投资也与"一带一路"倡议相契合。同时，对斯里兰卡农业基础设施的投资也将有利于国内企业到斯里兰卡内陆地区开展农业合作项目，提升两国农业合作的深度。

在农业贸易领域，双边农产品贸易额虽然增长迅速，但还有很大的提升空间。在农业产业领域，斯里兰卡的红茶、橡胶、椰子深加工等领域都需要进一步的提升。同时，渔业的深加工、奶牛养殖等都是斯里兰卡迫切需要发展的产业，这些领域双方都具有深入展开合作的潜在需求。

2. 合作思路

（1）合作定位

斯里兰卡发展农业、开展农业国际合作的关注点主要在于引进国外先进农业技术，提高国内农业发展水平，巩固食物与营养安全、提高农产品出口创汇能力，实现农村脱贫等。中国是农业大国，也是农业科技强国。因此，在农业合作定位上，中国更多的扮演输出者的角色，斯里兰卡更多的是接受者的角色。

（2）合作原则

在农业科技方面，斯里兰卡与中国相比，农业科技水平低，因此更需要来自中国帮助，特别是科技输入。中斯科技合作应着眼于两国之间具有经济互补性及合作潜力的领域。要依托切实可行的项目实施，既要加强基础科研方面的研究，也要加强应用型生产技术的推广，并最终落实到具体的农业产业项目上。

（3）合作目标

中斯农业合作，更多的是中国"走出去"，斯里兰卡"引进来"。在此基础上，双方秉持合作互惠的原则，以科技为支撑，加强双方之间的产业合作，实现经济上可行、环境上可承受及社会可接受的农业合作，建立高效的农业合作机制，从而提高斯里兰卡农业生产效率，增强竞争力及出口创汇能力。扩大两国农产品贸易，签订自由贸易协定，既为中国提供优质的农产品，又促进斯里兰卡国内经济社会发展。

通过在农业领域开展广泛深入的合作，促进"21世纪海上丝绸之路"共建共享倡议的落实，逐步提高斯里兰卡的农业发展水平与农产品加工能力、市场竞争力，进一步促进中国农业技术、产品"走出去"，拓宽和深化海外农业合作，为中国农业在更大范围、更宽领域、更高层次上参与国际合作与交流，奠定较好基础。

（三）合作重点

1. 重点领域

中斯农业合作的重点领域包括：农业科技、农业基础设施建设、茶产业、渔业与水产品加工、农产品加工、农业机械、畜牧养殖等。

（1）农业科技

农业科技合作是中斯农业合作的重点领域，也是涵盖范围最广的方面。双方应在保持前期农业科技合作的基础上，借助于"21世纪海上丝绸之路"建设契机，利用中国—南亚农业科技交流合作组这一平台，进一步加强双边农业科技交流合作，促进技术创新和利用，以支撑粮食安全、消除贫困、保护环境，并引领中斯农业未来的发展。通过共建中斯农业科技示范园区、生物技术联合实验室等，推动双方研究机构间建立长期稳定的合作伙伴关系，促进新型农业技术领域的高水平联合研究、科技人员交流与培养、适用技术转移，及新技术在生产领域的推广应用，推动双方农业技术水平提升和相关行业发展。

（2）农业基础设施建设

交通基础设施建设是"一带一路"倡议实施的基础，也是主要投资领域。斯里兰卡扼印度洋咽喉要道，是国际货物贸易很理想的中转站，中斯可以借此机会，在农产品转口贸易港、农产品物流、仓储等基础设施建设方面进行合作。这样能够有效连接斯国内市场，建立一批农产品集散交易地，降低物流运输成本，打通斯国内地区与沿海港口之间的交通联系，促进斯农产品的出口。

（3）茶产业

斯里兰卡是世界上主要茶叶生产国和出口国，茶叶是斯里兰卡最重要的经济部门，也是产业化程度最高的农业产业。随着中国云南省茶产业的突起，云南省以普洱茶、红茶特色茶（二大茶类产量占云南全省成品茶总产量的70%）为主导。因此，双方在茶产业领域的合作将是产业合作中最重要的一环，目前，斯里兰卡与中国云南在茶产业领域的合作逐渐加深，在品种资源合作、茶叶深加工、茶文化交流等方面都取得了很好的合作成效。今后，在茶叶种植技术、深加工及市场开拓等方面具有很大的合作空间，具有重要的合作价值。

（4）渔业与水产品加工

渔业是斯里兰卡重要的经济部门，虽然起步较晚，但近年来发展较快。斯渔业进一步发展的空间很大，但其渔港、远洋捕捞渔船等渔业基础设施建设方面还存在很大的改善空间。一方面，由于斯里兰卡捕捞渔船尺寸及吨位都不大，且具有深海捕捞能力的大中型渔船数量相对较少，因此很多渔港在设计之初就只考虑为小型渔船服务，没有为渔港发展预留空间，导致现在多数渔港无法停靠大中型海洋捕捞渔船，这大大制约了斯深海捕捞渔业的发展。随着海洋捕捞渔业的进一步发展，斯现有的渔港设施、渔船吨位都难以满足深海捕捞渔业的发展需求。而中国在港口建设、船舶制造等方面都具有雄厚的实力，同时能够提供大量的资金支持。另一方面，斯里兰卡水产品加工能力严重跟不上产量的增速，目前斯里兰卡水产品加工比例很低，不到10%，国内现代化的水产品加工厂及后续的产业链建设不足，制约了斯国内水产品出口附加值的提高。因此，在渔业港口基础设施建设、远洋捕捞船只建设、水产品深加工等方面，双方具有开展全方位合作的广阔前景。

（5）农产品加工

斯里兰卡国内农业产业化水平较低，农产品深加工能力不足，产业链基础薄弱，出口农产品附加值不高。中国在农产品全产业链发展方面，具有丰富的经验与实力，能够与斯里兰卡开展深入的合作，提高斯里兰卡农产品加工水平。

（6）农业机械

农业机械化是发展现代农业的重要支撑，小农生产在中斯国内农业生产中都占有很大比例，小微型农业机械应用范围很广，需求量大。这方面，中国小型农业机械的生产具有一定的优势，产量大、产品种类较全、适应性广。斯国内农业机械主要依靠进口，因此，双方可以在农机方面展开合作。

（7）畜牧业

畜牧业在斯里兰卡虽然占比很小，且发展较慢，但是对于斯里兰卡农村经济发展与国民营养来源而言至关重要。斯鼓励外资投入国内畜牧业，包括奶牛养殖、家禽养殖、养猪场、奶牛场等，尤其是奶牛养殖与牛奶加工方面。目前，斯里兰卡仅有28万头奶牛，产量远远满足不了国内的需求，每年仍需进口超过7.5万吨奶粉，进口额达4亿美元。因此，斯里兰卡迫切需要发展国内的畜牧养殖业，增强奶产品的自给率。中国在畜牧业规模化发展、养殖、加工等方面，都具有较强的实力，双方有合作的潜力。

2. 重点项目

（1）农业科技示范园与农业科研联合实验室项目

农业科技示范园有助于农业科技的集中展示、推广应用，是农业科技最好的展示载体。联合实验室能够根据农业发展的国情和需要，联合开展农业科研，这是推进中斯农业科技合作最好的两种方式。因此，两国在农业科技合作方面，应集中建设一批农业科技示范园与农业科研联合实验室。目前，由中国（云南）与斯里兰卡合作推进的两个农业高新技术示范园是很好的示范园建设模式：①"中国（云南）—斯里兰卡农业高新技术示范园"模式，由中（滇）斯科研单位、企业联合实施。斯里兰卡企业提供土地、投建相关农业设施及劳动力；中方集成农业技术团队以技术、良种为主体提供支撑。②"中国（云南）—斯里兰卡生态芒果园新技术示范合作区"模式，由中（滇）斯科研、企业联合实施，斯里兰卡企业提供土地、相关农业设施及劳动力，中方提供技术、良种，进行育种、栽培与深加工技术等。

在双方共建农业实验室方面，"中国（云南）—斯里兰卡生物技术实验室"是一种很好的运营模式，该项目主要针对斯里兰卡在粮食、蔬菜、花卉、茶叶、药材技术等领域专业人才亟待培养、科研基础设施设备亟待加强、科研力量和平台亟待完善等问题，与斯方联合建立的农业技术实验室，旨在指导斯里兰卡对天然药物、花卉、茶叶等资源的野外资源调研，保存标本，建立种质资源圃等工作。通过建立农业高新技术示范园区与共建农业科研联合实验室，将使中斯农业科技合作更深入、更全面、更富有成效。

（2）农产品仓储物流项目

在农产品仓储、物流等基础设施建设方面，双边应合作实施一些项目来改善斯里兰卡国内物流基础设施条件，提高物流信息化水平。一方面，应根据斯里兰卡国内农业生产贸易格局与物流发展需求，建设一批集农产品集散、仓储、运输的物流园区，加大对农产品物流干支线运输道路、货运港口等交通基础设施的投资，以便捷农产品的运输。另一方面，要加大农产品物流配送、电子商务物流、仓储物流信息化平台等信息化设施的建设力度，提高农产品仓储物流的信息化管理水平。

（3）中（滇）斯红茶产业合作项目

斯里兰卡红茶生产规模居全球第1位，是全球首要的红茶出口国。而中国云南的红茶产业近年来发展也很迅速，云南红茶（滇红）起点就以高标准要求实施，目前滇红高优茶园面积达到茶园总面积60%以上，在优质茶园建设、品种换代更新等方面都具有较强的优势。

近年来斯里兰卡红茶产业发展面临的主要瓶颈是：缺乏先进管理经验和先进技术；茶叶生产周期长，农民种植收入低；茶叶新品种研究与培育不足；在新品种培育方面投入极少，抗逆性差；土壤改良困难、机械化程度较低，需引进先进的生产技术与设备；农民生产技能低，特别是中年妇女缺少就业的基本技能，没有就业前的技能培训、学习机会等；融资困难，农户、企业在生产中缺少流动资金支持。因此中斯茶产业方面的合作，要发挥中方的资金、技术优势，通过与斯方相关茶企的合作，促进双边红茶产业的发展。

在中斯红茶产业合作项目中，云南滇红集团已经探索出了一条有效的道路，取得了良好的效果，值得借鉴。2010年开始，云南滇红集团与斯里兰卡伊尔皮提雅集团公司合作，开展品种改良、共建茶园、共建茶叶加工生产线等合作。到2014年，滇红集团在斯里兰卡已有2400公顷的茶园和4个茶叶庄园。2013年，双方合作投资了1000万美元，在斯里兰卡合资建立一家清洁化生茶茶叶企业——伊尔皮提雅·滇红金芽茶叶有限公司，主要进行红茶深加工。2015年，双方共同投资4亿美元，进行红茶提取物的生产加工，并将整合双方种植、加工、市场等资源，打造一个国际化的精品红茶品牌。

（4）渔业捕捞与水产品深加工合作项目

渔业是斯里兰卡重点发展对象之一，该国人口所需蛋白质的70%来源于水产品。但是，斯里兰卡远洋捕捞船只、港口建设方面发展相对滞后。中国在港口建设、造船业等方面具有雄厚的实力，同时能够提供大量的资金支持。中斯可以通过实施港口、远洋捕捞船只共建共营的合作方式，在其主要的渔场附近建设适宜大型深海捕捞船只停靠的渔港，以及大吨位的远洋捕捞渔船，帮助斯里兰卡提高其渔业发展的基础设施水平。

针对斯里兰卡国内水产品加工能力不足，双方可以共同建设现代化的水产品加工厂，并联合打造水产品捕捞—加工—外销的产业链，提高斯里兰卡水产品的附加值。

（5）农产品加工园区项目

针对斯里兰卡国内农业产业化水平较低、农产品深加工能力不足、产业链基础薄弱等问题，中斯双方可以共同投资建设斯里兰卡主要农产品的加工产业园区，按照现代产业园区的经营方式，延长产业链，增加斯里兰卡优质农产品的附加值。

（6）农业机械

斯里兰卡农业发展的农机需求大，但是其国内农机市场目前主要由日本、印度等国占据。中国的小型农机既适宜斯里兰卡的农业种植模式，又具有一定的价格优势。双方应展开务实的合作，应鼓励中国国内有实力的农机企业在斯里兰卡主要的农业产区设立农业机械分支机构，针对斯里兰卡农业机械需求特点，研发与销售适宜当地农业生产的农业机械，并提供优质销售信贷与售后服务，从而打开斯里兰卡农机市场，提高斯里兰卡农业的机械化水平。

（7）畜牧养殖与加工项目

斯里兰卡畜牧业发展潜力巨大，但需要引进国外的先进技术与资金。中国相关企业在畜牧业规模化发展、养殖、加工、资金等方面，都具有较强的实力，双方有合作的潜力。中斯企业可以共同合作，建立一批符合环境要求、规模化、标准化的奶牛、肉牛养殖厂，带动斯里兰卡的小农发展养殖业，并提供技术、知识技能培训服务。同时，在后续产业链上联合国内相应乳企及肉制品加工企业共同建立乳制品加工厂、肉牛屠宰加工厂等，从而提高斯里兰卡畜牧业发展水平与乳品自给率。

五、中斯农业合作建议

（一）明确农业合作目标与定位

斯里兰卡在南亚具有重要的战略地位，是中国"21世纪海上丝绸之路"的重要一环。中斯农业发展具有良好共通性、互补性，合作潜力巨大，合作前景光明。双方要在充分互信的基础上，以构建利益共同体和命运共同体为发展目标，广泛深入地开展农业全领域、全产业链合作，要突出主导产业，做大做强，同时兼顾经济效益与支农公益。在具体合作过程中，应强化产业规划和产业政策的协调，以产业项目建设为支撑，充分发挥斯里兰卡的地域优势，在临港后方规划建设一批双边农业合作的产业园区，促进产业集聚发展。

（二）做好规划设计，强化支撑体系

中斯农业合作应更多地突出公益特性，既要做好顶层设计，又要充分发挥市场机制的作用；既要鼓励有实力的国有企业参与中斯农业合作，也要鼓励私营企业积极参与。针对农业投资项目风险较高、投资期长等特点，要通过一定的金融政策给予资金支持，例如通过中央预算内补助和产业基金，以及引导银行业提供低息融资服务的方式，为中企对斯的农业投资提供资金支持。同时，帮助斯里兰卡建立农村金融机构，提高农村金融服务的覆盖面，解决农民、企业发展中的资金问题。

（三）重视投资经营的合规合法与风险管理

中资企业进入斯里兰卡开展投资合作要进行深入的可行性调查研究，要从维护中国形象与信誉的高度出发，充分了解当地法律、法规，务必合法、合规，不触犯斯里兰卡国内法律法规，不违反当地风俗与宗教信仰。

中资企业也要加强自身风险防范意识，有效地规避风险。在斯里兰卡开展投资合作过程中，要注意政治更迭产生的政策连续性问题，要运用法律手段切实保护自身的合法权益。开展投资合作，要特别注意事前调查、分析、评估相关风险，事中做好风险规避和管理工作，切实保障自身利益。包括对项目及合作方的资信调查和评估，对政治风险和商业风险的分析和规避，对项目本身实施的可行性分析等。同时应积极利用保险、担保、银行等保险金融机构和其他专业风险管理机构的相关业务保障自身利益。

参考文献

陈洪堤，李雯.2013.云南省与斯里兰卡科技合作基础及模式分析［J］.云南科技管理，26（6）：64-68.

韩露，林梦，经蕊，等.2017.中国—斯里兰卡经贸合作：现状与前景［J］.国际经济合作，（3）：63-68.

刘艺卓，焦点.2014.斯里兰卡农业生产和贸易情况分析［J］.世界农业，（07）：92-94.

马波.2015.中国斯里兰卡科技合作一拍即合［N］.科技日报，2015-06-19（009）.

商务部国际贸易经济合作研究院.2018.对外投资合作国别（地区）斯里兰卡（2017年版）［EB/OL］.

马尔代夫

马尔代夫共和国简称马尔代夫，是亚洲印度洋上的一个群岛国家，与印度、斯里兰卡相邻，国土面积为9万平方千米（含领海面积）。马尔代夫南部的赤道海峡和一度半海峡是沟通阿拉伯国家和南亚诸国必经的海上要道，地理位置显要。从中东和非洲运输资源到中国，如果不经过马六甲海峡或南海，马尔代夫海域是必经之路。

中国与马尔代夫经贸往来源远流长，早在明朝年间，郑和率领商船队两度到马。马累博物馆陈列着当地出土的中国瓷器和钱币，记载了历史上中马友好往来和贸易关系。进入新世纪以来，两国在各领域的务实合作不断升级，双边贸易保持快速增长势头，从2001年的154万美元大幅增至2016年的2.86亿美元，增长了185倍。在"一带一路"倡议下，中国加强了与马尔代夫的贸易合作，同时马尔代夫完全支持并积极参与，体现了"共建、共享、共赢、共荣"的基本思路。

一、国家基本情况

（一）自然地理

马尔代夫由26组自然环礁（包括珊瑚岛、珊瑚礁及其周围浅水海域）共1192个珊瑚岛组成，其中约200个岛屿有人居住，其余绝大部分为荒岛，分布在9万平方千米的海域内。陆地面积仅占0.3%，约298平方千米。陆地面积在1平方千米以上的岛有9个，最大的岛富阿莫拉库在马累南267公里处，面积13平方千米。马尔代夫地形狭长低平，平均海拔1.2米。

马尔代夫跨越赤道，具有明显的热带气候特征，大部分地区属热带季风气候，南部为热带雨林气候。终年炎热、潮湿、多雨，无四季之分。没有飓风、龙卷风，偶有暴风。年平均气温28℃左右，每年3—4月气温最高，达32℃。

马尔代夫拥有丰富的海洋资源，有各种热带鱼类、海龟及玳瑁和珊瑚、贝壳之类的海产品。马尔代夫及周围水域拥有700多种鱼类，盛产鲤鱼、金枪鱼、龙虾、海参，还有少量的石斑鱼、造鱼、海龟和玳瑁等，其中最多的是珊瑚鱼。

马尔代夫淡水资源极度匮乏。由于四面环海加上沙质土壤，淡水一直是马尔代夫的稀缺资源，雨水收集及海水淡化成为其主要生活用水来源。

（二）人口与政治制度

根据马尔代夫国家统计局统计，马尔代夫总人口约为40.8万，其中常住人口40.2万（本地人33.8万，外国人6.4万）。据官方估计，首都马累的人口占全部人口的1/3以上。

马尔代夫全国分 22 个行政区，包括 19 个行政环礁及马累、阿杜和富阿莫拉库三个市。行政区按环礁划分，小的环礁单独或几个组成一个行政区。每个环礁和大的居民岛都有当地民众选举出的管理委员会。目前，全国共有 20 个环礁委员会，66 个岛屿委员会和 3 个城市委员会。首都马累，位于马累岛上，面积约 2 平方千米，人口 15.3 万（2014 年），是全国政治、经济中心，同时也是港口并建有国际机场。

马尔代夫为总统制国家。立法、行政和司法三权分立，分别归属人民议会、总统和法院。总统为国家元首、政府首脑和武装部队统帅，由全体选民直接选举产生，任期不得超过两届；人民议会为马尔代夫立法机构。实行比例代表制，所有议员通过选举产生，各行政区议员人数由当地人口数决定，任期 5 年。司法权归属最高法院、高等法院和审判法庭。

（三）社会和经济发展

马尔代夫为小型开放经济体，旅游业和渔业是该国特色产业。1978 年，马尔代夫被世界银行列为全球最不发达的 20 个国家之一，1980 年人均 GDP 仅 275 美元。但近 40 年来，马尔代夫得益于稳定的政局和旅游业的强劲发展，经济发展速度较快，2011 年正式脱离最不发达国家行列。2016 年人均 GDP 达 8611 美元（表 1），达到中等收入国家水平。

表 1　2001—2016 年马尔代夫 GDP 情况

年　份	GDP 总量（亿美元）	人均 GDP（美元）	GDP 增速（%）
2001	8.70	2979.45	—
2002	8.97	3020.20	5.4
2003	10.43	3430.92	14.6
2004	12.02	3852.56	13.2
2005	11.20	3489.10	-8.1
2006	14.75	4429.43	19.9
2007	17.46	5002.87	10.2
2008	21.10	5828.73	12.7
2009	21.49	5969.44	-5.3
2010	23.23	6329.70	7.2
2011	24.50	6498.67	8.7
2012	25.18	6540.26	2.5
2013	27.95	7111.96	4.7
2014	30.94	7715.71	6.0
2015	34.45	8422.98	2.8
2016	35.91	8611.51	4.1

数据来源：世界银行数据库

旅游。马尔代夫是世界上第七大珊瑚礁覆盖的国家，珊瑚礁面积占世界珊瑚礁面积的5%。优越的地理条件和独特的岛国风光为马尔代夫的旅游业奠定了良好的基础。1970年马尔代夫便开始大力发展旅游业，并迅速成为其第一支柱产业，旅游业对GDP的贡献率多年保持在30%左右，是主要的外汇收入来源。2016年外国游客赴马尔代夫旅游达128.6万人次，其中中国游客32.43万人次，连续7年成为马尔代夫最大游客来源地，占全部游客数量的25.2%。

教育。近几十年来，马尔代夫十分重视发展教育事业，投入大量资金，为各环礁行政区增加教学设备，并实行免费教育。现全国已消除文盲，是发展中国家中识字率最高的国家之一。截至2016年，马尔代夫全国高中以下学校共459所，其中公立学校213所，私立学校122所，各种社区、团体学校124所，全部在校学生约88000人。首都马累有38所学校，在校学生约30000人。2011年马尔代夫成立了第一所大学——马尔代夫国立大学，下设9个学院和3个教育中心，在校学生约7000人。

医疗。1990年代以来，马尔代夫医疗卫生事业有了较大进步。目前，首都马累建有2所综合性大型医院，每个环礁行政区都建立了1家或多家卫生院。据世界卫生组织统计，2014年马尔代夫全国医疗卫生总支出占GDP的13.7%，按照购买力平价计算，人均医疗健康支出1995.84美元；2015年，人均寿命为79岁。

交通运输。公路方面，马尔代夫是群岛国家，岛屿面积均较小，大部分岛屿道路为珊瑚砂路面。目前公路主要集中于首都马累及周边地区、南部阿杜环礁。空运方面，随着旅游业的快速发展，马尔代夫民航业近年来取得较大发展，全国共有4个国际机场和6个国内机场，当地航空公司有4家，即马尔代夫国家航空公司、维拉航空、美佳航空和1家水上飞机公司。全球已有超过50家航空公司开通了至首都马累的客运或货运服务。水运方面，马尔代夫船运业始建于1966年。马尔代夫船运有限公司是马尔代夫最大的船运公司，主要经营中东和远东地区的国际船运以及国内诸岛间的航运业务。马尔代夫90%的进口产品都靠水运。近年来，马尔代夫对50多个岛的码头进行了建设和改造，疏浚了航道。马累港经过改造可停靠6000吨级货轮，但载重量更大的货船只能停靠在马累和南部甘岛附近海面，货物由驳船装卸。进口货物可在首都马累或南部甘岛海关办理清关手续。

电力。马尔代夫现有电力基本为柴油发电，能源供应主要依靠进口，电力供应较为紧张。根据马尔代夫2013年能源情况报告，全国居民岛共有191家发电厂，总装机容量141兆瓦，全年电力总消费量4.6亿度，其中约50%在首都马累。目前，在世界银行、亚洲开发银行以及有关国家的资助下，马尔代夫政府正在积极发展太阳能等清洁能源。

二、农业发展现状

（一）农业资源条件

土地与作物资源。马尔代夫全国可耕地面积6900公顷，土地贫瘠，农业十分落后。当地蔬菜和水果品种主要有空心菜、小白菜、黄瓜、西红柿、辣椒、茄子、丝瓜、冬瓜、南瓜、椰子、木瓜、西瓜、香蕉、木薯，家禽养殖业数量极少，粮食及其他蔬菜、水果、肉类、蛋类、奶制品几乎全部依赖进口。

渔业资源。渔业是马尔代夫的传统产业和主要出口商品，也是马尔代夫重要的外汇收入来源之一。马尔代夫渔业资源丰富，盛产金枪鱼、鲣鱼、鲛鱼、龙虾、海参、石斑鱼、鲨鱼、海龟和玳瑁等。当地水产品主要为黄鳍金枪鱼和鲣鱼，以及少量的珊瑚鱼类，尚未有水产养殖业。受渔业发展政策和捕捞能力的限制，渔业仅占马尔代夫GDP的1.3%。水产品出口前5位的国家为泰国、法国、斯里兰卡、英国和意大利。马尔代夫的渔业归属国家渔业与农业部管理，近年来，马尔代夫国家渔业与农业部大力鼓励发展水产养殖业。马尔代夫渔业捕捞实行严格的资源管理，并规定所有出口的石斑鱼类体重不得小于500克，并且严禁出口任何种类的珊瑚。

（二）农业生产情况

1. 农业产值规模及构成

2014年农业产值为9400万美元（3.68亿卢菲亚），占GDP的3.0%，渔业占马尔代夫GDP的1.3%。全年进口食品4.08亿美元，占进口总额的20.5%。

2. 主要农产品产量

（1）种植业

主要种植玉米、椰子、香蕉、木薯及蔬菜等。2006—2016年间，玉米产量呈持续增长趋势，椰子与香蕉产量呈下降趋势（表2）。2016年玉米种植面积为32公顷，总产量为146吨，比2006年的80吨增长82.5%。2016年椰子种植面积为64公顷，总产量为268吨，比2006年的2562吨减少89.5%。2016年香蕉种植面积为66公顷，总产量为1828吨，比2006年的10313吨减少82.3%。

表2 2006—2016年马尔代夫主要作物产量　　　　　　　　　　　　　　　　　　　（单位：吨）

年 份	玉 米	椰 子	香 蕉
2006	80	2562	10313
2007	82	2070	8910
2008	90	2075	8210
2009	94	5170	4340
2010	107	4260	3347
2011	116	3156	1140
2012	130	1368	547
2013	140	565	154
2014	140	426	1311
2015	141	342	1843
2016	146	268	1828

数据来源：FAOSTAT

（2）渔业

2010—2016年间，马尔代夫的渔业捕获量呈上升趋势（表3）。马尔代夫无水产养殖，渔业总产量即指渔业捕获量。2016年渔业捕获量为12.92万吨，比2010年的12.22万吨增加5.7%。渔业以金枪鱼捕捞为主，2016年金枪鱼捕获量占渔业总捕获量的97.5%，其中鲣鱼、黄鳍金枪鱼、大眼金枪鱼的捕获量分别为6.96万吨、5.37万吨与0.25万吨。其他海鱼捕获量非常小，仅占渔业总捕获量的2.5%。

表3 2010—2016年马尔代夫渔业产量　　　　　　　　　　　　　　　　　　　（单位：万吨）

年 份	渔业捕获量	鲣鱼	黄鳍金枪鱼	大眼金枪鱼	其它种类的金枪鱼	其它海鱼
2010	12.22	7.37	2.18	0	0.71	1.95
2011	12.08	5.77	3.56	0	0.49	2.26
2012	12.00	5.34	4.50	0	0.25	1.91
2013	12.98	7.44	4.71	0	0.17	0.66
2014	12.87	6.85	4.91	0.23	0.16	0.71
2015	12.74	6.92	5.15	0.18	0.04	0.44
2016	12.92	6.96	5.37	0.25	0.02	0.32

数据来源：马尔代夫农渔部

（三）农产品贸易情况

1. 主要农产品贸易规模

自然资源贫乏，同时制造业和农业都严重落后，导致国内市场对进口严重依赖，但由于市场规模狭小致使国际贸易规模有限。近年来马尔代夫国际贸易总体规模呈现向上增长的趋势，但由于国内产业落后，没有优势的贸易出口产品，导致贸易逆差呈现逐年扩大的趋势（图1）。2016年贸易总额22.7亿美元，其中出口1.4亿美元，进口21.3亿美元，逆差19.99亿美元。

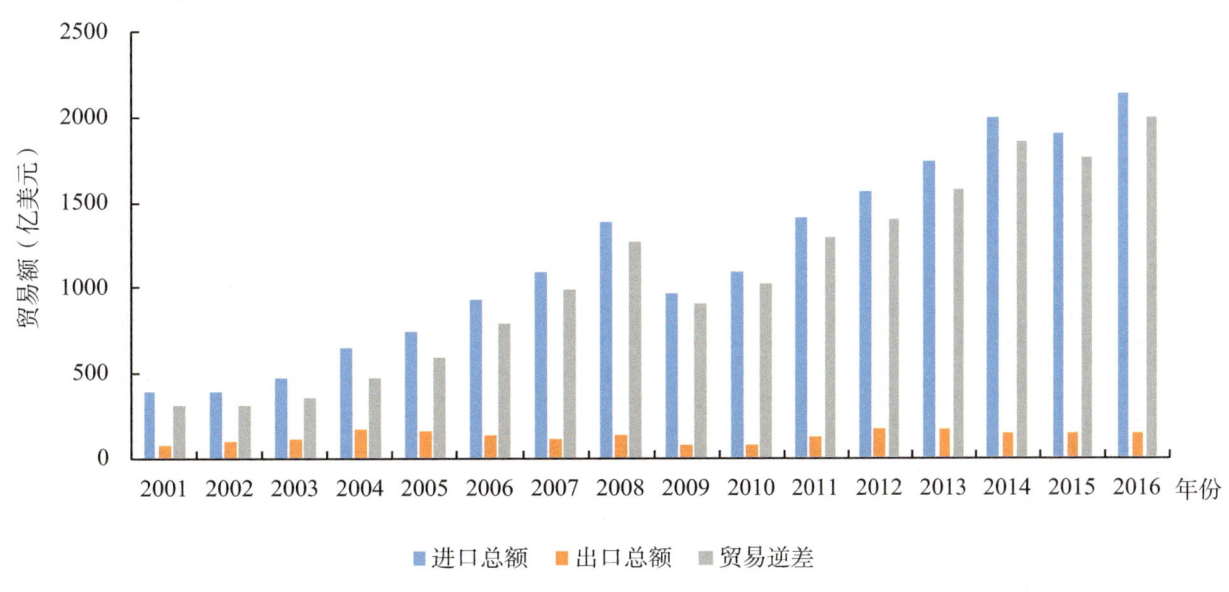

图1 马尔代夫2001—2016年贸易进出口情况

数据来源：ITC TRADE MAP

由于马尔代夫产业落后，其国内市场所需的大多数农产品都需要进口，主要出口水产品。

农产品进口方面，主要以乳制品、肉类、水果、食用蔬菜和谷物为主，2016年进口额分别为5293万美元、5083万美元、4624万美元、4617万美元和2720万美元，占进口总额的比重分别为2.5%、2.4%、2.2%、2.2%和1.3%；进口量分别为25912吨、23451吨、32124吨、58587吨和45425吨。

农产品出口方面，由于地理条件和自然环境约束，出口商品基本为水产品，占本国产品出口比重为98.1%，黄鳍金枪鱼和鲤鱼为主要品种。2016年水产品出口总额为1.37亿美元，出口量为4.80万吨（表4）。

表 4　2001—2016 年马尔代夫水产品出口情况

年　份	出口额（万美元）	出口量（吨）
2001	0.13	2.95
2002	0.55	4.50
2003	0.75	7.00
2004	0.89	7.56
2005	1.01	8.17
2006	1.32	11.07
2007	1.05	6.60
2008	1.23	6.52
2009	0.74	3.99
2010	0.71	3.37
2011	1.18	3.87
2012	1.58	4.08
2013	1.63	5.01
2014	1.41	4.91
2015	1.40	4.44
2016	1.37	4.80

数据来源：ITC TRADE MAP

2. 主要贸易伙伴

2016 年泰国仍为马尔代夫最大出口国，对泰国出口占 34.4%，其次为斯里兰卡（10.2%）和美国（8.9%）；阿联酋为马尔代夫最大进口国，自阿联酋进口占进口总额的 15.7%，其次为新加坡（14.3%）和中国（13.4%，未含、港、澳、台数据）。

表 5　2016 年马尔代夫前八位贸易伙伴

进　口		出　口	
前八位贸易伙伴	总占比（%）	前八位贸易伙伴	总占比（%）
阿联酋	15.7	泰国	34.4
新加坡	14.3	斯里兰卡	10.2
中国	13.4	美国	8.9
印度	13.0	法国	8.8

（续表）

进　口		出　口	
前八位贸易伙伴	总占比（%）	前八位贸易伙伴	总占比（%）
斯里兰卡	6.3	德国	8.7
马来西亚	5.7	爱尔兰	4.9
泰国	4.7	意大利	4.9
德国	2.4	英国	4.1

数据来源：ITC TRADE MAP

农产品进口方面，2016年其乳制品进口总额5293.1万美元，主要进口来源国为阿联酋（16.5%）、印度（15.5%）、阿曼（10.9%）、荷兰（10.5%）、新加坡（9.3%）、德国（6.8%）、马来西亚（6.5%）等国；水果进口总额5083.0万美元，主要进口来源国为阿联酋（24.4%）、印度（19%）、斯里兰卡（13.7%）、泰国（11.5%）、南非（5.8%）、澳大利亚（4.7%）、埃及（3.8%）等国。其他农产品进口主要来源国还有中国、土耳其、意大利等国。

水产品出口方面，2016年主要出口国为泰国、斯里兰卡、美国、法国、德国等国。其中泰国为主要出口国，占比39.5%，其次为斯里兰卡（11.4%）、法国（10.1%）和美国（10.1%）（图2）。

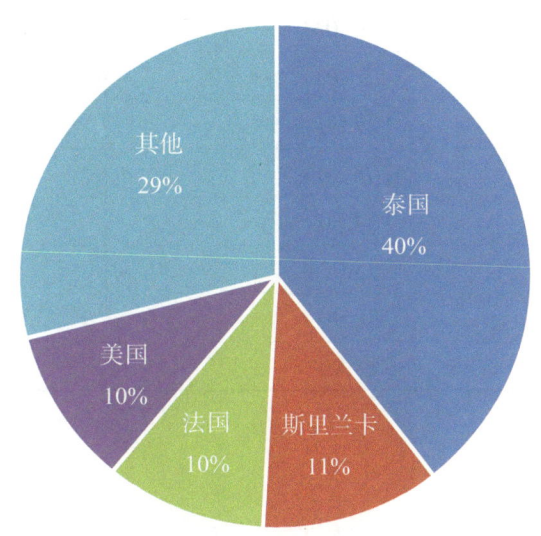

图2　2016年马尔代夫鱼类产品出口国分布情况

数据来源：ITC TRADE MAP

3. 中国与马尔代夫贸易情况

中马贸易总体情况自 2001 年来稳步上升，2016 年两国贸易量达到 2.8 亿美元（图 3），其中马尔代夫对中国出口仅 11.1 万美元，以水产品为主；自中国进口额达 2.86 亿美元，其中农产品进口金额 712.21 万美元，主要是食用蔬菜，进口额为 318.9 万美元。（表 4）。

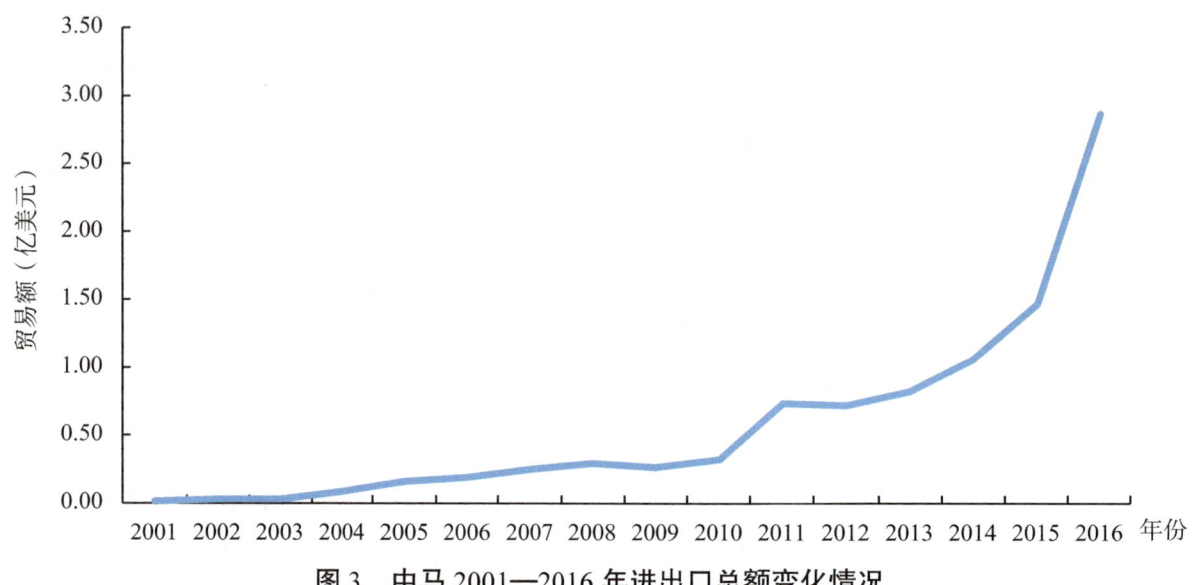

图 3　中马 2001—2016 年进出口总额变化情况

数据来源：ITC TRADE MAP

表 6　2008—2016 年马尔代夫从中国进口食用蔬菜情况

年　份	进口额（万美元）	进口量（吨）
2008	56.50	855
2009	45.50	657
2010	52.30	730
2011	127.00	1864
2012	168.50	2103
2013	164.80	1981
2014	225.00	2547
2015	258.90	2586
2016	318.90	4330

数据来源：ITC TRADE MAP

（四）农业科技发展

由于特殊的自然地理条件，农业发展相当有限，科技发展水平也比较落后。近年来，由于人口压力日益增大，农产品的需求量不断增加，粮食食品有所增加，导致进口粮食造成的经济负担日益沉重。马尔代夫开始重视农业及农业科技的发展。农业部门制定长远的发展规划，具体包括：控制虫害鼠害，使椰子产量增长了40%；增加青椒、柠檬、香蕉和菠萝的产量；合理种植椰树；向农户提供工具，鼓励开垦更多的荒地；扩大和加强农业机构，引进良种，提高单位面积产量等。但由于其土地资源的稀缺，种植技术落后，缺乏相应的农业种植和农产品加工等方面的成功经验和农业科学技术。

渔业发展较为成熟，具备相应的技术人员，定期开展技术培训，同时成立专门的研究机构进行科学研究，例如渔业创新部门。但是由于农业发展相对不足，缺乏专业技术人员以及专门的研究机构，使得农业科技发展受到影响。近年来，马尔代夫国家渔业与农业部大力鼓励发展水产养殖业，并提供专业的技术支持，提高水产养殖实践等能力，特别是在印度洋实施可持续发展的金枪鱼管理得到了世界野生动物基金会的支持。此外，马尔代夫海洋研究中心为海洋参数信息的收集提供设施，帮助实施基础管理系统，以更好的研究渔业资源，并为渔业的发展提供技术支撑。

（五）农业管理体系与政策

1. 农业管理机构

马尔代夫渔业和农业部（Ministry of Fisheries and Agriculture（Maldives））是负责农渔业发展及管理的最高部门，其职责是确保马尔代夫国家海洋和农业资源发展和可持续管理。该部门推出有利于渔业和农业部门发展的政策体系，同时支持和加快渔业部门的可持续管理，以确保更好地为社会经济发展提供服务。

2. 农业支持政策

马尔代夫的农业政策主要关注两个方向，一是有关渔业经济的政策，目的是增加金枪鱼等鱼类产品的出口；二是针对小农户基本食物生产的政策，目的是提高食物自给率。对于种植园经济主要是提供对扩大出口和对外贸易的刺激，而对于生计农业部门的政策主要是公平提供进口保护，主要措施是对投入品进行补贴，特别是通过支持措施对肥料、种子和投入要素的补贴，包括低利率贷款、促进市场销售和提供免费灌溉用水等。农业支持的主要目的是维持食物安全，保障小农户获益，提高国家的食物自给率。

3. 农业贸易政策

因为国内绝大部分的农产品需要靠进口，因此马尔代夫农业贸易政策较自由，鼓励国内缺乏的农产品贸易，促进鱼类产品的出口。

贸易主管部门。马尔代夫经济发展部是马尔代夫的贸易主管部门，主要负责贸易政策的制订和实施。

贸易法规体系。马尔代夫有关对外贸易的基本法是《进出口法规》。以此为核心形成了由《可流通票据法规》、《货物销售法规》和《消费者保护法》共同组成的对外贸易法律体系。

进出口商品检验检疫。马尔代夫政府对进口商品实行较严格的检疫检验，重点是对动物进口要求卫生许可证和进口许可。马尔代夫全国所有港口均加强了对入境旅客的监控，并对入境的食品和动物进行不间断的检查，对来自于黄热病及症疾流行地区的货机和客机进行强制消毒。

海关管理规章制度。马尔代夫政府规定，除了游客购买的非商业性数量的个人用品外，所有进口货物都要缴纳关税。根据世界贸易组织网站的信息，2008 年开始实行的对 WTO 成员的最惠国待遇关税平均税率如下：水果、蔬菜和植物 16.5%；咖啡和茶叶 16.4%；种籽 14.8%；油料、脂肪和油脂 14.3%；糖和糖果 13.1%；饮料和烟草 34%；棉花 15%；其它农产品 20.5%；渔和渔产品 16.1% 等。

三、农业投资环境与风险分析

（一）国家商业环境

马尔代夫是世界上著名的旅游胜地。市场开放度较高，鼓励外国资金进入绝大部分领域。近年来，经济持续高速发展，经济政策自由开放、简单透明。近年来，马尔代夫强调发展国民经济，实行小规模开放型经济政策，坚持在保护环境的基础上发挥自身资源优势，积极吸收国外资金与援助，加快经济发展。外国投资享受法律保护，企业可以自由聘用外国管理、技术人员和劳工，投资利润和所得可自由汇出。吸引的外资集中在旅游、基础设施、交通通讯、海水淡化以及银行领域。据初步调查，除水产品捕捞禁止外国人经营，零售业要求必须与当地人共同投资外，马尔代夫在其他多数领域对外资开放。马尔代夫政府积极欢迎外资进入马尔代夫旅游、基础设施、新能源、金融等领域。据联合国贸发会议组织发布的 2017 年《世界投资报告》显示，2016 年，吸收外资流量为 4.5 亿美元；截至 2016 年底，马尔代夫吸收外资存量为 32.2 亿美元。世界银行公布的《2018 年全球营商环境报告》中，马尔代夫在 190 个经济体中排名第 136 位。

（二）农业投资风险分析

投资存在风险，海外投资面临更大的不确定性。各国政治、经济、法律和文化特点及其变化对投资稳定性影响巨大。因此，有必要对影响投资的主要风险因素进行系统分析。本部分利用世界银行、经济学人、经济与和平研究所等国际权威智库发布的相关指标及数据，分析"一带一路"国家的风险状况，为海外投资提供风险研判的依据。

1. 总体风险——经商环境指数

全球经商环境指数是世界银行发布的反映投资总体风险的综合性指标，由10个指标构成，涵盖海外投资面临的诸多影响因素，包括开办企业、施工许可证、电力供应、资产登记、信贷、中小投资者保护、税负、跨境贸易、契约意识和破产处理等。该指数满分100分，得分越高，经商环境越好，风险越低。同时，按照20分一个等级，将全球不同国家的经商环境划分为5级。其中1级表示优，2级表示较好，3级表示中等，4级表示较差，5级表示差。马尔代夫的经商环境指数处于3级，表明经商环境处于中等水平。

2. 制度风险

关于制度风险，本部分选取3个权威指标，包括全球和平指数、政治稳定性指数和腐败控制指数，具体分析"一带一路"国家的制度风险状况。

（1）全球和平指数

全球知名智库经济与和平研究所（IEP）构建了全球和平指数，是世界上公认的反映各国和平状况的权威指标（表7）。该指标从高到低划分为5个等级。

表7 和平指数等级划分

和平指数特征	等级	得分区间（0～4分）	涵盖国家数量
非常高	1级	1.148～1.503	25
高	2级	1.542～1.891	38
中等	3级	1.903～2.196	52
低	4级	2.210～2.845	35
很低	5级	2.910～3.645	12

数据来源：经济与和平研究所

马尔代夫和平指数处于2级，和平度高。

（2）政治稳定性指数

世界银行构建了世界治理指数（WGI）指标体系，其中政治稳定性指数是世界公认的反映各国政治稳定状况的权威指标（表8）。该指标分为6个等级，分别为非常高、高、较高、较低、低、很低，满分100分，得分越高，政治稳定性越高，投资风险越低。

表8　WGI政治稳定性指数等级划分

政治稳定性指数特征	等级	得分区间（0～100分）
非常高	1级	90～100
高	2级	75～90
较高	3级	50～75
较低	4级	25～50
低	5级	10～25
很低	6级	0～10

数据来源：世界银行世界治理指数

马尔代夫政治稳定性指数处于2级，政治稳定性高。

（3）腐败控制指数

世界银行构建了世界治理指数（WGI）指标体系，其中腐败控制指数是世界公认的反映各国政府腐败控制程度的权威指标（表9）。该指标分为6个等级，分别为非常高、高、较高、较低、低、很低，满分100分，得分越高，腐败控制程度越高，投资风险越低。

表9　WGI腐败控制指数等级划分

腐败控制指数特征	等级	得分区间（0～100分）
非常高	1级	90～100
高	2级	75～90
较高	3级	50～75
较低	4级	25～50
低	5级	10～25
很低	6级	0～10

数据来源：世界银行世界治理指数

马尔代夫腐败控制指数处于3级，腐败控制程度较高。

3. 经济风险

关于经济风险，本部分选取2个权威指标，包括经济自由度指数和商业环境指数，来分析"一带一路"国家的经济风险状况。

经济自由度指数。经济自由度指数是世界上公认的反映一个国家支持经济自由发展的政策与制度基础的指标，由个人自由选择、自由交易、自由进入市场、公平竞争和保护私有财产等指标构成，由全球知名智库美国传统基金会（FRSER）构建。该指标分为4个等级，指数最高10分，最低0分，得分越高，经济自由度越高，越有利于投资。马尔代夫经济自由度指数处于2级，经济自由度较高。

商业环境指数。商业环境指数由经济发展、金融自由度、政治环境、外资法律监管、人力资源和基础设施水平等指标经过加权计算，用于反映一个国家商业环境的综合性指标，由国际知名智库"经济学人"权威发布。该指数满分10分，得分越高，商业环境越好，越利于投资。该智库发布了目前全球排名前82位国家的商业环境指数。马尔代夫商业环境指数处于2级，商业环境较好。

4. 法律风险

关于法律风险，本部分选取法治水平指数用来分析"一带一路"国家马尔代夫的法律风险状况。

世界银行构建了世界治理指数（WGI）指标体系，其中法治水平指数是世界公认的反映各国法治程度的权威指标（表10）。该指标分为6个等级，分别为非常高、高、较高、较低、低、很低，满分100分，得分越高，法治程度越高，投资风险越低。

表10 WGI法治水平指数等级划分

法治水平指数特征	等　级	得分区间（0～100分）
非常高	1级	90～100
高	2级	75～90
较高	3级	50～75
较低	4级	25～50
低	5级	10～25
很低	6级	0～10

数据来源：世界银行世界治理指数

马尔代夫法治水平指数处于4级，表明其法治水平较低。

四、农业合作现状与合作重点

（一）合作现状

1. 合作机制

中马两国自建交以来经贸关系在平等互利的基础上发展顺利，中马建有经贸联委会机制，双边经贸合作发展势头良好。2017年12月，中马两国正式签署《中华人民共和国政府和马尔代夫共和国政府自由贸易协定》。2017年12月8日，中马共同发布《中华人民共和国和马尔代夫共和国联合新闻公报》，马方重申积极支持和参与中方提出的21世纪海上丝绸之路倡议。双方将在共建"一带一路"框架下深化务实合作，加强互联互通，马方愿为中国企业赴马投资兴业提供便利条件，中方愿鼓励更多有实力的中国企业赴马投资兴业，将继续为马经济社会发展提供力所能及的帮助。在省市合作层面，2015年12月，云南省同马尔代夫经济发展部在马累举办首次合作工作会谈，就进一步加强中国（云南）与马尔代夫合作提出了框架。2017年5月，广西壮族自治区同马累市缔结友好区市关系，双方表示将进一步深化现有合作。

2. 科技合作

两国之间的农业科技合作一直在继续。近年来，随着中国与马尔代夫各方面经济贸易合作与交往的加强，中国与马尔代夫农业科技的合作日益频繁，合作深度与广度逐渐加大，合作方式更加丰富，农业领域的合作力度也在逐年加大。特别是2006年以来，中国加大了与马尔代夫的农业科技合作，取得了一定的成效。

开展多项农业科技合作项目。2014年中马政府签署了《中马农业研究项目合作协议》，并表示应加强双方在水产品养殖、农业种植、产品加工等方面的合作。2015年中方资助马尔代夫渔业和农业部"高附加值农作物研究项目"，该研究项目将推动马尔代夫农业产业多样化，进一步提高农业产值，减少对外依赖度。

提供多项农业科学技术。2012年马尔代夫渔业与农业部官员前往中国海南考察椰心叶甲防治项目，并且接受相关技术培训。同时参观了中国热带农业科学院寄生蜂养殖场、王五镇福洋椰子基地的寄生蜂防治现场，以及洋浦经济开发区的绿僵菌及挂药包防治现场，并接受了相关的技术培训。2015年中国热科院专家带着有效的椰心叶甲防治技术对马尔代夫进行技术援助，指导并帮助马尔代夫解决椰心叶甲天敌人工繁殖和室内饲养技术，建设椰心叶甲天敌工厂和椰子害虫联合试验室，培训防控技术人员，并以椰心叶甲防控为切入点，开展双边多方面的国际合作。

实地考察与交流。2010年马尔代夫驻华大使访问中国浙江海洋与渔业局，双方就共同关心的渔业现状、渔业科技研究、远洋渔业许可证发放、渔业技术培训等问题进行了广泛交流。2013年马尔代夫大使访问中国云南，表示将更好地促进马尔代夫与云南的沟通，扩大农业的交流合作。

3. 贸易合作

由于马尔代夫整体市场规模小而分散，且外国人在马尔代夫从事零售业、渔业捕捞等受到限制，中国企业或个人在马直接投资较少，目前仅限于少量从事渔业加工、餐饮、医疗等行业人员。同时，受马尔代夫市场需求规模限制和交通条件制约，中马商家开展直接贸易相对困难，大量中国产品通过迪拜、新加坡等市场转口至马，因此双边贸易总量不大。

（二）合作潜力

1. 合作基础

中国与马尔代夫的友好交往可谓源远流长，通过高层访问，扩大各领域交流合作，务实合作不断升级，中国和马尔代夫合作势头迅猛。

（1）经贸合作

中马经贸合作关系始于1981年。1982年两国恢复直接贸易。目前，中马贸易基本上为中国对马出口，自马进口很少。据中国海关统计，2014年中马双边贸易额1.0439亿美元，同比增长6.7%。其中，中方向马方出口1.0401亿美元，同比增长6.8%；从马方进口38万美元，同比下降9%。据中国商务部统计，2014年中国对马尔代夫直接投资流量72万美元。截至2014年末，中国对马尔代夫直接投资存量237万美元。

（2）基础设施建设合作

基础设施建设是中国和马尔代夫经贸和投资合作的一大亮点，通过公路、机场等基础设施建设项目的合作，将有效缓减马尔代夫岛内外交通等硬件瓶颈。除此之外，马尔代夫新政府将开展一系列大型基础设施建设项目，中国企业在该领域颇有优势，双方可进一步加强在该领域的合作。

基础设施的建设是否完善关系到农业的发展是否迅速，农业科技合作是否可行。马尔代夫逐步完善基础设施和民生建设，将为中国与马尔代夫的农业科技合作提供稳定的国内环境、提供便捷的交通服务，为农业科技合作提供坚实的基础保障。

（3）海洋领域的合作

丰富的海洋资源是马尔代夫的优势，通过在海洋领域的合作，加强在渔业领域的技术研究，为双方建立渔业与种养殖业相结合的大农业提供技术支撑；两国对生态环境和气候变化等领域的合作，积极研究的相关技术同样适用于农业发展，是农业科技合作的一部分，因此海洋领域的合作为两国农业科技合作提供了自然环境等外部保障。

为支持马尔代夫农业发展，中国政府通过邀请马方人员赴华培训、实施小型合作项目等方式与马政府开展合作，下一步将继续深化合作内容，丰富合作方式，可考虑通过网络信息共享来实现农业科技合作。

2. 合作优劣势分析

随着旅游、渔业等支柱产业的发展，马尔代夫经济迅猛增长，已成为南亚地区人均收入最高的国家。与此同时，政府也不断调整国家政策，改善经贸法律制度，创建有利的投资环境，马尔代夫投资吸引力日益增强。但是在具体的农业科技合作过程中，有其独特的优势但同时也面临着一些问题。

（1）优势

从资源方面来看，马尔代夫拥有丰富的自然资源及渔业资源，农业科技合作潜力巨大；同时，马尔代夫由于农业发展落后，土地开垦较少，不存在土壤破坏的问题，这为两国进行农业可持续发展的科技合作提供得天独厚的条件。由于可耕地面积有限，政府正在改善当地环境，加大对农业的支持力度，中国企业可考虑与其开展农业合作，引入高产良种，加大对农业的投资和开发力度。

从政度政策来看，马尔代夫对投资、税收、外国劳工等方面都制定了宽松的政策，为农业及其他产业的科技合作都提供了优惠条件，提供了宽松的政策环境。

从国内环境来看，马尔代夫由于文化、宗教、语言的单一，较少出现破坏经济和政治的骚乱，且当地劳动力素质较高，为农业科技合作提供了稳定的内部环境。

此外，马尔代夫不断推出激励措施，积极引进外国管理人员和技术人员，为两国开展农业科技合作提供了人力保障。

（2）劣势

虽然马尔代夫政府吸引外国投资，进行农业科技合作的政策宽松，但是由于其基础设施较差，吸引外资的能力依然薄弱；同时由于国内农业落后、市场狭小，农产品结构单一，缺乏多样性，高度依赖进口，且所有产品必须经过马累进行转口，运输成本高等因素严重影响了农业发展和农业科技的合作热情。

中国目前已成为马尔代夫最大的贸易伙伴之一，近年来双边经贸合作发展顺利，中方为马尔代夫国家的建设和发展提供了巨大的帮助，已成为马尔代夫最亲密和最有力的发展伙伴。但在还不够成熟的农业科技合作过程中要全面分析其优劣势，将二者进行对比，积极吸收农业发展过程中的优势资源，采取"互惠、互利"的农业科技合作方式，促进农业发展。

3. 合作前景

近年来，马尔代夫国民经济取得了较快的发展，但要解决渔业发展与粮食安全问题，仍要经历较长的发展阶段，特别是渔业生产技术和装备供应的缺口较大。因此，中马在农业科技、管理、投资、人员交流、农产品加工、物流仓储设施、农产品贸易以及渔业的发展等方面都具有广泛的合作前景。

中国在渔业发展中具有相对优势，有较好的装备设施和管理经验，马尔代夫渔业资源丰富，两国开展渔业合作有较强的资源互补性，合作潜力大。双方应在互惠互利的原则下，逐步扩大合作捕捞的范围以及开展水产养殖合作；合资或合作建设专用渔业设施；加强人力资源开发合作，开展农渔业生产技术培训活动等。应有利于资源合理开发和有效利用，着眼于渔业生产力的发展，延长渔业生产产业链，以及在合作中采用双方都可接受的多种形式。

在农业科技领域，马尔代夫基础薄弱，与中国有较大的差距，因此对中国的科技支撑迫切需要。在中国"一带一路"倡议下，双方具有实施农业科技合作的潜在需求。马尔代夫也鼓励并积极支持与中国开展农业科技合作，并期待中方帮助马方提高农业科技创新能力、培养农业科研人才，鼓励马尔代夫青年学者赴华深造，愿与中方探讨在马建立联合研发和教育基地，共同进行科学研究和培养人才。

在农业基础设施建设方面，双方具有很强的合作前景，马尔代夫国内对农产品交通运输、仓储、物流、远洋捕捞渔船、港口建设方面都有迫切需求，而马国内资金、技术能力有限，亟需引进国外投资。中国在基础设施建设方面具有很强的优势，对外基础设施建设投资也与"一带一路"倡议相契合。同时，对马尔代夫农业基础设施的投资也将有利于国内企业到马尔代夫开展农业合作项目，提升两国农业合作的深度。

在农业贸易领域，双边有很大的提升空间。在农业产业领域马尔代夫金枪鱼深加工等领域都需要进一步的提升，双方都具有深入展开合作的潜在需求。

中国与马尔代夫的农业科技合作既有机遇又存在着挑战，但综合分析优势大于劣势，有着历史合作、其他产业科技合作等一系列基础条件，两国之间的农业科技合作的前景是广阔的，走的是一条互利共赢之路。

（三）合作思路

1. 合作定位

马尔代夫发展农渔业、开展农业国际合作的关注点主要在于引进国外先进农业技术，提高国内农业发展水平，巩固食物与营养安全、提高农渔产品出口创汇能力等。中国是农业大国，也是农业科技强国。因此，在农业合作定位上，中国更多的扮演输出者的角色，马尔代夫更多的是接受者的角色。

2. 合作原则

在农业科技方面，马尔代夫与中国相比，农业科技水平低，因此更需要来自中国帮助，特别是科技输入。中马科技合作应着眼于两国之间具有经济互补性及合作潜力的领域。要依托切实可行的项目实施，既要加强基础科研方面的研究，也要加强应用型生产技术的推广，并最终落实到具体的农业产业项目上。

3. 合作目标

中国—马尔代夫农业合作，更多的是中国"走出去"，马尔代夫"引进来"，因此，双方合作应更多的聚焦马方经济民生发展需要。在此基础上，双方秉持合作互惠的原则，以科技为支撑，加强双方之间的产业合作，实现经济上可行、环境上可承受及社会可接受的农业合作，建立高效的农业合作机制，从而提高马尔代夫农业生产效率，增强竞争力及出口创汇能力。扩大两国农产品贸易，签订自由贸易协定，既为中国提供优质的农产品，又促进马尔代夫国内经济社会发展。

通过实施深入的农业合作，逐步提高中国在马尔代夫乃至南亚的地位与影响，进一步促进中国农业"走出去"，拓宽和深化中国与南亚国家农业合作的领域和层次，促进"21世纪海上丝绸之路"倡议的实施，为中国农业在更大范围、更宽领域、更高层次上参与国际合作与交流，为两国发展奠定较好基础。

（四）合作重点

1. 重点领域

中马农业合作的重点领域应聚焦于捕捞渔业、水产品加工业、椰子树病虫害防治及其产业化，以及相应的科技合作。

（1）渔业及水产品加工业

渔业是马尔代夫最重要的涉农经济部门，也是马尔代夫出口创汇的主要涉农产业。近年来马尔代夫渔业发展较快，但进一步发展的空间还很大，特别是渔港、远洋捕捞渔船等渔业基础设施建设方面还存在很大的改善空间。另一方面，马尔代夫水产品加工能力严重跟不上需求，国内现代化的水产品加工厂及后续的产业链建设不足，严重限制了马尔代夫整个水产品价值链的发展，制约了马国内水产品出口附加值的提高。因此，在渔业港口基础设施建设、远洋捕捞船只建设、水产品深加工等方面，双方具有开展全方位合作的广阔前景。

同时，在发展捕捞渔业合作与水产品加工的基础上，在水产品物流、仓储等基础设施建设方面进行合作，建立一批水产品集散交易地，延长保质期，降低储运物流成本，这样能够有效转化马尔代夫自身的渔业资源，促进马尔代夫水产品的出口。此外，在海洋生物养殖技术方面双方合作潜力巨大，马尔代夫希望拥有更多、更好的技术，用来发展海洋养殖经济。

（2）椰树病虫害治理及椰子产品加工业

椰子树是马尔代夫重要的植被植物，占该国树木70%以上。一方面椰子树是马尔代夫海岛景色的关键，另一方面，围绕椰果的产业也是椰农的主要收入来源。但马尔代夫椰树却面临着严重的病虫害危机，1999 年，马尔代夫在从东南亚国家引进椰子树种苗时，导致椰心叶甲入侵，对该国椰子树造成极大危害，不仅严重影响椰农收入，更影响马尔代夫热带岛国的风情，威胁到马尔代夫热带海岛的生态系统。因此急需相应的科技支持，中国热带农业科学院已经攻克了这一疾病。同时，马尔代夫国内椰果产业的发展较为落后，缺乏高附加值深加工产品，而这方面中国具有完整而强大的产业链打造能力。因此，加强椰子树病虫害治理及椰果产业发展的合作应该是重点领域。

2. 重点项目

（1）远洋捕捞渔业与水产品深加工

马尔代夫渔业资源丰富，是全球著名的金枪鱼产地，盛产黄鳍金枪鱼和鲤鱼。因为法律禁止所有捕捞作业渔船使用网具捕捞，只允许用钓具，并规定了鱼类出口的重量，马尔代夫出口的鱼类产品非常干净，目前马尔代夫鱼类产品主要出口到欧美、中国香港和台湾等地，但受制于捕捞能力的限制，产能远远满足不了需求。因此，双方渔业公司可以成立联合公司，共同开发马尔代夫丰富的渔业资源。中方可以利用造船技术、港口建设、资金等方面的优势，马方可以利用其自身的资源优势，开展渔业资源的合作开发。特别是在马主要的渔场附近，建设适宜大型深海捕捞船只停靠的渔港，以及大吨位的远洋捕捞渔船，帮助马尔代夫提高其渔业发展的基础设施水平。

针对马尔代夫国内水产品加工能力不足以及产业链条短，深加工不足的问题，双方可以共同建设现代化的水产品加工厂，同时，双方合作建设一批在水产品冷藏仓储等基础设施，联合打造水产品捕捞—加工—外销的产业链，从而提高马尔代夫水产品的出口量及出口附加值。

（2）中国—马尔代夫椰子害虫联合研究中心

椰心叶甲是一种重大危险性外来有害生物，中国热带农业科学院经多年攻关，研究出有效的椰心叶甲防治技术，这一技术处于世界领先地位。马尔代夫国内椰子树同样面临严重的椰心叶甲虫害，并向中国提出与中国签订椰心叶甲防控技术协议，由中国派出专家，帮助马尔代夫建设椰心叶甲天敌工厂，建设椰子害虫联合研究中心，培训当地防治技术人员等。2013 年底，"中国—马尔代夫椰子害虫联合研究中心"援外项目获批，中国热带农业科学院作为项目承担单位，开展椰心叶甲防控工作及技术援助。2015 年 5 月 18 日，中国援助马尔代夫防治椰心叶甲项目启动。中国热带农业科学院椰心叶甲防控专家考察马尔代夫椰心叶甲危害情况，现场示范椰心叶甲寄生蜂的释放、椰甲清药包和绿僵菌的使用技术，提出以生物防治为主，采取环岛海岸线椰树挂药包、岛内部释放天敌寄生蜂的防控策略，并对岛上的居民和学生进行椰心叶甲防控的宣传教育，提高本地居民的防控意识。

通过建立椰子害虫联合研究中心，有助于中马双方专家共同研究解决马尔代夫国内椰心叶甲天敌人工繁殖和室内饲养技术，培训防控技术人员，形成长效的控制技术。

五、中马农业合作建议

（一）明确农业合作目标与定位

马尔代夫地理位置显要，是中国"21世纪海上丝绸之路"的重要一环。中马农业发展具有良好互补性，合作潜力巨大，合作前景光明。双方要在充分互信的基础上，以构建利益共同体和命运共同体为发展目标，广泛深入地开展渔业捕捞、水产品加工、椰树病虫害防治及椰果产业等领域的合作，要突出马尔代夫国内急需发展的产业，同时兼顾经济效益。在具体合作过程中，应强化产业规划和产业政策的协调，双方基于优势资源互补的原则，以产业项目建设为支撑，充分发挥马尔代夫的资源优势与地域优势，发展有竞争力的产业。中方主要采取合资共建、参股等投资模式，参与马尔代夫相关产业的投资发展。

（二）强化投资风险管理

中马涉农合作应更多的突出合作共赢的特性，要在尊重马尔代夫本国相关法律法规前提下，开展可持续性的、包容性的合作。去马投资的中资企业，首先要进行深入的市场调研，充分了解马国内的政治、经济、文化特征，在合作过程中，照顾彼此的关切与利益。

（三）加强信贷支持

针对农业对外投资项目期限长、风险高等特点，要给予一定的信贷支持，通过提供低息融资服务，为中企对马的农业投资提供资金支持。

参考文献

商务部国际贸易经济合作研究院.2018.对外投资合作国别（地区）马尔代夫（2017年版）[EB/OL].

巴基斯坦

巴基斯坦伊斯兰共和国简称巴基斯坦，原是英属印度的一部分。1947年8月14日英国实行印巴分治，巴基斯坦成为英联邦的一个自治省。1956年3月23日，巴基斯坦伊斯兰共和国成立。1951年，中巴开始建交。两国政府和人民本着相互理解、相互支持的态度真诚相待、荣辱与共，在合作中结下了深厚的友谊。巴基斯坦是中国的好邻居、好伙伴、好朋友和好兄弟，是"一带一路"上重要的支点国家。

一、国家基本概况

（一）自然地理

巴基斯坦位于南亚次大陆西北部，南部沿阿拉伯海和阿曼湾，东、西北、西、东北分别与印度、阿富汗、伊朗和中国为邻，占据了位于南亚、中东和中亚十字路口的地缘政治重要地点。领土面积有796095平方千米[①]，大约相当于法国和英国国土面积之和。巴基斯坦分为三大地理区域：北部高地，印度河平原和俾路支高原。地势由西北向东南倾斜，全境3/5为山地和高原，北有喜马拉雅山脉，西北有兴都库什山脉，中东部为印度河中下游冲积平原，东南为塔尔沙漠的一部分。

全国共有旁遮普，开伯尔—普赫图赫瓦，信德和俾路支4个省和伊斯兰堡首府都特区。各省下设专区、县、乡、村联会。

巴基斯坦按照景观不同可分为六大区域（北高山地区，西低山地区，俾路支高原，波托哈高地，旁遮普和信德平原）。伊斯兰堡是巴基斯坦新首都，前首都卡拉奇是最大城市和商业中心，旁遮普省是人口最多和经济发展最快的省。

（二）政治制度

巴基斯坦实行联邦制，联邦政府是最高行政机关。联邦内阁由总理、部长和国务部长组成。总理担任政府首脑，并被指定为该国的首席执行官。总理负责任命一个由部长和顾问组成的内阁以及负责政府运作。四省各有一个类似的政府体制，有一个直选的省议会，其中最大党派或联盟的领导人当选为首席部长。首席部长负责监督省政府并领导省内阁，巴基斯坦各省都有不同的执政党或联盟。省级官僚机构由巴基斯坦总理任命的布政司领导。省议会有权制定法律并批准省财政厅每个财政年度通常提出的省级预算。

议会是巴基斯坦的立法机构。巴基斯坦拥有多党制的议会制度，在政府部门之间有明

---

① 不包括巴控克什米尔地区。

确的权力分配和制衡。巴基斯坦议会实行两院制，两院制立法机构包括一个由100人组成的参议院（上议院）和一个由342人组成的国民议会（下议院），参议院议员由省议员选举产生。

巴基斯坦司法机构是一个由两类法院组成的等级制度。首席大法官负责监督各级司法系统，上级司法机构由最高法院、联邦法院和5个高等法院组成。

巴基斯坦实行多党制，现有政党200个左右，其中最主要的政党有穆斯林联盟（谢里夫派）、穆斯林联盟（领袖派）、人民党。

（三）人口状况

巴基斯坦是世界第六大人口大国，2017年总人口为2.08亿，年均人口增长率为2.4%。农村人口约为1.32亿，城镇人口约0.76亿，分别约占全国总人口的63.5%和36.5%。在全国各省、地区中，旁遮普省人口达1.10亿，约占全国总人口的52.9%，为人口第1大省。信德省、开伯尔-普什图省与俾路支省人口分别约为0.48亿、0.31亿和0.12亿。此外，联邦直辖部落区人口约500万，首都伊斯兰堡人口约200万[①]。

（四）社会和经济发展

受国内安全局势不够稳定、经济政策偏差加上国际金融市场危机等因素影响，2008年巴基斯坦经济遭遇了空前挑战。2009年国际形势转好，巴基斯坦经济运行中的积极因素增多，消费需求走出低迷，经济形势有较大改善。2012年，国内生产总值（GDP）约为2311.82亿美元，同比增长4.2%；2013年虽然许多经济目标仍未达成，但宏观经济形势有较大改善，GDP约为2366.25亿美元，GDP增长率为6.1%；2014—2016这3年间，GDP增长率保持在5.5%左右，2016年GDP为2836.60亿美元，为历史最高值，同时人均GDP也达到最高点，为1468.19美元（表1），这主要归功于重大基础设施项目的实施和低利率的支持，主要推动力来自服务业和农业部门。国际货币基金组织表示，巴基斯坦的经济正在显示出强劲的上升增长迹象，物价保持稳定[②]。这与中国对中巴经济走廊（CPEC）的投资、电力供应的改善、消费势头强劲和农业持续复苏有关。巴基斯坦近期经济增长前景广阔。

---

① 数据来源：《巴基斯坦国家统计局公布的第六次全国人口普查初步报告》
② 根据巴基斯坦财政部统计，2016—2017财年目标通胀率为6%，但实际通胀率为4.2%，低于全财年通胀预期。

表1 2012—2016年巴基斯坦经济情况

年 份	GDP（亿美元）	增长率（%）	人均GDP（美元）
2012	2311.82	4.2	1290.36
2013	2366.25	6.1	1299.12
2014	2468.76	5.4	1334.15
2015	2699.71	5.5	1428.99
2016	2836.60	5.7	1468.19

数据来源：世界银行

二、农业发展现状

（一）农业资源条件

1. 土地资源

巴基斯坦拥有约8000万公顷的土地，全国可耕地面积3450万公顷，其中实际耕作面积2168万公顷，耕地比例很高，约占国土面积的25.0%，排世界第17位；人均占有耕地0.15公顷，约为中国的2倍；其中旁遮省所占耕地面积最大。耕地中80%是水浇地，其余为旱地[①]。牧场、森林分别占国土面积的6.0%和5.3%。

2. 水资源

巴基斯坦是世界上水资源最为紧张的国家之一，人均可用水只有1066立方米，占世界人均水平的14.2%。巴基斯坦水资源主要来自雨水、河水和地下水。除北部印度河上游雨量稍微充沛外，全国大部分地区年均降水量低于250毫米，而且季节性较强，主要集中在7月至9月。印度河在巴基斯坦境内流域面积为56.1万平方千米。地下水净补给量78亿立方米，人均值低于世界平均值。虽然通过大力发展水利，兴修了世界上最大的人工灌溉系统—印度河平原灌溉系统，但由于水资源政策和管理不到位，水库蓄水量只有9%，与40%的世界平均水平相差很多，制约了农业的发展。

3. 气候资源

巴基斯坦大部地区属于热带季风气候和亚热带沙漠气候，以干旱气候为主。巴基斯坦有四个季节：12月至2月为凉爽干燥的冬季，气温温和；3—5月为炎热干燥的春天；6—9月为夏季雨季或西南季风期；10—11月为季风间歇期。这些季节的开始和持续时间根据地点而有所不同。巴基斯坦光照充足，温差大。6—7月是最炎热的时节，大部分地区中午温度超

---

① 数据来源：巴基斯坦统计局

过40℃，12月至次年2月是气温最低的时节。同一时期，地势不同，温度变化也很大。沿阿拉伯海地区常年比较温暖，而喀喇昆仑山脉和远北的其他山区全年冰雪覆盖。

巴基斯坦降雨量稀少，3/4的地区年降雨量少于250毫米。年降水量从东北向西南递减，东北地区经常有大范围降雨，但易出现极端温度变化；南部沿海地区季风季节雨量充沛，旱季时雨量稀少。

4. 生物资源

巴基斯坦是世界上少有的几个拥有丰富景观的国家之一，从南部的沿海沙滩、湖泊和红树林向北转移到沙漠，荒凉的高原，肥沃的平原，中部的高地和高山，北部有美丽的山谷、冰雪覆盖的山峰和永恒的冰川。不同的地理环境造就了植物多样性和动物多样性。巴基斯坦共记录了174种哺乳动物，177种爬行动物，22种两栖动物，198种淡水鱼类和5000种无脊椎动物（包括昆虫）。

（二）农业生产情况

1. 农业产值规模及构成

巴基斯坦是个典型的农业国家，但近几年经济结构开始由农业向服务业转变。截至2016年，农业产值占GDP的比重已经下降至20.9%。尽管如此，大多数人直接或间接依赖于这一部门，吸纳了全国42.3%的就业劳动力，是农村人口的民生之源。同时它也是国家吸引外资的重要来源，外汇收入的42.0%通过农产品出口实现。巴基斯坦人口增长率为2.4%，人口增加的同时，农业生产和消费也随之增加。

2017—2018财年间，农业产值增长了3.8%，超过了3.5%的目标增长率（表2），这主要归功于具有吸引力的农产品收购价格和政府的支持政策，比如在种子、杀虫剂、农业信贷和强化肥料方面，政府都给予了支持，从而刺激了农民种植及养殖的热情。农业产值按农业增加值占比由大到小排序，依次为：畜牧业、主要农作物、其他农作物、林业和渔业（图1）。

表2 农业产值增长率（以2005—2006财年为基准） （单位：%）

类型	2010—2011财年	2011—2012财年	2012—2013财年	2013—2014财年	2014—2015财年	2015—2016财年	2016—2017财年	2017—2018财年
农业	2.0	3.6	2.7	2.5	2.1	0.2	2.1	3.8
农作物	1.0	3.2	1.5	2.6	0.16	-5.3	1.0	3.8
主要农作物	1.5	7.9	0.2	7.2	-1.6	-5.9	2.2	3.6
其他农作物	2.3	-7.5	5.6	-5.7	2.5	0.4	-2.7	3.3

（续表）

类　型	2010—2011 财年	2011—2012 财年	2012—2013 财年	2013—2014 财年	2014—2015 财年	2015—2016 财年	2016—2017 财年	2017—2018 财年
轧花	-8.5	13.8	-2.9	-1.3	7.2	-22.1	5.6	8.7
家畜	3.4	4.0	3.5	2.5	4.0	3.4	3.0	3.8
林业	4.8	1.8	6.6	1.9	-12.5	14.3	-2.4	7.2
渔业	-15.2	3.8	0.7	1.0	5.8	3.3	1.2	1.6

数据来源：巴基斯坦统计局[1]

巴基斯坦农业以种植业为主。种植业容易受气候等外界因素的影响，2010—2018 年农作物产量有所波动。除 2015—2016 财年农作物产量减少 5.3% 外，其余年份呈小幅度增长趋势。2017—2018 财年农作物方面表现良好，增长率为 3.8%，比上一财年增加 2.8%。主要农作物、其他农作物还有棉花轧花产量显著增加，分别增长 3.6%、3.3% 和 8.7%，而上一财年分别为 2.2%、-2.7% 和 5.6%。主要农作物（小麦、水稻、甘蔗、玉米和棉花）占农业增加值的 23.9%。2017—2018 财年甘蔗、水稻和棉花产量都超过目标产量，小麦和玉米产量持续减少，比上一财年下降 4.4% 和 7.0%。其他农作物占农业增加值的 10.8%，水果和蔬菜比上一财年增长 3.3%。

巴基斯坦畜牧业产值占农业 GDP 的 59.0%，贡献了整个农业增加值的 55.0%，占出口创汇额的 15.7%。人均占有大牲畜比例在亚洲国家中处于首位。2010—2018 年家畜产量增长率比较稳定，保持在 3.5% 左右。

林业产值占整个农业增加值的 2.1%。林业产值增长率不稳定，2014—2015 财年最低，为 -12.5%，2015—2016 财年达到峰值 14.5%。渔业产值在国民经济中所占比重很小，占农业 GDP 的 1.6%，贡献了整个农业附加值的 2.1%，但它是巴基斯坦重要的出口商品。从 2011—2012 财年开始渔业产量处于增加趋势，2017—2018 财年产量增长 1.6%，上一财年是 1.2%[2]。

---

[1] 巴基斯坦财年始于 7 月 1 日，截至次年 6 月 30 日。P：临时（7 月至次年 2 月）。以下表格同理。
[2] 数据来源：巴基斯坦统计局

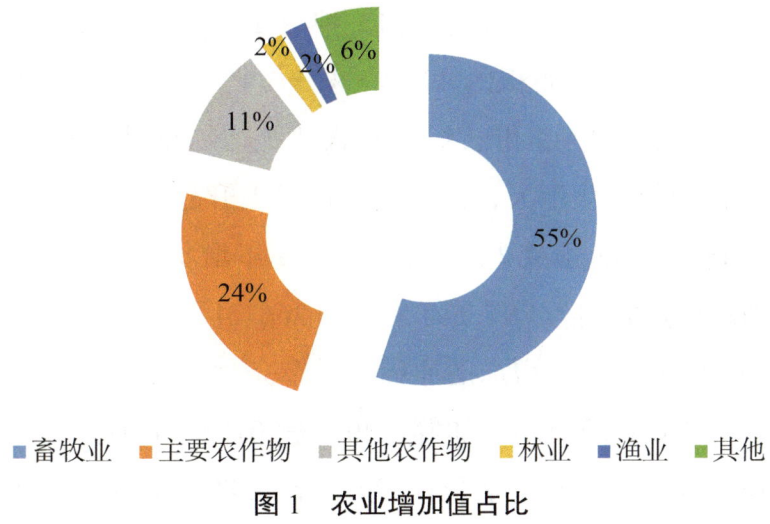

图1 农业增加值占比

数据来源：巴基斯坦统计局

2. 主要农产品产量

（1）种植业

巴基斯坦农作物按雨季和旱季进行种植，雨季和旱季播种与收获时间不同，种植的作物种类也不一样。雨季主要种植水稻、甘蔗等喜水作物，旱季主要种植小麦、豆类、大麦等耐旱作物。粮食作物以小麦、水稻为主；经济作物以棉花、甘蔗为主。

2016—2017财年，巴基斯坦农业产值增长率为3.5%。由于有价格补贴等农业政策支持，小麦、水稻、甘蔗和棉花占有很大份额，占农业增加值的23.6%。小麦年产量2667.4万吨，占全部谷物产量的66.4%，为该国年总产量最多的粮食作物（表3）。经济类作物以棉花和甘蔗最具特色。

表3 巴基斯坦主要农作物总产量

（棉花单位：万包；其他产量单位：万吨）

财 年	棉 花	甘 蔗	水 稻	玉 米	小 麦
2010—2011	1146.0	5530.9	482.3	370.7	2521.4
2011—2012	1359.5	5839.7	616.0	433.8	2347.3
2012—2013	1303.1	6375.0	553.6	422.0	2421.1
2013—2014	1276.9	6746.0	679.8	494.4	2597.9
2014—2015	1396.0	6282.6	700.3	493.7	2508.6
2015—2016	991.7	6548.2	680.1	527.1	2563.3
2016—2017	1067.1	7548.2	684.9	613.4	2667.4
2017—2018	1193.5	8110.2	744.2	570.2	2549.2

数据来源：巴基斯坦统计局

小麦。小麦是巴基斯坦最主要的粮食作物，种植面积最大。在冬季，80%的农民会种植小麦，种植面积接近全国耕地面积的40%。这一作物在2016年贡献9.1%的农业增加值份额和1.7%的GDP。根据FAO和巴基斯坦联邦统计局统计的数据，1965—2018年这50多年间，小麦的种植面积变化不大，但单产总体呈上升趋势，1965年小麦单产只有863千克/公顷，2017年达到2973千克/公顷，比1965年增加244.5%（图2）。2016—2017财年小麦种植面积和总产量分别为897.2万公顷和2667.4万吨。与上一财年相比，面积减少2.7%，总产量增加4.1%。单产增加的原因是季节条件良好、种子质量高、灌溉水源充足、管理措施良好、化肥和农药施用增加等。2017—2018财年小麦的种植面积和总产量较2016—2017财年有所减少。因为农户享受较高的支持价格，2018—2019财年巴基斯坦小麦播种面积预计不会出现较大的变化，小麦供应相对稳定。

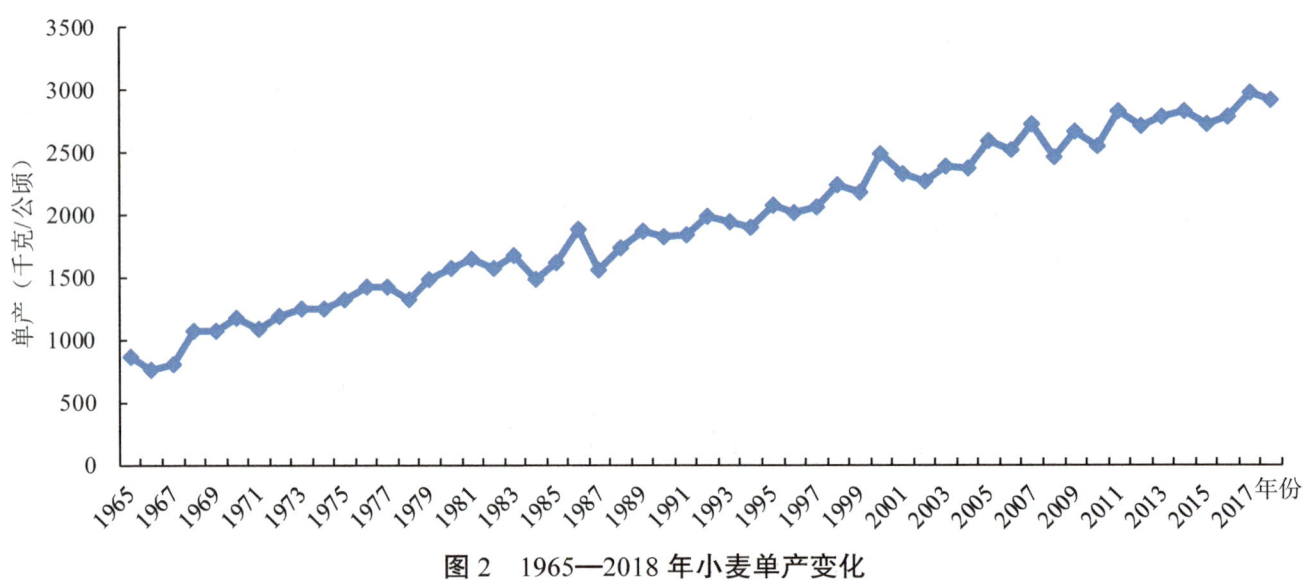

图2　1965—2018年小麦单产变化

数据来源：联合国粮食与农业组织和巴基斯坦统计局

影响小麦单产的因素中，水资源可能会成为影响小麦生产的关键因素。巴基斯坦约2/3的灌溉用水来自于雪和冰川融化。85%的小麦产量取决于灌溉用水。旁遮普省常利用管井灌溉以弥补渠道灌溉的不足，信德省水资源短缺的情况比旁遮普省更严重。信德省许多地方地下水是碱性的，不适合灌溉，因此需要更多地依赖运河水。

水稻。水稻是巴基斯坦的第二大粮食作物，也是第二大出口农产品。水稻占巴基斯坦农业生产总值的3.0%。2013—2014财年水稻种植面积比上一财年增加20.8%，由230.9万公顷扩大到278.9万公顷，之后在280万公顷左右徘徊。2016—2017财年，水稻种植面积为272.4万公顷，比上一财年下降0.5%；总产量为684.9万吨，比上一财年增加0.7%，完成了目标产量683.8万吨。除2014—2015财年水稻单产有所回落外，其余年份基本上处于稳步增加状态，因为巴斯马蒂大米单产高，农户逐渐接受长粒杂交稻米。2017—2018财年巴基斯坦水稻产量为744.2万吨，创造了历史新高，比早先预测值高出近30万吨。因为单产提高，2018—2019财年水稻产量预计能保持740万吨左右（表4）。

表4 水稻种植面积、总产量和单产

财年	种植面积（万公顷）	变化率（%）	总产量（万吨）	变化率（%）	单产（千克/公顷）	变化率（%）
2012—2013	230.9		553.6		2398	
2013—2014	278.9	20.8	679.8	22.8	2437	1.6
2014—2015	289.1	3.7	700.3	3.0	2422	-0.6
2015—2016	273.9	-5.3	680.1	-2.9	2483	2.5
2016—2017	272.4	-0.5	684.9	0.7	2514	1.2
2017—2018	289.9	6.4	744.2	8.7	2567	2.1

数据来源：巴基斯坦统计局

玉米。玉米是巴基斯坦重要的粮食作物，也是工业原料、饲料等方面的原材料。玉米对巴基斯坦农业生产的贡献率为2.4%。2010—2017年，玉米总产量呈总体上升趋势。2016—2017财年玉米种植面积为134.8万公顷，比上一财年的119.1万公顷增加13.2%。2016—2017财年玉米总产量创造了新的纪录，高达613.4万吨，比上一财年增加16.4%。主要原因在于加大了化肥和农药等农业投入和种植面积的增加。2017—2018财年玉米的种植面积和总产量都有所减少，分别为122.9万公顷和570.2万吨，比上一财年减少8.8%和7.0%，种植面积减少的原因主要是玉米种植者转向种植甘蔗和水稻等作物。

甘蔗。甘蔗是巴基斯坦重要的经济作物，是制糖、纸浆和造纸业重要原料。制糖业是继巴基斯坦纺织业之后的第二大农业产业。2016—2017财年甘蔗种植面积达121.8万公顷，为84个糖厂提供原材料。甘蔗产值占农业总产值的3.6%。2014—2015财年甘蔗的种植面积和产量比2013—2014财年都有所减少，产量的减少与上一财年棉花销售价格、糖厂付款及时程度及当年灌溉用水有关。2015—2016财年继续小幅度减少种植面积，但由于单产提高，总产量增加4.2%，达到6548.2万吨。2016—2017财年甘蔗产量首次突破7500万吨，比上一财年增长15.3%，这得益于甘蔗种植面积扩大7.8%、单产提高和出糖率上升。估计2017—2018财年巴基斯坦的甘蔗产量将创下8110.20万吨的历史新高（表5）。相比较农业发达国家，巴基斯坦每公顷甘蔗产量相对较低。据专家介绍，缺水、缺乏高产品种、土壤肥力不均以及农药施用方式是导致低产的主要原因。

表5 甘蔗种植面积、总产量和单产

财 年	种植面积 （万公顷）	变化率 （%）	总产量 （万吨）	变化率 （%）	单 产 （千克/公顷）	变化率 （%）
2012—2013	112.9		6375.0		56466	
2013—2014	117.3	3.9	6746.0	5.8	57511	1.8
2014—2015	114.1	-2.7	6282.6	-6.9	55062	-4.3
2015—2016	113.1	-0.9	6548.2	4.2	57897	5.1
2016—2017	121.8	7.7	7548.2	15.3	61972	7.0
2017—2018（P）	131.3	7.8	8110.2	7.4	61768	-0.3

数据来源：巴基斯坦统计局

棉花。棉花是巴基斯坦赖以生存的主要经济作物，以种植陆地棉为主，占农业产值的5.5%。2010—2015年棉花种植面积和产量总体趋于平稳增长状态，2015—2016财年棉花种植面积为290.20万公顷，比上一财年的296.10万公顷减少2.0%，但总产量减少29.0%，单产急剧下降的原因主要是因为病虫害的影响。2016—2017财年由于国内棉花收购价格低，农民种植其他竞争作物比如甘蔗、玉米等，棉花种植面积进一步减少，比上一财年下降14.2%，但由于单产恢复正常水平，总产量增加7.6%（表3）。

自2018年1月8日起巴基斯坦联邦税收委员会（FBR）正式取消5%的棉花销售税和4%的棉花进口关税。这一项税收政策或将导致当地市场棉花价格下跌，棉农利益受损，从而影响棉农下一年度的种植意向。2017—2018财年，巴基斯坦的棉花产量将达到1113.9万包左右（170千克/包），而目标棉花产量为1260万包。

蔬菜水果。巴基斯坦水果种类繁多，素有东方"水果篮"的美称。近年来果蔬种植面积和产量都有大幅度的提高。巴基斯坦主要蔬菜种植面积为41万公顷，总产量为506万吨。洋葱产量最高，达到183万吨，其次为卷心菜和西红柿等[①]。水果种植面积78万公顷，总产量达635万吨，其中柑橘产量151万吨，杧果166万吨。

（2）畜牧业

畜牧业是巴基斯坦农业的重要组成部分，在国民经济发展中占有独特的地位。全国800多万个农村家庭都参与了畜禽养殖，每个家庭平均有2～3头牛和5～6只羊，占家庭收入

---

① 数据来源：联合国粮食与农业组织

的 30%~40%，是农村贫困人口的现金来源，有效缓解了贫困。人口增长、收入增加和出口机会增多推动着巴基斯坦畜牧业的发展。畜牧业整体发展战略旨在培育"私营部门主导，公共部门进行政策扶持和环境干预"。通过改善管理、动物育种、人工授精和均衡口粮等措施进行监管，主要目标是利用畜牧业及其潜力满足国内需求，促进经济增长，粮食安全和农村社会经济发展。

巴基斯坦家畜类主要以牛、羊等节粮型草食动物为主，拥有世界第三大牲畜总量。2017—2018 财年牛（包括水牛）的存栏量为 8490 万头，羊（包括山羊）的存栏量是 10460 万只，存栏量逐年平稳增长。同时巴基斯坦是世界上第四大奶业生产国，2017—2018 财年生产 5789 万吨奶，比上一财年增长 3.2%，其中牛奶、羊奶和骆驼奶产量呈现逐年增长趋势（表 6）。

表 6　巴基斯坦奶类产量　　　　（单位：万吨）

种类	2012—2013 财年	2013—2014 财年	2014—2015 财年	2015—2016 财年	2016—2017 财年	2017—2018 财年
奶	4940.0	5099.0	5263.2	5432.8	5608.0	5789.0
牛奶	1737.2	1802.7	1870.6	1941.2	2014.3	2090.3
水牛奶	3035.0	3125.2	3218.0	3313.7	3412.2	3513.6
绵羊奶	3.7	3.8	3.8	3.9	3.9	4.0
山羊奶	80.1	82.2	84.5	86.7	89.1	91.5
骆驼奶	84.0	85.1	86.2	87.3	88.5	89.6

数据来源：国家食品安全和研究部

家禽业是巴基斯坦农业生产的活力领域之一，是巴基斯坦的第 2 大产业，巴基斯坦已成为全球第十一大家禽生产国。全国约有 150 万人从事家禽养殖，每年生产肉鸡 10.2 亿只。家禽肉类产量占全国肉类总产量的 32.7%。50 多年来，巴基斯坦家禽的养殖总量取得了快速的增长，2016 年主要家禽养殖总量为 8458 万只，是 1961 年的 37.8 倍。家禽业已获得超过 7000 亿卢比的投资，养殖总量年均增长 8%~10%，远远超过了农业其他部门增长率[1]。

在高速发展的同时，巴基斯坦家禽业也面临诸多问题，如高投入、高养殖费用、低产

---

[1] 数据来源：巴基斯坦统计局

以及缺乏检验设施等。同时还面临来自中国和印度的竞争。据统计，按照产 1 千克鸡肉计算，中国养鸡户平均花费约 28 卢比，印度为 43 卢比，而巴基斯坦需 52～55 卢比，远高于中国。

（3）渔业

巴基斯坦渔业资源非常丰富。渔业在巴基斯坦经济中发挥着重要作用，是沿海居民的主要生活来源。巴基斯坦的近海捕鱼业比较发达，远洋捕鱼业的发展速度在发展中国家中名列前茅，远洋捕鱼产量每年可达 40 万吨。巴基斯坦约有鱼类加工厂 50 家，鱼制品加工中心设在卡拉奇，每天加工近 500 吨。除了海洋渔业，内陆渔业（河流、湖泊、池塘、水坝等）也非常重要。2017—2018 财年鱼类总产量 48.20 万吨，其中 33.80 万吨鱼类来自海洋，其余的来自内陆，比上一财年略有增加[①]。

渔业得以发展的主要原因有两个：一是政府的大力支持，政府在第 6 个五年计划期就投资了 7.63 亿卢比来发展渔业生产，比如加强推广服务，引进新的捕捞方法，开发附加值高的产品等；二是积极鼓励私人投资渔业，还同外国合资开办鱼制品加工厂，并给予优惠待遇。如渔业公司头 5 年免税，进口机械设备、捕捞加工和冷藏的远洋捕鱼都免征关税。

（4）林业

巴基斯坦的林业发展水平较低。巴基斯坦森林面积为 168.70 万公顷，森林覆盖率仅有 2.2%，是世界上森林覆盖率较低的国家之一。巴基斯坦的景观和气候的多样性使得各种树木得以蓬勃生长，从北极山脉中的云杉、松树、雪松到该国大部分地区的落叶树木以及热带棕榈树和椰子树。西部山丘地区是松树等植物的家园；红树林覆盖了南部沿海的大部分湿地；北部和西北部高地的大部分地区生长着针叶林；俾路支省的旱区，椰枣和麻黄属植物很常见；旁遮普和信德、印度河平原大部分地区种植阔叶林以及旱生灌木丛。

巴基斯坦是世界上森林砍伐率第二高的国家。近十几年，由于人口的快速增长以及乱砍滥伐，导致森林面积不断缩小，对生态系统产生了不利影响。

3. 主要农业产业布局

由于气候原因，南部沙漠、西部高原以及北方高寒山区适合农业耕种的土地稀少，农业产业主要集中在土地肥沃的旁遮普和信德北部。

巴基斯坦农业可分为 4 个区域，一是平原农业区，主要位于印度河平原，有较好的灌溉条件，属于灌溉农业区。该地区气温较高，雨量充沛，主要生产小麦、棉花、水稻、豆类、

---

① 数据来源：巴基斯坦统计局

甘蔗及蔬菜等。二是高原农业区，位于印度河以西的西部地区，这里地势崎岖不平，寒暑变化剧烈，降水量较少，土壤贫瘠，农业生产以畜牧业为主，只有河谷以及山间的小块平原种植农作物，主要有小麦、棉花、高粱、玉米、豆类、薯类等，多半靠降雨和雨季河水漫灌，井灌面积很少，旱年经常歉收。三是山地农业区，位于北部及西北部丘陵起伏的多山地区。该地区除印度河的3个平原外，其余均为边区山脉和丘陵谷地，这里夏季炎热，冬季寒冷，雨量稀少，常有积雪。山区主要以畜牧业为主，并广泛种植苹果及亚热带果树。平原地区以种植业为主，主要农作物为小麦、棉花、水稻、谷子等，大多采用井灌。四是丘陵农业区，位于印度河上游东部以拉瓦尔品第为中心的丘陵地区。这里气候炎热，降水量较少，主要农作物为小麦、棉花、谷子、高粱、豆类等，主要采用井灌。

甘蔗通常沿着巴基斯坦主要河流，生长在远离洪水区的三角洲。在各省份中，旁遮普约占种植面积的61%，信德占27%，开伯尔—普赫图赫瓦省约占10%。农民可以选择在春季或秋季种植甘蔗，而秋季种植生长季节较长，种植效果更佳。旁遮普和开伯尔-普赫图赫瓦省主要在春季种植甘蔗，8～10个月以后收获。而在信德省，农民多在秋季种植，生长期可延长至16个月。

水稻主产区在旁遮普省、信德省、俾路支省和西北边境省。旁遮普省水稻种植面积最大，约占全国的67%，旁遮普省还是世界著名香米巴斯马蒂的故乡；其次是信德省，种植面积约占全国的22%；俾路支省和西北边境省的水稻种植面积分别占全国的8%和3%。

旁遮普省和信德省是棉花主要种植地区。旁遮普省棉花种植面积最大，主要集中在木尔坦地区，占全国的77.9%。

（三）农产品贸易情况

1. 主要农产品贸易规模

2016年巴基斯坦进出口总额为469.98亿美元和205.34亿美元，农产品进出口额为71.29亿美元和36.56亿美元，分别占总额的15.2%和17.8%。农产品进口额呈小幅震荡上涨趋势，从2007年的37.23亿美元增长到2016年的71.29亿美元。农产品出口额则起伏不定，由于全球经济危机，2007—2009年出口额未超过30亿美元，但出口增长率持续增加。2012年开始呈负增长状态，2013年又缓慢增加，到2016年触底。一直不变的是贸易逆差，而且差额越来越大，2016年差额达到了历史最高值34.73亿美元。巴基斯坦农产品进出口情况受国内外政治经济影响较大，如2012年进出口双双陷入负增长，降幅分别达9.8%和9.0%。主要原因是由于全球需求放缓及国内政局动荡的影响，造成了进出口业务的全面下滑。2017年美国、德国、日本和韩国等国家的经济复苏导致包括巴基斯坦在内的新兴国家出口需求增加，全球商品价格的回升推高了巴斯马蒂大米、棉纱等产品的出口价格（图3）。

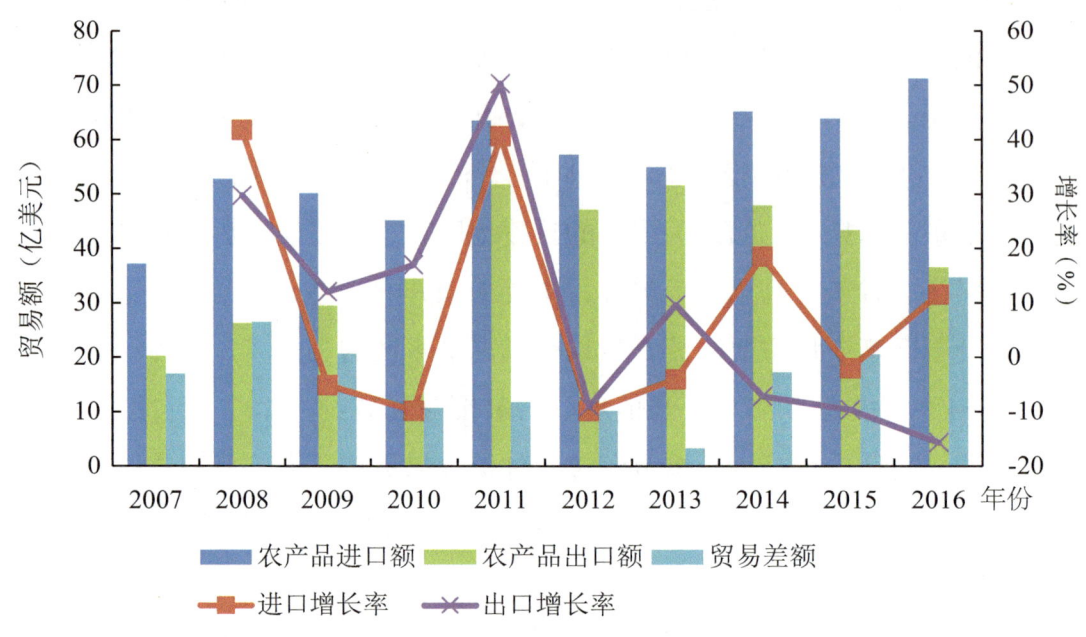

图3　2007—2016年巴基斯坦农产品进出口情况

数据来源：联合国粮食与农业组织

（1）农产品进口

在政治局势和气候稳定的情况下，巴基斯坦基本能实现粮食自给自足。但食用油、豆类、茶叶等产量偏低，难以满足国内需求，依靠大量进口。粮食受天气和虫害影响较大，出现歉收的年份，也需要进口。

从贸易规模上看，主要进口产品依次为工业制成品、能源和矿产品、农产品和其他产品，进口额占比分别为56.5%、26.5%、16.2%和0.8%。进口农产品主要有动植物脂肪、棕榈油、蔬菜、棉花、茶叶和咖啡以及水果和坚果，2017年进口额分别为23.70亿美元、13.99亿美元、9.81亿美元、9.75亿美元、7.03亿美元和3.51亿美元。动植物脂肪、棕榈油是巴基斯坦第一大进口农产品，占农产品进口总额的55.6%（图4）。尽管巴棉花产量很高，但由于纺织业较发达，每年仍需进口补充。另外，豆类和茶叶也是巴重要的消费品，是世界上豆类和茶叶的主要进口国之一。

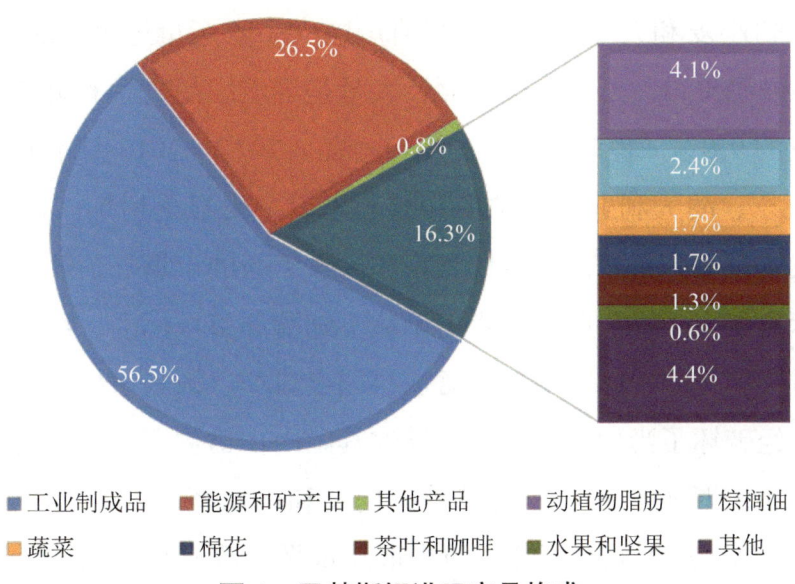

图4 巴基斯坦进口产品构成

数据来源：ITC TRADE MAP

（2）农产品出口

从世界范围看，巴基斯坦的出口基地和市场极窄，巴基斯坦农产品出口额仅占世界农产品贸易总额的0.4%。主要原因是由于巴基斯坦大部分农产品加工储藏技术落后，农产品质量达不到国际标准。再加上基础设施建设不完善，运输困难，出口难度较大。巴基斯坦农产品出口以初级产品为主，品种也比较单一。出口的农产品主要有：水稻、食糖、鱼和鱼制品、棉花、水果、蔬菜、香料、肉和肉制品等（表7）。

表7 巴基斯坦主要出口农产品构成

	出口额（亿美元）		变化幅度（%）	出口量（万吨）		变化幅度（%）
	2016—2017财年	2017—2018财年		2016—2017财年	2017—2018财年	
大米	16.07	20.37	26.8	352.32	410.60	16.5
巴斯马蒂大米	4.53	5.40	19.1	46.93	52.07	11.0
其他大米	11.53	14.97	29.8	305.39	358.53	17.4
鱼及其制品	3.94	4.51	14.6	15.51	19.84	27.9
水果	3.81	4.00	5.1	64.57	71.02	10.0
蔬菜	1.85	2.41	30.6	63.22	87.53	38.5
香料	0.85	0.79	-6.4	2.28	2.07	-9.2
食糖	1.61	5.08	215.7	30.73	146.98	378.3
肉及其制品	2.21	2.26	2.3	6.22	6.37	2.4
棉花及棉纺织品	124.51	135.30	8.7			

数据来源：巴基斯坦统计局（日期为7月至次年2月）

谷物：主要出口小麦和大米。由于巴基斯坦国内小麦产量过剩，2016年政府出台政策为小麦提供补贴，鼓励出口。稻米市场方面，大米是继纺织品之后的第二大出口种类，大米贡献了国家出口量的9.0%，是该国主要的出口产品。2017—2018财年大米出口比上一财年增长22.1%，向中东、澳大利亚、加拿大和欧洲出口量也显著增加。这除了主要归功于出口商改进了加工技术，实施了有效的营销策略和探索了新的市场外，还受益于其竞争对手泰国、越南等国大米竞争力下降。印度大米由于达不到欧洲市场标准，给巴基斯坦大米出口商占领欧盟创造了机会。另外，巴基斯坦向孟加拉国出口非巴斯马蒂大米的量显著增加，因为孟加拉国的洪水已经破坏了当地的作物，并导致其国内价格创下历史新高。

食糖：由于甘蔗种植面积扩大、甘蔗单产提高和出糖率上升，2017—2018财年巴基斯坦的食糖产量增长6%，达到650万吨的历史最高水平。政府对外国产糖征收高关税和国内制定甘蔗最低保护价的政策，降低了农民种植甘蔗的风险，收入得到了保障，但这也造成了巴基斯坦国内糖价远远高于国际糖价。2016—2017财年政府并没有像以往那样提供出口补贴来鼓励食糖出口，造成食糖产量过剩，仅出口1.61亿美元；2017—2018财年政府取消了出口禁令，并宣布获得补贴，出口了5.08亿美元，出口额增长了215.7%。

棉花及棉纺织品：巴基斯坦是第二大棉纱出口国，2016—2017财年，棉花及棉纺织品出口额为124.51亿美元。从2013年开始，棉花出口呈逐年下降的趋势，除了与产量减少有关外，很大原因在于纺织产品出口不景气。近年来，为了增加巴基斯坦棉花产量，巴基斯坦政府下令在棉花播种期间禁止进口棉花，提高棉农的种植意向。

鱼和鱼制品：虽然渔业收入只占GDP的0.4%，但出口总产值却占巴基斯坦总收入的4.0%，是巴基斯坦重要的出口产品。近年来，巴基斯坦渔业发展较快，逐年呈增长趋势，2016—2017财年共出口15.51万吨冻鱼、冻虾、蟹和墨鱼、鱿鱼等软体鱼类以及鱼制品，出口额为3.94亿美元。2017—2018财年出口19.84万吨，出口额为4.51亿美元，比上一财年分别增长27.9%和14.6%。

肉和肉制品：自2008年以来，清真肉产品出口年均增长29.1%，业界人士称仍有较大增长空间。巴基斯坦是全球第八大肉牛饲养国和第十大肉羊饲养国，其肉类产品的88%出口至海湾地区的阿拉伯国家，其余出口至伊朗和越南。

水果：水果出口商通过电子商务平台，参加国际展会等方式，扩大巴基斯坦水果的知名度。水果出口订单数量和额度都有所增加，水果出口额从2016—2017财年的3.81亿美元增加到2017—2018财年的4.00亿美元，增加5.1%。

2. 主要贸易伙伴

巴基斯坦是关税与贸易总协定（GATT）以及世界贸易组织（WTO）的创始成员国之

一；是南盟自由贸易区成员国之一；与中国、马来西亚、斯里兰卡签有自由贸易协定；与伊朗、毛里求斯和印度尼西亚签有优惠贸易协定；与阿富汗签有转口贸易协定。

农产品进口来源国保持基本稳定，主要来自印度尼西亚、马来西亚（以动植物油脂、棕榈油为主，占90.9%）、印度（以棉花、食糖、茶叶为主）、加拿大（以油菜籽为主）、美国（以棉花为主，占28.7%）、肯尼亚（以茶叶为主，占61.8%）、中国（以蔬菜及其制品为主）、澳大利亚、巴西和泰国10个国家。自这些国家的进口占巴农产品进口总额的80.2%。

巴基斯坦农产品主要出口至邻国、中东和欧洲，近年来巴政府和出口商大力开拓非洲、东南亚等新兴市场。棉花主要出口至中国，占巴基斯坦棉花出口总额的1/4，其次是孟加拉国、土耳其和意大利，占比分别为15.6%、6.2%和5.4%。谷类主要出口至肯尼亚、阿联酋和阿富汗。阿富汗还是巴基斯坦蔗糖最大的出口国，占比高达61.9%。咖啡和茶叶出口占比超过10%的国家有沙特阿拉伯、美国、阿联酋和英国，占巴基斯坦咖啡和茶叶出口总额的64.9%；鱼和鱼制品出口目的地有越南、泰国、中国、阿联酋、韩国、马来西亚、科威特等，其中，巴基斯坦对越南、泰国和中国的鱼类出口额占64.7%（表8）。

表8 2017年巴基斯坦主要农产品出口国家 （单位：%）

棉花	占比	谷类	占比	蔗糖	占比	咖啡茶叶	占比	鱼类	占比
中国	25.3	肯尼亚	13.1	阿富汗	61.9	沙特阿拉伯	26.5	越南	29.2
孟加拉国	15.6	阿联酋	10.2	美国	7.2	美国	15.9	泰国	20.7
土耳其	6.2	阿富汗	7.3	沙特阿拉伯	5.1	阿联酋	12.2	中国	14.8
意大利	5.4	马达加斯加	7.0	黑山	3.8	英国	10.3	阿联酋	8.9
葡萄牙	3.9	中国	5.5	吉布	2.4	加拿大	5.1	韩国	5.3
德国	3.0	坦桑尼亚	3.9	索马里	1.7	墨西哥	3.7	马来	4.3
美国	2.9	沙特阿拉伯	3.8	印度	1.6	澳大利亚	3.7	科威特	2.4
西班牙	2.5	阿曼	3.7	荷兰	1.6	阿富汗	3.0	印度尼西亚	2.4
斯里兰卡	2.3	哈萨克斯坦	3.0	南苏丹	1.2	斯里兰卡	1.6	日本	2.2
英国	2.0	莫桑比克	2.6	阿联酋	1.2	卡塔尔	1.6	沙特阿拉伯	1.7

数据来源：ITC TRADE MAP

欧盟：巴基斯坦对欧盟的出口享受欧盟的升级版普惠制待遇计划，10年内巴基斯坦产品可以免税出口到欧盟，免税政策增加了巴基斯坦农产品与来自孟加拉国、越南、土耳其等国农产品竞争的资本。巴基斯坦出口额从2013年的45.3亿欧元增长到2017年的66.7亿欧元，增加47.2%。巴基斯坦有两家水产品生产企业获得对欧盟出口权，巴将积极推动目前处于审核阶段的五家水产品加工企业早日获准对欧出口。此外，过去两年巴对欧盟杧果出口因果蝇防疫问题出现下降，根据全球标准，巴基斯坦正在广泛采用良好农业规范，积极推动杧果产地和包装企业认证工作，在满足欧盟卫生和植物检疫（SPS）要求的前提下提高对欧盟杧果出口能力。

阿富汗：在巴基斯坦周边市场重点产品战略下，小麦、大米、肉制品和蔗糖对阿富汗出口具有较大潜力，巴方将尽快推进巴阿铁路建设以更好连接双边市场。2016年，小麦贸易数据基本上与上年保持稳定，阿富汗仍是巴基斯坦唯一的小麦出口市场，数量为60万吨左右。

伊朗：随着国际社会对伊朗经济制裁的放松，接下来的时间伊朗与周边国家的贸易渠道有望正常化。巴基斯坦政府拟抓住机遇积极推动巴斯马蒂香米、金诺橘以及肉制品等对伊朗出口，支持企业对仓储设施、品牌培育以及国际认证的投资行为，并努力促进陆路运输基础设施建设和开发双边边境贸易。

阿联酋：阿联酋是巴基斯坦在海湾国家中的第一大贸易伙伴，约占巴基斯坦与海湾国家贸易额（200亿美元）的1/2。农业方面巴基斯坦和阿联酋在蔬果方面有着贸易合作。油价下跌有利于降低生产成本和交通成本，巴阿双边贸易额在未来5年内有望增长10%~15%。

泰国：巴基斯坦是泰国在南亚的第二大贸易伙伴，双边贸易具有巨大的增长潜力。在2015年8月12日至13日举行的Pak-Thai JTC第3届会议上，双方达成自由贸易协定。目前，双方正在就关税减让问题进行谈判。巴基斯坦对泰国的出口额从2011年的9500万美元增加至2017年的1.38亿美元，增幅高达45.6%。泰国和巴基斯坦都是大米出口大国，处于竞争关系。泰国是巴基斯坦鱼类及鱼制品第二大出口国，占出口总量的20.7%，仅次于越南。

3. 中国与巴基斯坦贸易情况

中巴贸易有一定互补性，合作空间和潜力较大。截至2017年，中国是巴基斯坦第一大贸易伙伴，巴基斯坦是中国在南亚的第二大贸易伙伴。2017年中国出口至巴基斯坦的商品中，超过98.2%为工业品。中国自巴基斯坦进口的商品种类变化不大，主要为劳动密集型的初级农产品和工业原材料。主要进口的商品有：棉纱、棉布、大米、矿石、皮革等，其中，棉纱线所占比例超过50%。

2000年后中巴双边贸易发展迅速，贸易额突破50亿美元大关。2008年金融危机发生后，中巴贸易增速放缓，2009年贸易总额减少到47.78亿美元。2012年，中巴贸易增速高达17.5%，贸易额为124.17亿美元。到2016年双边贸易额增长至191.35亿美元，同比增长1.2%。中巴双方在贸易规模方面，中方长期存在贸易顺差，而巴方则存在贸易逆差。

2016年，中国出口额为172.28亿美元，同比增长4.8%；而中国从巴基斯坦的进口额仅为19.07亿美元，同比下降23.0%，贸易顺差高达153.21亿美元，达到历史最高值（表9）。巴基斯坦对中国的出口额占其总体出口额的10.6%左右，而中国对巴基斯坦的出口额仅为中国对全世界出口总额的0.5%。

表9 2012—2016年中巴贸易情况（金额单位：亿美元；增幅单位：%）

年 份	进出口总额		中国出口		中国进口		中国顺差
	金额	增幅	金额	增幅	金额	增幅	金额
2012	124.17	17.5	92.76	9.9	31.4	47.8	61.36
2013	142.19	14.5	110.19	18.8	32	1.9	78.19
2014	160.03	12.5	132.47	20.2	27.56	-13.9	104.91
2015	189.27	18.3	164.5	24.2	24.77	-10.1	139.73
2016	191.35	1.2	172.28	4.8	19.07	-23.0	153.21

数据来源：中国海关

在农产品贸易方面，根据巴官方统计，中国已成为巴第七大农产品进口来源国和第十大农产品出口目的地。

（1）中国对巴基斯坦的农产品出口

2000—2016年，中国出口到巴基斯坦农产品总额波动较大，但总的来说是呈增长的趋势。2000—2006年中巴贸易量极其不稳定，但有小幅度的增加，出口额由2000年的7170.60万美元增加到2006年的1.31亿美元；2006—2011年，中国对巴的出口额呈逐年增加，2011年出口额达到峰值，为2.79亿美元。由于灌溉用水充足，农作物种植面积增加，农业领域信贷额充裕等原因，2011年巴基斯坦的主要农作物，如棉花、大米、甘蔗、小麦等收成较好，故2012—2013年中国对巴农产品的出口额呈负增长。受2014年洪水的影响，巴农作物产量下降，从而增加了对中国农产品的进口。2016年中国向巴出口农产品3.2亿美元，达到了历史新高（图5）。中国向巴基斯坦出口农产品的总额受巴方气候、政策影响较大。

中国对巴基斯坦出口的农产品主要为蔬菜、粮食谷物、干豆（不含大豆）、调味香料、水果、油籽、糖料及糖等，占中国对巴出口农产品总额的72.7%（表10）。而乳制品、饮料和杂项食品等加工产品，所占比例非常低。

图 5　2000—2016 年中国出口巴基斯坦农产品总额的变化

数据来源：中国海关

表 10　2016 年中国与巴基斯坦主要农产品贸易情况　　　　　　（单位：万美元）

类　别	出口额	进口额
调味香料	1629.19	2.63
干豆（不含大豆）	1634.69	352.14
坚果	215.30	5054.3
粮食谷物	3211.75	25061.35
蔬菜	13872.76	53.21
水产品	16.23	6514.93
水果	1375.50	19.36
糖料及糖	1105.81	18.47
畜产品	134.57	161.12
油籽	1314.50	137.03

数据来源：中国海关

（2）中国从巴基斯坦进口农产品

中国与巴基斯坦农产品进口贸易自 2000 年以来处于波动状态，其中 2000—2002 年，中国从巴基斯坦进口农产品的贸易额呈下降趋势，由 2000 年的 2416.83 万美元下降到 2002 年的 896.70 万美元；2002—2012 年，中国从巴进口农产品额度逐渐递增。由于 2011 年巴基斯坦主要作物大丰收，2012 年中巴农产品交易额猛增至 5.3 亿美元，增幅达到 154.3%。2013 年开始回落，减幅达 29.8%。2013—2015 年中国从巴基斯坦的进口额持续增加，2015 年进口额为 4.2 亿美元，同比增长 8.6%。由于 2016 年巴国内局势不大稳定，优势农产品产量降低，中国对巴农产品的进口额有所减少，为 3.9 亿美元，同比减少 7.1%（图 6）。

图 6　2000—2016 年中国进口巴基斯坦农产品总额的变化

数据来源：中国海关

2016 年，中国从巴基斯坦进口最多的五类农产品分别是谷类（2.51 亿美元，占比 64.0%）、水产品（6514.93 万美元，占比 16.6%）、坚果（5054.30 万美元，占比 12.9%）、干豆（不含大豆）（352.14 万美元，占比 0.9%）以及畜产品（161.12 万美元，占比 0.4%）。巴基斯坦大米凭借高品质和极具竞争力的价格在中国市场获得一席之地，过去两年中国自巴进口大米持续增加。目前，中国已经成为非巴斯马蒂大米的主要进口国。水产品方面，由于中国国内消费需求大幅提升，中国已经超过欧洲和日本，成为巴基斯坦鱼及鱼类产品第 3 大进口国，进口品种主要有虾、鱿鱼和带鱼等。巴基斯坦近年来向中国重点推销柑橘和杧果，但中国从其进口的量不多，主要的障碍在于存在对巴基斯坦不利的关税和非关税壁垒，与享受优惠关税的东盟国家相比，竞争力下降。

（四）农业科技发展

1. 农业科研机构

巴基斯坦的农业科研机构呈现出多元化态势，主要由国有研发机构、高等农业大学、私营涉农企业等。这些机构组织共同承担了全国的农业科学研究、技术服务、学术交流、科技成果转化、知识产权管理、农业科技产业发展等。

国有农业科学技术组织机构是农业科技发展的主导，负责全国农业发展方向。巴基斯坦农业研究理事会是巴基斯坦最大的农业科研机构，属于联邦政府食品农业部领导，与该国其他联邦和省级机构密切合作，通过其法定职能为巴基斯坦的农业提供科学的解决方案。根据各地区的农业生态需求，巴基斯坦农业研究理事会设立了国家农业研究中心（伊斯兰堡）、南部农业研究中心（卡拉奇），国家甘蔗研究所（塔达），俾路支省农业研究与发展中心（奎达）、干旱区研究中心（开伯尔—普赫图赫瓦）等10个研究机构。该国的4个省都有自己的农业研究机构。

以培养高素质和高水平技术农业人才为代表的高等院校是农业发展的主要推动力，他们为涉农企业和农民提供理论依据和技术支持。巴基斯坦农林类大学主要有费萨拉巴德农业大学、卡拉奇大学、奎德阿萨姆大学、旁遮普大学等，其中费萨拉巴德农业大学是世界大学排名前100位中唯一的巴基斯坦大学，包括农学院、兽医学院、科学技术学院、畜牧学院、农业工程技术学院、食品科技学院等院所机构。

私营涉农企业从国外转移的技术被认为是创新的主要动力，特别是在作物保护、家禽养殖、农业机械和加工领域。尽管私营部门在推动农业创新方面发挥重要作用，但政府仍倾向于实施限制性控制。这方面的例子包括进口农业投入物所需的冗长的行政程序，涉及注册和发布新产品的严格规定，以及奖励投资于研究的公司的税收优惠措施。这些控制措施往往会减少农民长期获得的新技术的数量，并限制私营公司进一步投资自己的研究能力。

2. 农业科技发展状况

（1）农业科技的投入水平

因为底子薄，对农业的投入较少，巴基斯坦农业科技发展与邻国的印度和中国还是有一定的差距。总公共支出占农业产出百分比（AgGDP）是比较各国农业研发支出的有用手段。巴基斯坦仅占亚太地区农业研发支出总额的2.0%，远远低于印度（24.7%）和中国（41.9%）。

研究表明，只有当农业科研投资强度超过2%时，农业科技原始创新才会凸显。2000年以来，巴基斯坦农业R&D投入占农业总产值的比例始终维持在0.2%～0.3%，明显低于2%的标准。这说明巴基斯坦农业科技发展还处于较低的水平，需要政府大力加强对农业科技创新的财政支持。

（2）农业科技的人才培养

巴基斯坦全职农业科技研究人员总数呈增长趋势，由2000年的3453人增加到2012年的3678人，增长幅度很小。虽然总人数有所增加，但每百万人口中农业研究人员数出现了下降的趋势，由2000年的24.0人下降到2012年的20.5人（图7）。

巴基斯坦农业科技人员去向主要是政府部门，约占总数的85.5%[1]，从事基础研究和应用研究的科研人员比例很少，不利于农业科技的发展。

---

[1] 数据来源：ASTI

近年来，尽管政府对农业科技人才的关注度和培养力度都有所增加，但其增长数并不能满足农业科技发展的需要，农业人才的培养还应当投入更大的力度。

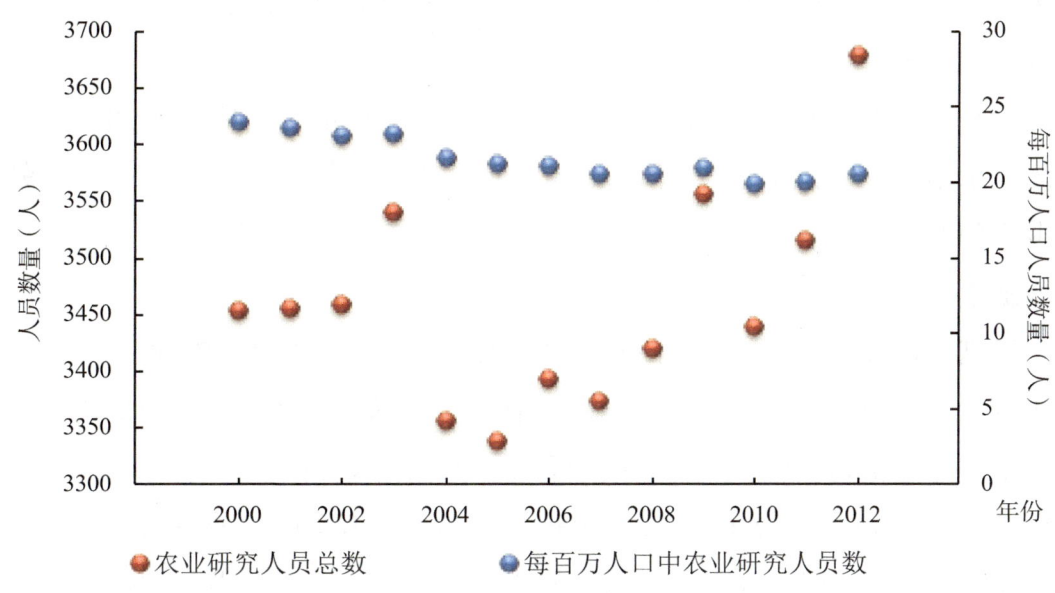

图 7 巴基斯坦农业研究人员数

数据来源：国际粮食政策研究所（IFPRI）和巴基斯坦农业研究委员会（PARC）[①]

（五）农业管理体系与政策

1. 农业管理体系

巴基斯坦农业主管部门为国家食品安全和研究部（Ministry of Food Security & Research），负责农业领域宏观政策的研究与制定；负责统计农业信息并对农产品进行协调和统筹，合理安排生产；负责采购主要粮食及化肥、农药；负责稳定国内农产品的价格及进口农产品价格等。

食品安全和研究部下设以下机构：食品理事会、巴基斯坦粮食储存与服务公司、农业与畜牧产品分销和定级部、农业政策学院、巴基斯坦农业研究委员会、植物保护部、巴基斯坦棉花中央委员会、联邦种子鉴定与注册部、巴基斯坦土壤调查所、食品账目理事会、巴基斯坦粮油种业发展董事会等。

2. 农业支持政策

体制和政策变化对农业增长有显著效果。为了鼓励农民生产的积极性，巴基斯坦政府出台多项政策扶持农业生产，比如农业投入补贴，农产品价格支持，农业贷款等。

---

① 全职农业研究人员数，只统计政府，非营利机构和高等教育机构，私营盈利部门的覆盖范围有限，因此不包括在本数据中。

（1）农业投入补贴

农业投入补贴能充分调动农民生产的积极性。巴基斯坦针对种子、肥料、灌溉等投入补贴。跟其他国家相比，巴基斯坦政府对农业补贴的投入很少。

（2）农产品价格支持

价格支持政策覆盖多种农产品，政府每年都制定所有指定农产品的支持价格。巴基斯坦主要对小麦、水稻、甘蔗和棉花采取价格支持政策，农产品价格对农业经济的刺激影响大于政府对农业部门的支出政策。

（3）农业信贷

目前，巴基斯坦有26家商业银行和小额信贷银行以及近4000个农业分行。2017—2018财年，巴基斯坦央行（SBP）分配10010亿卢比的信贷支出目标到52个机构，包括19个商业银行，2家专业银行，5个伊斯兰银行和11家小额信贷银行等。在总目标中，516亿卢比分配给五大商业银行，1250亿卢比分配给ZTBL[①]，占全国农业贷款发放量的12.5%。2017—2018财年农业信贷支出同比增加了39.4%，这显示政府对农业的支持。

近几年，农业贷款机构的重点开始转向非农业部门，主要是由于畜牧/奶业和家禽部门有了新的融资渠道和机遇。2017—2018财年，在审查农业支出时，在支出的5700亿卢比当中，向农业部门支付了2680亿卢比，占45.8%，非农部门支出为3020亿卢比，占54.2%而上一财年共发放了4090亿卢比，其中农业部门发放了1961亿卢比，占47.9%，非农业部门发放额达到2129亿卢比，占银行支出总额的52.1%。另外，在国家银行指导下，一些私人银行开始推出诸如农业保险、农业器械采购等农业信贷业务，成为政府部门的补充。

SBP根据政府的优先考虑，采取了各种政策和发展举措来促进农村地区的金融推广。具体一些举措如下。

一是小农和边缘化农民信用保证计划（CGSMF）的实施：CGSMF符合政府的预算公告。该计划旨在鼓励金融机构向巴基斯坦境内没有足够抵押品（银行可以接受）的小农户提供贷款，以满足他们的营运资金需求。根据该计划，PFI已获得信贷20亿卢比的支出目标，超过5万名借款人获得资助。

二是农作物贷款保险计划：为减轻农民违约风险，政府为小麦、棉花、水稻、甘蔗和玉米等五大作物。在发生自然灾害并向银行提供还款保证，根据该计划，对于土地面积高达25英亩的小农而言，政府承担了每种农作物持续高达2%的小农补贴费用。自该计划启动以来，已有380多万借款人受益。

---

① ZTBL是巴基斯坦最大的正规农业信贷机构

三是家畜贷款保险计划：为了改善家畜和奶业部门的融资渠道，并减少因疾病以及自然灾害和事故造成的牲畜损失风险，SBP 银行、保险公司和省级畜牧业和乳业部门制定了牲畜保险计划或借款人。家畜贷款保险计划（LLIS）于 2013 年 11 月 1 日启动，涵盖购买动物的所有牲畜贷款高达 500 万卢比。在 LLIS 下，借款人因洪水、暴雨、风暴和意外引起动物死亡，政府提供高达 4% 的补贴。

3. 农业发展规划

巴基斯坦计划委员会是巴基斯坦政府负责国家发展战略研究和制定的部门，其公布了《巴基斯坦国家 2030 展望》，主要致力于引进农业生产要素的全产业链、降低农业税费水平、提高农业生产机械化水平等手段降低农业生产成本、提高农业生产效率等。在巴规划的 2030 年愿景中，将农业描绘成为高效率的、有竞争力的、可持续发展的农业，保障粮食安全，并将对巴经济发展做出应有的贡献。巴基斯坦未来将致力于农村经济各个方面的导向政策研究，总体目标是实现农村地区的可持续发展和包容性增长。具体目标是：减少农村贫困；改善粮食安全、快速恢复的能力和社会保护；在农村创造就业机会，减少城乡差距和迁移；提高农产品竞争力，促进出口；加强农村自然资源和环境的可持续性发展；建立农业企业家中心。

林业的发展目标：到 2030 年，实现森林及相关自然资源的有效管理，充分发挥其生物多样性的潜能，实现社会的可持续发展，在满足木材需求的同时保护生态环境。

三、农业投资环境

（一）国家商业环境

世界经济论坛《2016—2017 年全球竞争力报告》显示，巴基斯坦在全球最具竞争力的 138 个国家和地区中，排名第 122 位，得分 3.49（满分为 7）。世界银行《2017 年营商环境报告》显示，巴基斯坦的营商效率（DB）排名在全球 190 个国家和地区中排名第 144 位，落后于中国和印度（中国第 78，印度第 130），与前沿水平的距离（DFT 分数，0 表示最差，100 代表前沿水平）为 51.77，高于 2016 年的 51.69。由此可看出，在巴基斯坦营商需克服很多困难，营业外成本较高。具体来看，在 DB 排名所涉及的 10 个领域中，巴基斯坦在保护少数投资者方面的表现甚佳，为全球第 27 名，但在纳税、获得电力、执行合同、办理施工许可证等方面表现糟糕，排名均在第 140 名以后，其中跨境贸易方面名次最差，列为 172 名。另外，巴基斯坦对女性创业设置了更多的障碍。

从《2017 年营商环境报告》可以看出，巴基斯坦也有表现不俗的地方。2017—2018 财年巴基斯坦美元净流入量同比增长 4.4%。投资国家方面，尽管中国继续占有主要份额（占总流入量的 55%），但也见证了马来西亚和英国等其他国家的大量外国直接投资。投资额方面，2017 年 7 月份的流入净额为 23.57 亿美元，而上一财年为 6.31 亿美元，增长幅度高达 273.5%。政府在风险溢价相对较低的国际资本市场上获得了 10 亿美元和 15 亿美元，这表明了外国投资者对巴基斯坦经济表现的信心。这些流入不仅抵消了外国资金从国内股票市场的流出，而且帮助政府退出了一些外部商业借款。实行的改革数量方面，巴基斯坦位列全球排名前十改善最多的经济体。例如，在拉合尔地区，通过数字化股权和土地记录提高土地管理的质量。在拉合尔和卡拉奇，通过法律保障借款人检查自己数据的权利，改善了获得信贷信息的机会，信贷局还扩大了借款人的覆盖范围；通过加强电子海关平台，使得巴基斯坦跨境贸易出口和进口更加便利。

（二）农业优势与潜力

1. 农业 GDP 比重大，具有很强的市场潜力

巴基斯坦是农业国家，产值占农业 GDP 的比重较高。巴基斯坦农业增加值为当年农业总产出减去中间投入价值后的净增值，包括林业、狩猎和渔业产出，以及作物种植和牲畜培育的产出。但是，上述农业增加值的计算没有减去成品资产的贬值或天然资源的损耗及退化。

根据世界银行数据，1967—2016 年间巴基斯坦农业增加值占 GDP 中的比重（图 8）下

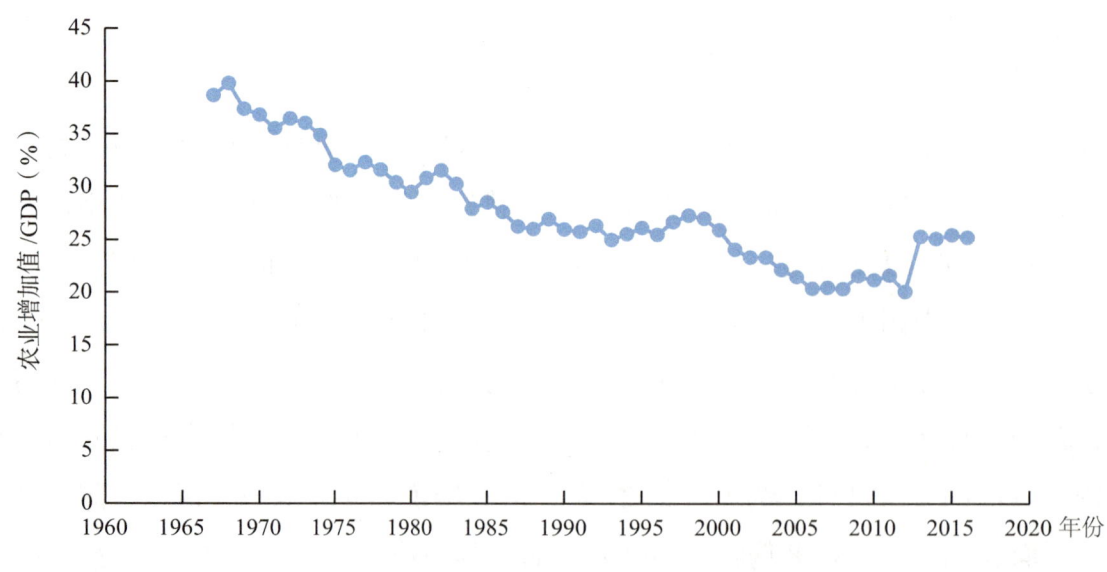

图 8　巴基斯坦农业增加值 /GDP 百分比

数据来源：世界银行

降,降至 2016 年的 25.2%,同期中国农业 GDP 占比已降至 10%,这意味着巴基斯坦农业在国民经济中仍具有很高的地位,农业投资潜力巨大。

2. 年轻人比例大,劳动力资源丰富

巴基斯坦人口红利优势明显,主要表现在:第一,劳动力基数较大。全国劳动力总数超过 6000 多万,是世界第十劳动力大国。第二,人员结构比较年轻。15~59 岁人口所占比例大,是提高经济增长率的主要来源。预计到 2030 年,这一年龄段人口比例继续增大,具有持久性(图 9)。第三,巴基斯坦劳动力价格低廉,隐形中降低了投资者成本。

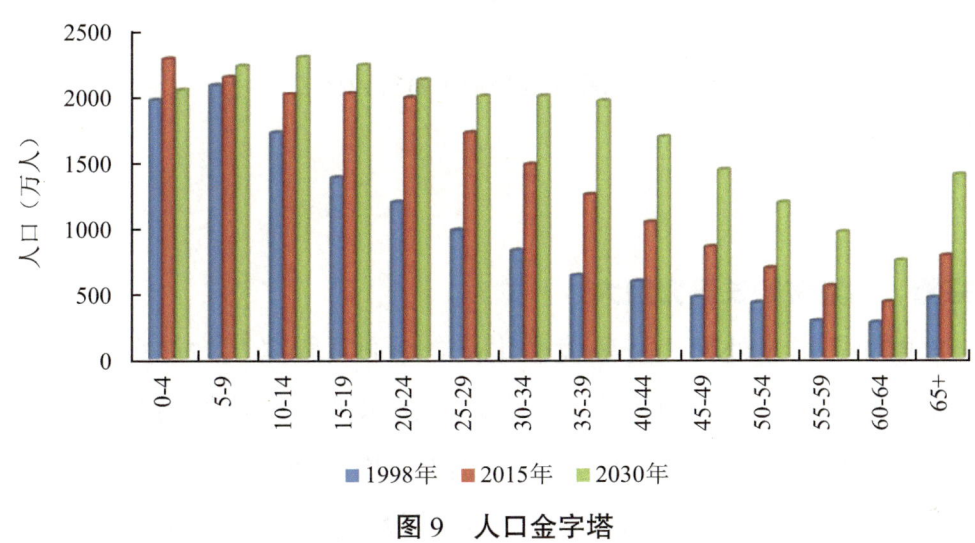

图 9 人口金字塔

数据来源:National Institute of Population Studies, Planning & Development Division, June 2010

3. 地理位置优越,农业基础设施发展空间广阔

不同经济部门的增长吸引了国际大公司进军巴基斯坦,巴基斯坦有着重要的战略位置和稳定的宏观经济环境,具有巨大的潜力。

从投资行业结构看,国外资本投资巴基斯坦领域比较集中,主要投资领域是电力和建筑行业,占了总额的 59%,其他为金融、食品、化工、贸易、纺织业、农业等,直接投资农业种植的很少(图 10)。2015—2016 财年净直接投资额仅有 4670 万美元,2016—2017 财年,建筑行业的净直接投资额为 5.61 亿美元,比上一财年增长 897.6%。建筑行业中包括一部分农业基础设施建设,巴基斯坦在私人基础设施投资方面在南亚排名第 1,因此成为世界 5 大私人参与基础设施(PPI)投资目的地之一。

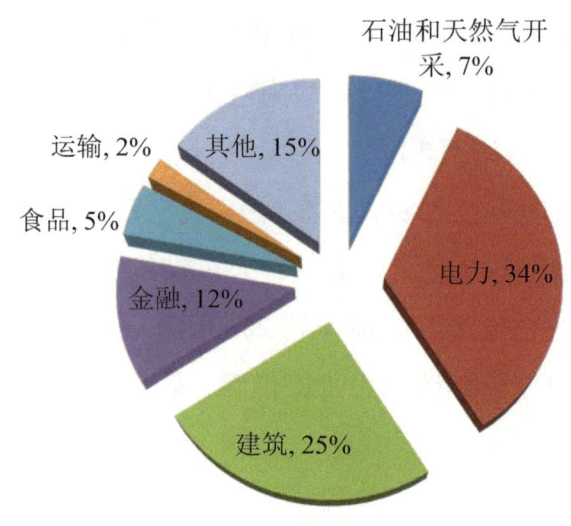

图 10　巴基斯坦外商投资行业构成

数据来源：State Bank of Pakistan

4. 长期来看，巴经济增长潜力巨大

2007—2008 财年，由于外部经济环境恶化，全球通货膨胀压力加大，巴基斯坦国内政府换届，各党派纷争不断，社会动荡，巴基斯坦经济未能延续往年高速增长的势头，GDP 只增长 1.6%。之后的几年，在调整和改革的基础上，巴经济重新焕发活力。经济的增长促进了投资的增加，2017 年外国私人投资和外商直接投资分别是 22.34 亿美元和 27.47 亿美元，比一财年分别增长 12.5% 和 19.2%。

5. 较宽松、自由的投资政策

巴基斯坦政府通过制定一系列较宽松、自由的投资政策，以此增强竞争力来吸引外商投资。

外资同本国投资者享有同等待遇。巴基斯坦所有经济领域向外资开放，允许外资拥有 100% 的股权。从利用外资领域来看，油气开发、食品、石油提炼和金融，这四大领域占巴基斯坦利用外资总额 90% 以上。从最低投资金额来看，农业最低为 30 万美元。

外资企业获得土地的规定。巴基斯坦已在旁遮普省、信德省等地建立工业特区以吸引国内外投资。特区实行一系列优惠政策，如土地将出租给投资者 50 年，到期后还可以延长 50 年等。

外资参与当地农业投资合作的规定。根据巴基斯坦相关法律，外资企业可以获得农业耕地所有权和承包权。租赁期限可长达 50 年，到期后可再续期 49 年。对于公司化农场项目，外资最高可持有 100% 股权；对于一般的农业项目，外资可持有 60% 的股权。农业机器进口免关税；允许资本、利润和红利 100% 汇回本国。

优惠政策框架。巴基斯坦制定了《1976 年外国私人投资（促进与保护）法案》《1992年经济改革促进和保护法案》以及《巴基斯坦投资政策 2013》。此外，巴基斯坦已与包括中国在内的 47 个国家签署了双边投资协定，与 52 个国家签署了避免双重征税协定。

行业鼓励政策。外商在巴基斯坦投资制造业、农业、基础设施和农业等行业享受机械设备进口关税、税收、技术使用费等方面优惠政策（表 11）。

表 11 巴基斯坦行业投资鼓励政策

政策内容	制造业	农 业	基础设施	服务业
政府批准	除武器、高强炸药、放射性物质、证券印制和造币、酒类生产外无需政府批准	无须政府批准，但有些需要从有关机构取得证书		
资本、利润、红利汇回	允许	允许	允许	允许
外商投资上限（%）	100	100	100	100
机械设备进口关税（%）	5	0	5	0～5
税收优惠（%）	25	25	25	25
特许权和技术使用费	对支付特许权和技术使用费无限制	按有关规定允许，第一笔不超过 10 万美元；在前 5 年内不超过净销售额的 5%		

数据来源：BOI of Pakistan

（三）风险分析

巴基斯坦是"一带一路"倡议实施的上佳突破口，但合作中的风险因素也不容忽视。

1. 政治风险

科法斯集团推出针对 159 个国家的全球政治风险指数，该指数由国家安全风险指数以及政治和社会压力风险指数组成。包括地区冲突和恐怖主义的安全风险是政治风险指数中的一个重要因素，直接后果是令企业无法运营，农民无法生产。社会压力则会打击经营者的信心，间接影响企业经济活动和投资。巴基斯坦政治风险指数较高。

2. 经济风险

经济自由度指数是衡量经济风险的标准之一。《2018 年全球经济自由度指数》报告显示，巴基斯坦经济自由度指数在180个国家中排名第131位，得分为54.4，较上年上升了1.6，被评为"大多数不自由"（50～59.9）。

受益于国内需求旺盛和中巴经济走廊的实施，巴基斯坦经济继续保持增长，2017年GDP同比增速攀升至5.3%。虽然经济增长速度不俗，但也存在很多不稳定因素，财政经常赤字，外汇储备不断流失，政府负债率过高，总体经济状况依旧不乐观。2016—2017财年，政府负债率达67.6%，高于同等信用评级国家52.6%的平均值。巴基斯坦财政收入的28%用于支付债务利息，而同等信用评级国家普遍仅为10%。世界著名评级机构穆迪称，巴基斯坦迅速增长的债务负担将造成很大的经济风险。

3. 法律风险

世界正义工程（WJP）发布2017—2018年WJP法治指数，从有限的政府权力、腐败的缺席、开放的政府、基本权利、秩序与安全、监管执行、民事司法、刑事司法这8个因素进行衡量。巴基斯坦整体法治表现较上一年度（2016—2017年度）上升了1位，在113个国家中排105位，得分在南亚6个国家中处于第5位，30个中低收入国家中排26名。在8个衡量因素中，巴基斯坦有限的政府权力和刑事司法排名相对靠前，在南亚地区6个国家中列第4位，中低收入国家中处于中上水平，全球113个国家中分别位于66名和81名（表12）。

表12　2017—2018年巴基斯坦WJP法治指数排名

因　素	南亚地区排名	中低收入国家排名	全球排名
有限的政府权力	4/6	13/30	66/113
腐败的缺席	5/6	23/30	99/113
开放的政府	5/6	17/30	80/113
基本权利	4/6	25/30	100/113
秩序与安全	6/6	30/30	113/113
监管执行	5/6	27/30	105/113
民事司法	6/6	25/30	107/113
刑事司法	4/6	15/30	81/113

数据来源：World Justice Project（WJP）

注：在南亚地区衡量的国家有：阿富汗，孟加拉国，印度，尼泊尔，巴基斯坦，斯里兰卡

中低收入国家：孟加拉国，玻利维亚，柬埔寨，喀麦隆，科特迪瓦，埃及，埃尔萨尔瓦多，格鲁吉亚，加纳，危地马拉，洪都拉斯，印度，印度尼西亚，约旦，肯尼亚，吉尔吉斯斯坦，摩尔多瓦，蒙古，摩洛哥，缅甸，尼加拉瓜，尼日利亚，巴基斯坦，菲律宾，斯里兰卡，突尼斯，乌克兰，乌兹别克斯坦，越南，赞比亚

4. 自然风险

巴基斯坦因复杂的地形特征，导致自然灾害频繁出现。洪水是巴基斯坦最常见的自然灾害，几乎每隔一年爆发，会极大损害基础设施，并造成重大人员伤亡。近50年来，洪水占巴自然灾害的43%。2010年巴基斯坦爆发特大洪灾，农业受到极大影响。除洪灾之外，巴基斯坦还经常遭遇地震、山崩等其他自然灾害（图11）。例如，2013年4月伊朗和巴基斯坦边境的俾路支地区发生7.8级地震。因此，在巴基斯坦投资合作的企业和人员应重视并做好安全和卫生防范工作。

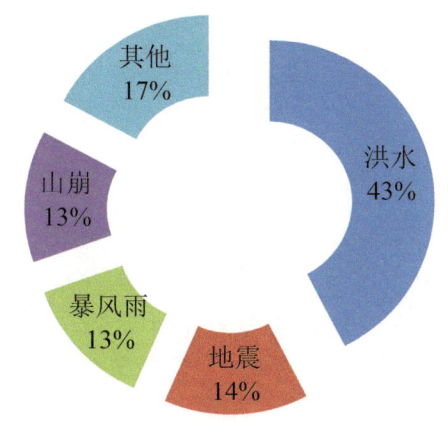

图11 近50年巴基斯坦自然灾害所占比例

数据来源：世界银行

（四）总体评价

评级机构中信保按照风险水平由低到高分为1～9级，2016年巴基斯坦处于6级，主权信用风险参考评级为B级，展望稳定。从"政治风险""经济风险""商业环境风险"和"法律风险"4个维度，详细分析了巴基斯坦的信用风险（表13）。较上一年评级，2016年巴基斯坦主权信用风险水平下降、评级上调，主权债务负担相对下降，偿债压力相对减轻，主权债务可持续性增强，未来发生主权信用风险事件的概率下降。上调巴基斯坦信用等级的主要原因是"中巴经济走廊"战略带动巴基斯坦经济增速提升，并通过释放人口红利和改善基础设施增强经济内生动力，财富创造能力显著提升，政府本、外币偿债能力在低水平上提升。

表13 2016年巴基斯坦风险指标及展望

风险类别	风险指标	风险展望
政治风险	政治稳定性	正面
	社会安全	负面
	政府干预	稳定
	国际关系	稳定
经济风险	宏观经济	稳定
	金融体系	稳定
	财政状况	负面
	国际收支	负面
	主权债务	正面
	双边经贸	正面
商业环境	税收体系	负面
	投资便利性	负面
	基础设施	负面
	行政效率	负面
法律风险	法律完备性	负面
	执法成本	负面
	退出成本	稳定

数据来源：中信保国家风险分析报告。

总的来说，巴基斯坦投资环境存在着较多问题，如水电力资源短缺、基础设施落后、经营成本相对较高、政治风险大，存在一定的不稳定因素。但随着"一带一路"倡议的提出，巴基斯坦中产阶级新兴力量壮大，政局稳定因素逐步积累；安全形势正趋于改善；随着经济增长提速，不良贷款剥离；政府财政逐渐改善，各级政府偿债能力在低水平上提升；银行不良贷款率减少，实体经济有望得到支持，银行业稳健性将进一步增强。通过中巴经济走廊的建设，巴基斯坦经济增速能得到较大提升，从而财政日益宽裕，再加上先进文化和现代思想的传播，社会稳定性和安全性有望进一步得到改善和提高。在具有不可抵抗力的自然风险方面，巴基斯坦政府实施森林保护政策，以天然气、太阳能、小水电等形式替代木材燃烧，保护残存和特殊森林生态系统，鼓励保持及恢复濒危生态系统，以此减少风险的发生。

四、中巴农业合作现状与合作重点

（一）合作现状

1. 合作机制

农业合作是中巴两国经济贸易往来的重要形式。近年来，两国农业在科技合作、贸易合作和投资合作上都取得很大进展。

2006 年中巴签订联合声明，双方一致同意进一步深化农业领域的全面合作，分享两国农业发展的经验，加强农业技术，尤其是农产品加工、农药、滴灌和渔业等方面的技术交流与合作，推动中国农产品加工和农业科技企业到巴投资。

2009 年巴基斯坦农业研究理事会与中国新疆天业节水灌溉股份有限公司、新疆生产建设兵团农八师 149 团签署合作谅解备忘录，中国将向巴方介绍先进农业技术，并提供节水灌溉领域及 BT 杂交棉、彩色棉方面的咨询及技术服务。

2010 年《中巴联合声明》中指出，中方将重点支持巴灾区国道公路网修复工程，承担粮食加工、调气和冷藏仓库、农作物遥感卫星测控等农业项目。双方同意探讨设立环境联合研究项目，特别是对共享生态系统进行研究和开展信息交流。尽快启动设立中巴农业示范园工作等。

2010 年中国国家粮食局与巴驻华大使签署了《中华人民共和国国家粮食局与巴基斯坦伊斯兰共和国食品、农业和畜牧部合作谅解备忘录》，在建立粮食储备、建立长期稳定的粮食流通合作交流机制方面开展合作。

2011 年中巴经济合作组第 2 次会议确定的规划新增农业项目包括：农业中心建设项目、海洋渔业研究和开发中心、印度河渔业研究和开发中心、农业技术示范中心、大米加工项目、调气和冷藏仓储项目。在两国政府间合作文件的指导下，为推动中巴农业合作，两国农业部门签署了多项合作协定和谅解备忘录，在农业信息交流与培训、农产品加工、动植物检疫、农机生产和维修、农药管理、农产品贸易等领域进行合作。其他有关部门也在与巴农业合作方面开展了很多工作，范围涉及农业科技、人员培训、农业基础设施等领域。

2015 年中巴两国签署《中华人民共和国和巴基斯坦伊斯兰共和国关于建立全天候战略合作伙伴关系的联合声明》，以中巴经济走廊为引领，以瓜达尔港、能源、交通基础设施和产业合作为重点，形成"1+4"经济合作布局。

2. 科技合作

两国在农业科技领域的交流与合作是两国农业合作的主要内容之一。中国在小麦品种改良、高产品种的培育以及水产养殖等方面居于亚洲领先地位，为确保粮食安全，通过与中国科研机构和企业加强技术交流，建立巴基斯坦农业科技研发中心，以提高创新能力。

农作物种植合作，如2008年中巴双方签署了《中国农业科学院与巴基斯坦农业研究理事会农业科技合作谅解备忘录》，范围包括水资源管理、杂交棉、玉米、园艺及其他转基因作物等领域；2009年中国湖北省种子集团有限公司分别与巴信德省和巴农业发展研究委员会签署了"杂交水稻技术合作"和"油料作物技术合作"谅解备忘录。建立农业示范基地合作，如2010年双方签署了《中国陕西省杨凌农业高新技术产业示范区与巴基斯坦信德省农业部关于合作建设信德省农业示范基地的谅解备忘录》，共同在巴信德省建立中国杨凌模式的农业示范基地。水产养殖合作，2017年中国甘肃省科研院所与巴基斯坦农业研究理事会签署科技合作协议。双方负责人签署了冷水鱼领域研究科技合作协议，商定在高原冷水鱼技术研发、人员交流与培训和在甘建立示范基地等方面开展合作。

3. 贸易合作

中巴从20世纪50年代初起就开展了贸易业务。1963年1月，两国签订第一个贸易协定。1982年10月，双方成立了中巴经济、贸易和科技合作联合委员会，迄今已召开了14次会议。经过双方的共同努力，两国的经贸合作有了长足进展。中国—巴基斯坦自由贸易协定（货物贸易协定）于2006年11月24日签署，于2007年7月1日实施。服务贸易自由贸易协定于2009年2月21日签署，2009年10月10日开始运作。2011年12月续签《中巴经贸合作五年发展规划》。2015年4月，双方共同签署了《关于建立全天候战略合作伙伴关系的联合声明》，双方的战略沟通与协作进一步加强。

4. 投资合作

为了与印度、越南、孟加拉国和缅甸竞争，巴基斯坦必须提供与这些国家相同或更好的环境，以吸引中国的投资。在"中巴经济走廊"项目带动下，中巴共同商建自由贸易区。通过两个政府间经贸合作协定的推动，中国对巴基斯坦投资出现量的飞跃。在巴基斯坦投资的国家构成中，中国所占份额最大，为64%（图12），2016年新签合同额为115.9亿美元，完成营业额为72.7亿美元[①]，而2007年之前，中国对巴基斯坦投资总额仅为1.08亿美元。

---

① 《中国对外投资合作发展报告2017》

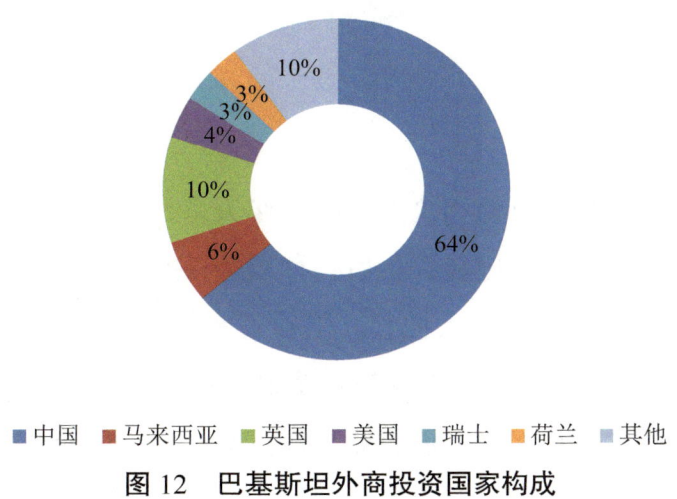

■ 中国　■ 马来西亚　■ 英国　■ 美国　■ 瑞士　■ 荷兰　■ 其他

图 12　巴基斯坦外商投资国家构成

数据来源：State Bank of Pakistan

中巴规划中的农业投资合作项目有农业中心建设项目、海洋渔业研究和开发中心、印度河渔业研究和开发中心、农业技术示范中心、调气和冷藏仓储项目等。

目前，中国与巴基斯坦的农业投资合作正逐步从种植导向向基础设施建设、农产品加工和农业信息化等领域拓展。例如，基础设施建设的核心—中巴铁路走廊项目，它的建成将极大地方便巴基斯坦国内的农产品出口至中国，降低了中国从巴基斯坦运输农产品的成本，达到双赢局面。中国大型国企在农业基础设施建设中扮演着重要的角色，引领着双方农业投资的方向。目前，在巴基斯坦投资的中国企业的在建项目主要集中在水利大坝、水电站和公路项目等（表14）。

表 14　中国企业在巴基斯坦投资的主要项目

项　　目	企　　业
曼格兰大坝项目	中水对外
卡拉奇港防波堤坝项目	中港
咖喇昆仑公路改造升级	中国路桥
M-4高速公路项目	中水对外
伊斯兰堡新机场航站楼	中建
真纳水电站	东方电气
尼勒姆杰勒姆水电站	葛洲坝集团
本卡西姆联合循环电站	哈电
古杜联合循环电站	哈电
南迪普联合循环电站	东方电气

资料来源：中国商务部

（二）合作潜力

1. 合作基础

中巴两国有着全天候的传统友谊和全方位的合作关系，对华友好是巴基斯坦外交政策的基石。尽管早期巴基斯坦的基础设施较为落后，种植条件并不理想，但当地老百姓对中国有天然的好感，为中方的工作提供了极大便利。随着"一带一路"倡议的提出，"引进来"和"走出去"对于两国农业合作的促进作用越来越明显。通过中巴两国政府的支持和企业的努力，双方签订了一系列相关协议，为开展农业合作打造了良好的合作基础。

2. 合作前景

在农业生产方面，巴基斯坦有几种农产品产量处于全球交高水平，包括鹰嘴豆、棉花、牛奶和杧果，其中，奶类产品已经成功跻身第三位。而中国具备生物技术、农作物育种、农业机械和海产品养殖技术等优势，互补性相对较强。巴基斯坦政府以激励为基础推出了多项具有吸引力和灵活性的政策，通过与中国合作改善以下领域：优质种子、新品种、杂交作物、生物技术、农业机械化、储藏技术、保鲜技术、食品加工等。中巴合作范围广，合作前景广阔。

（三）合作重点

1. 重点领域

根据巴基斯坦的条件优势和农产品生产加工水平的现状，可考虑在以下几个重点领域进行合作。

（1）农作物种子改良和种植生产

缺乏优良农作物种子是制约巴基斯坦农业生产发展的一个重要问题。目前，巴基斯坦使用的是未经改良的低产量小麦、棉花和水稻种子，瓜菜种子主要从荷兰、法国、印度、日本和丹麦等国家进口，杂交种子的价格尤其高昂，对优良种子的需求很大。中国的种子及生产企业可在巴进行育种或粮食作物种植，开展生产经营和销售。

（2）农机设备、节水灌溉设备及化肥销售

巴缺乏实用的农业生产技术，农业机械化水平低，耕作方法粗放。现有农用机械如拖拉机、水泵和脱粒机等设备陈旧，巴政府在考虑更新这些农机具，联邦政府拟定现代农业发展战略，与中国进行磋商，考虑引进现代农机设备。未来巴对收割机、挖花生机、花生脱壳机、稻谷脱粒机、插秧机和向日葵脱粒机也有较大需求。

（3）水果、蔬菜等农产品加工

由于当地夏秋收获季节气温炎热，缺乏足够的冷藏保鲜设施和冷藏运输工具，加上采后加工水平低，致使收获的农产品无法得到及时加工和保鲜，每年有20%～40%的产品因不能及时地冷藏和加工而遭受损失。通过建立蔬菜和水果加工生产线，经过分级、冷藏、真空热处理、包装、冷冻加工的水果、蔬菜等产品向巴基斯坦国内大城市供应，也可向国外市场出口。

（4）畜牧养殖及加工

投资育肥场。巴基斯坦畜牧养殖以放养为主，生产效率不如中国专业育肥场，因此可以在巴投资建设专业牲畜育肥场，按照种养结合思路，利用当地的粮食作物尤其是豆科植物对牲畜进行育肥，构建"秸秆—畜禽—沼气—有机肥—果蔬"畜牧生态循环链条，提高牛羊肉生产效率，并且主要销往国内。

投资奶牛场。中资企业可在巴基斯坦开展对本地乳企收购。收购成功之后，中国企业可将先进的牲畜养殖技术、人工牧草基地建设模式以及配方奶粉、奶酪等奶制品的加工技术等引入巴基斯坦，促进相关奶牛业及乳制品加工业的快速发展。

畜产品加工。依托中国先进的产学研体系，建设肉牛副产品深加工及冷链物流、良种肉种畜生产出口基地、动物胚胎、冷冻精液等生产基地，同时促进两国在人工牧草基地、养牛专用饲料、配方奶粉、奶酪、乳清等奶制品的开发合作。此外，鉴于中国对肉牛、种牛以及乳制品的需求，可以在巴国内继续开展活畜码头建设，即国内选取节点式港口规划建设集活畜交易区、冷冻肉类食品展示区、综合服务区、活畜暂存服务区、急宰处理区、粪污处理区等为一体的活畜交易市场。通过活畜码头的建设，提升巴基斯坦全国性或大区性的畜产品贸易水平范围。

（5）水产养殖与贸易

巴基斯坦海洋生态环境良好，物种多样，海洋渔业产品产量高，品质上乘，可满足中国海洋水产中高端消费需求。中方企业可利用在淡水渔业养殖和近海网箱养殖相关领域的成熟经验，以开发运营技术推广中心和规模化养殖示范园区等形式，参与巴基斯坦水产品养殖业开发。比如：中方企业提供网箱设备和养殖技术，引进中方清洗、低温速冻、冷藏保鲜储存、冷链运输、包装等相关设备，投资建设以冷冻鱼和冷冻分割鱼为主鱼类制品加工厂和投资建设的加工厂。中方还可以工程承包方式，协助巴方建设大型渔港，开展渔港各类配套产业合作。此外，中国企业在投资过程中需注意巴基斯坦对海洋生态保护的要求，避免对海洋生态环境的破坏。

2. 重点项目

（1）植物保护项目

巴基斯坦每年因为植物病虫害原因，大量使用农药引起农残超标，造成出口困难。巴基斯坦杧果就因为农药残留未达到标准，被欧盟拒绝入关，损失巨大。为了减少农药使用，实现农药零增长计划，中巴两国进行农业重大病虫草害联合防控合作研究，2016年，广东农科院植保所和巴基斯坦国家生物技术与基因工程研究所合作"防控巴基斯坦和中国棉花曲叶病的生物技术"以及中国农业科学院植物保护研究所和巴基斯坦农业大学合作"中巴生物防治资源和技术合作研究与利用"等项目。

（2）杂交水稻、小麦种子培育项目

2018年5月，在巴基斯坦当地研发了100吨杂交水稻种子出口至菲律宾。出口的杂交水稻种子为"LP205"，由中国科学家袁隆平团队指导，其耐盐碱程度、抗倒性以及耐高温方面均表现突出，顺利通过进口国的国家品种审定。

2002年，中巴两国正式开展杂交水稻技术合作。2016年中国科学院与巴基斯坦科技代表团就加强杂交水稻联合研究进行了深入探讨，并签署了建立"中巴杂交水稻联合研究中心"合作协议。该中心以杂交水稻为主要研发对象，为双方科学家和技术人员搭建合作研究、资源交换、人员培训、技术交流以及商业化应用平台，加快中国水稻科技特别是杂交水稻研究技术走出去步伐，同时推进巴基斯坦杂交水稻技术的发展。

2017年9月12日上午，由中国商务部主办，隆平高科有限公司与巴基斯坦农业研究委员会在伊斯兰堡承办了"2017年巴基斯坦杂交水稻海外培训班"。建立了中国—巴基斯坦杂交水稻研究中心平台。

巴基斯坦从事杂交水稻研发的公司主要有 Guard Agri. Research and Services（与隆平高科合作），Emkay Seeds（Pvt.）Ltd.（与中国云南一家公司合作），Pioneer Pakistan Seeds Ltd.，ICI，Pakistan，Monsanto Pakistan，Limited，Bayer Crop Sciences，Origa Group（与中国湖北省种子集团合作），Haji Sons（Pvt.）Ltd.（与中国湖北省种子集团合作），Syngenta Pakistan（Pvt.）Ltd，Dagha Corporation，Rachna Agribusiness，Auriga Seed Co 等。

隆平高科的巴基斯坦杂交水稻联合研发中心项目被列入湖南省对接"一带一路"倡议的行动方案中。2017年，隆平高科在巴基斯坦注册成立研发公司，正式启动本地化选育与生产工作。隆平高科的产品目前已有7个品种通过了巴基斯坦农业部门的鉴定（表15），每年销售种子2000多吨，实现粮食增产40万吨，杂交水稻种子市场份额占有率达45%以上。

表 15　巴基斯坦审定推广的杂交水稻品种

品种名	审定年份	公司名称
GNY-50	2003	Guard Agri. Research and Services, Lahore
GNY-53	2003	Guard Agri. Research and Services, Lahore
Guard-402	2008	Guard Agri. Research and Services, Lahore
Guard-403	2008	Guard Agri. Research and Services, Lahore
Dagha-1	2008	Dagha Corporation, Karachi
Arize-403	2008	Bayer Crop Sciences
MKH-401	2008	Emkay Seeds (Pvt.) Ltd. Lahore

数据来源：巴基斯坦国家食品安全和研究部

中国二系法杂交小麦技术系世界首创，培育出的小麦种子具有高产、耐干旱和稳定性好等特点，特别适合在巴基斯坦种植。2014年，中种杂交小麦种业（北京）有限公司（简称"中种公司"）与巴基斯坦佳德农业研究与服务（私营）有限公司签订了"中巴杂交小麦产业化合作协议"。中种公司在巴基斯坦建立了杂交小麦育种基地，成功培育了具有巴基斯坦等血缘的不育系2份，创制出优异恢复系2份。杂交小麦已经在巴基斯坦试种成功并进行大面积推广，产量喜人，平均增产15.7%，是继杂交水稻之后的又一重点产业。为了更深入研究杂交小麦在巴基斯坦的适应性和高效性，2016年，北京农林科学院与白沙瓦农业大学合作"适宜中国和巴基斯坦杂交小麦品种创制及其水分高效利用研究"，中国科学院遗传与发育生物学研究所和费萨拉巴德农业大学合作"中巴小麦抗旱丰产遗传位点的挖掘及优异新品种的培育"等项目。

五、中巴农业合作建议

农业合作是中巴两国经贸关系的重要组成部分，两国农业科技合作不断加强，农产品贸易不断扩大，有力地促进了两国农业及经济的发展。为推动中巴农业合作，两国农业部门签署了多项合作协定和谅解备忘录，双方政府与企业在农业信息交流与培训、农产品加工、动植物检疫、农机生产和维修、农药管理、农产品贸易等领域进行合作。在农业科技合作、贸易合作和投资合作的过程中，存在合作风险系数高、合作规划性不强、合作深度不够、合作形式单一等问题，提出进一步加强中巴农业合作的措施。

（一）增进中巴农业科技领域的交流

经济发展的今天，自然资源已不是农业发展的决定因素，科技水平和劳动者的素质最终决定了国家的农业发展水平和核心竞争力。

中巴应进一步加强在农业科技等方面的互利合作。采取差异化的技术合作战略，综合考虑技术成熟度、市场成熟度、知识产权保护和技术适应性等因素，加强我国的杂交水稻为主的农作物杂交生产技术、动植物保护技术、设施园艺技术、农村能源技术等技术的交流与输出，加大巴方畜牧兽医、杜果和小麦种植、有机农业、农产品质量安全、农业机械化技术等技术引进。

（二）拓展中巴农业贸易领域的宽度

拓展中巴农业贸易领域的宽度，需加快推进中巴通道基础设施进程，提升互联互通水平，充分发挥新疆枢纽功能，构建服务贸易核心区。具体措施有以下方面。

第一，在"中巴经济走廊"背景下，突出自身的优势领域，积极促进农产品贸易。巴方加强水产品、畜产品、园艺产品和加工品等劳动密集型农产品出口，中方加强农药、化肥和农业育种等技术型农产品出口，农产品贸易结构多样化。第二，中巴双方继续完善农产品贸易政策、加强资金和技术支持的同时，积极开拓出口市场，力求保持和扩大市场份额。第三，积极拓宽降低双边农产品贸易成本的途径，促进中巴农产品贸易的发展。第四，由于巴基斯坦年轻人居多，大力发展农产品电子商务，通过互联网从事农业贸易，保证时效性。通过促进农业领域开展多层面、多样化的合作与交流，提升巴基斯坦农业科技水平，推动农产品贸易的发展，开拓农产品国际市场，实施农产品及食品加工企业"走出去"共同探索农业发展道路等。

（三）加强中巴农业投资领域的合作

中国农业投资项目主要集中在劳动密集型产业、低附加值和科技含量的传统领域，直接投资企业规模小，竞争力弱，投资领域高度集中。应采取集中化的投资战略，根据巴基斯坦自然禀赋、经济发展水平、经济体制、经济发展战略、基础设施、外汇管制、金融市场、产业结构、币值稳定状况、农产品市场发育状况、农业利用外资的政策导向等多方面因素综合考察投资环境，选择投资的重点。在产业上以蔬菜、水果等贸易型、加工型投资为主，延长产业链。

（四）完善中巴农业合作机制

通过建立和完善双边经贸合作机制、加强信息交流，制定重点领域和重点农产品专项促销等政策措施，加强外语、农业专业技术等人才培养，通过高层交往，加快科研院所的交流与合作，加快农业协会的建设，促进政府、科研机构和企业间的合作；考虑设立中巴农业专项开发基金等资金，加大财政金融支持力度，从而多层次地、深入地扩大中国与巴基斯坦农业合作，使得多双边合作上升到新的高度。

参考文献

程云洁，武 杰.2017.中国与巴基斯坦农产品贸易发展研究——基于竞争性与互补性的实证分析［J］.新疆财经，（4）：11-19.

杜 放，叶 剑.2004.巴基斯坦对外贸易政策及发展中巴贸易［J］.特区经济，（7）：80-83.

李 涛，谢代刚，王亚南.2007.中巴经贸合作的机遇、挑战和发展思路［J］.亚太经济，（5）：18-21.

李文河，李 冰.2007.巴基斯坦农业推广服务新途径——对中国贫困地区农业推广机制创新的探讨［J］.世界农业，（12）：40-41.

蒙英华，喻晓平.2003.巴基斯坦外国投资现状分析与中国对策［J］.计划与市场探索，（11）：109-110.

沈 山，孟庆华，乔 洁.2011.地缘政治视角下的中巴区域经济合作战略研究［J］.徐州师范大学学报（哲学社会科学版），37（3）：12-15.

文富德.2007.论中巴经济贸易合作的发展前景［J］.南亚研究季刊，（1）：4-11.

吴 园，雷 洋.2018.巴基斯坦农业发展现状及前景评估［J］.世界农业，（1）：166-174.

张 斌.2012.巴基斯坦农业发展与中巴农业合作探析［J］.中国农学通报，28（2）：90-96.

张会丽.2010.当前中巴经贸关系发展中的制约因素及应对策略［J］.新疆财经，（3）：35-41.

周 蓉，周海燕.2008.中国与巴基斯坦的经贸发展特点和前景探析［J］.法制与社会，（32）：148-149.

BEINTEMA N M，MALIK W，SHARIF M. 2006. Key Trends in Pakistan's Agricultural R&D Investments ［EB/OL］. https://www.asti.cgiar.org/pdf/Pakistan_CB.pdf.

BEINTEMA N M，MALIK W，SHARIF M. et al. 2007. Agricultural Research and Development in Pakistan Policy, Investments, and Institutional Profile-ASTI Country Report［EB/OL］. https://www.asti.cgiar.org/pdf/PakistanCR.pdf.

BHATTI M T，ANWAR A A，ASLA M. 2017. Groundwater Monitoring and Management: Status and Options in Pakistan［J］. Computers and Electronics in Agriculture，135:143-153.

DAVIDSON A P，AHMAD M，ALI T. 2001. Dilemmas of Agricultural Extension in Pakistan Food for Thought［J］. Agricultural Research and Extension Network. 116.

MOHIUDDIN Y N. 2006. Pakistan: A Global Studies Handbook［M］. ABC-CLIO.

REHMAN A，LUAN J，CHANDIO A A，et al. 20170. Livestock Production and Population Census in Pakistan: Determining Their Relationship with Agricultural GDP Using Econometric Analysis［J］. Information Processing in Agriculture，4（2）：168-177.

阿富汗

阿富汗伊斯兰共和国简称阿富汗，被称为通向南亚大陆的"锁钥"，它地处西亚、南亚和中亚的交汇处，是沟通东西方的桥梁，占据着非常重要战略地位。2014年以来，阿富汗与中国双边关系取得积极进展，双方国家领导人交往密切，中国对阿富汗援助力度加大，两国经贸合作关系不断加深，目前，中国是阿富汗第三大贸易伙伴国。同时阿富汗是中国重要的农产品国际贸易合作伙伴之一，两国具备良好的农业贸易合作基础。农业作为中阿国民经济的基础，双方经济结构和自然资源存在很强的互补性，进一步深化两国农业产业领域的交流合作，不仅能够加快推进中国农业技术转移，而且可以有效发挥阿富汗资源和市场优势，在互利共赢的政策目标下中阿未来的农业合作前景将更加广阔。

一、阿富汗基本概况

阿富汗是有着亚洲"心脏"之称的内陆国家。此前，受国内政局不稳定、安全形势严峻等因素影响，国际投资较少，本国工业、农业发展严重滞后。阿富汗与中国接壤，双方交往源远流长，其不仅是中国古丝绸之路的必经之道，也与中国一起共筑并见证了古丝绸之路的辉煌。近年来，随着阿富汗政局的逐渐趋稳，国际投资环境持续改善，经济社会发展环境和水平不断提高。

（一）地理区划

阿富汗南部和东部与巴基斯坦相邻，西部与伊朗毗邻，北部与土库曼斯坦、乌兹别克斯坦、塔吉克斯坦接壤，东北部凸出的狭长地带瓦（瓦罕走廊）与中国交界。从行政区划上看，阿富汗实行省—县制，全国分为喀布尔、赫拉特、卡比萨、法拉、巴达赫尚、古尔等34个省，设有368个行政区县。阿富汗首都喀布尔有着"水果之乡"的盛誉，同时也是全国的经济、政治、文化中心。

（二）政治制度

阿富汗实行总统共和制，阿富汗总统作为国家最高行政执行者，集国家元首、政府首脑、武装部队统帅于一身。总统由全民选举产生，任期5年，可连任一届。总统提名各部部长，经议会任命。2014年9月29日，阿什拉夫·加尼就任阿富汗新任总统。

（三）人口民族

2004年以来，阿富汗总人口呈稳定增长趋势（图1）；总人口不断增加，男性和女性人口比例基本保持1∶1；农村人口和城市人口比例基本保持在（3∶1）～（4∶1）（图2）。据阿富汗中央统计局数据显示，2004/2005年度，阿富汗总人口为2167.77万人，其中男性总人口为1108.64万人，女性总人口为1059.13万人；农村总人口为1700.90万人，城市总人口为466.87万人。受国内生活条件提高、医疗设施改善等因素影响，阿富汗人口不断增长，截至2017/2018年度，阿富汗总人口增至2822.44万人，比2004/2005年度增加30.2%；

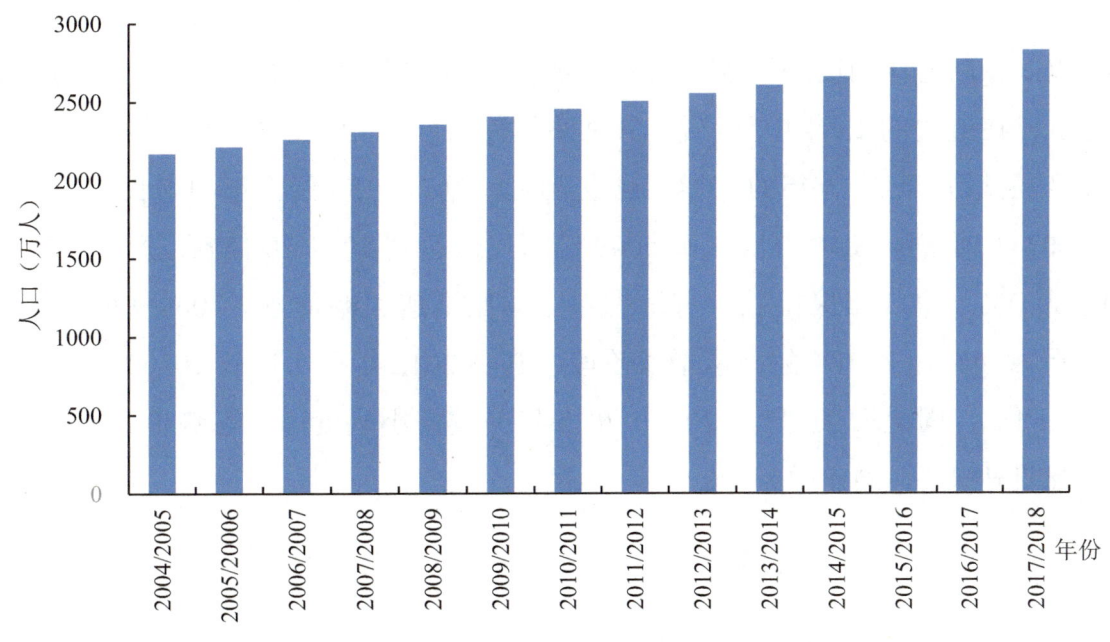

图1　2004—2017年阿富汗总人口

数据来源：阿富汗中央统计局

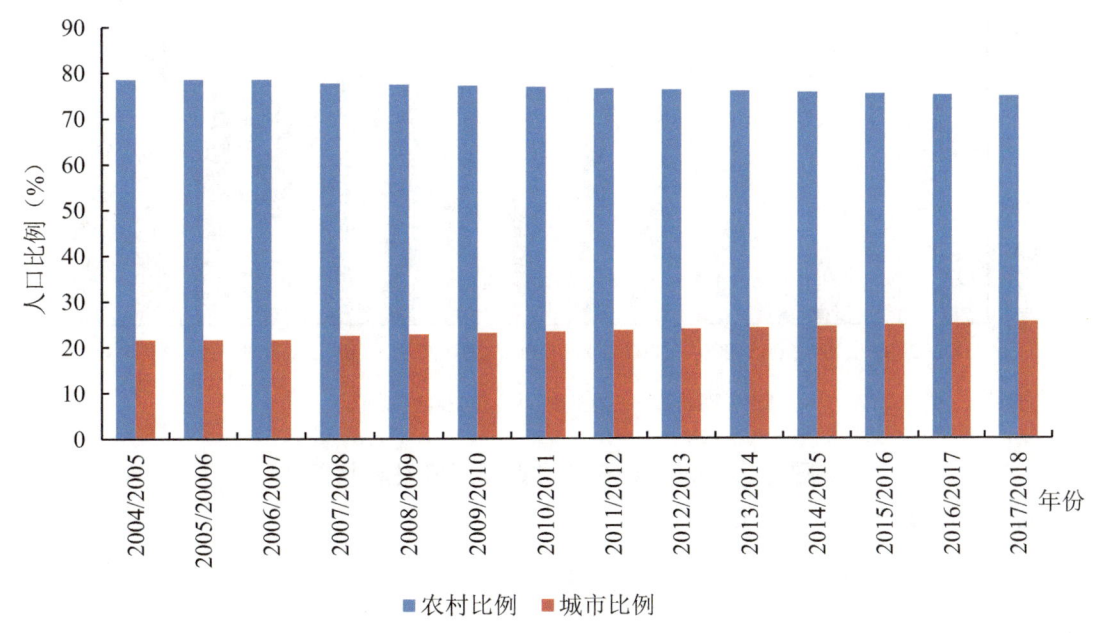

图2　2004—2017年阿富汗农村与城镇人口构成情况

数据来源：阿富汗中央统计局

男性总人口1443.85万人，比2004/2005年度增加30.2%；女性总人口1378.59万人，比2004/2005年度增加30.2%；农村总人口2107.61万，比2004/2005年度增加23.9%；城市人口714.82万，比2004/2005年度增加53.1%。阿富汗约30个民族，其中普什图族约占40.0%，99.0%的阿富汗人口为穆斯林。

（四）经济发展

2002以来，阿富汗国民经济逐步恢复发展，总体呈现"基数低、增速快"的特征。从现价情况看，在过去的15年中阿富汗GDP整体保持较为稳定的增长态势，由2002年的1999.61亿阿尼增长至2016年的13149.46亿阿尼，增长5.58倍，年均增长速度为14.4%（图3）。2007年阿富汗GDP首次突破5000亿阿尼，达到5054.20亿阿尼，同比增幅为近年最大的39.0%；2008年保持稳中有增态势，同比增速大幅回落。2009—2013年阿富汗GDP维持在10.0%~21.0%的高速增长阶段，其中2012年首次突破10000亿阿尼，达到10448.04亿阿尼，同比增21.0%。2014—2015年又重回小幅度增长态势（2.5%~2.6%），2016年增幅明显提高，同比增8.7%。

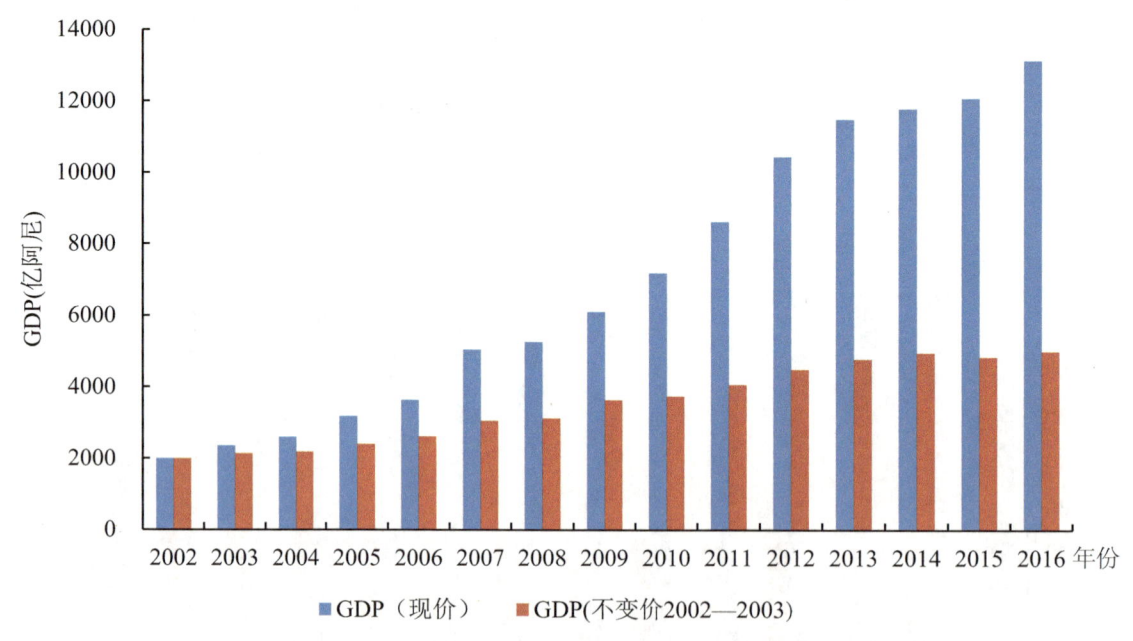

图3　2002—2016年阿富汗经济发展状况

数据来源：阿富汗中央统计局

从不变价（以2002/2003年度为基期）情况看，2002年以来阿富汗GDP整体保持稳定增长的态势，由1999.58亿阿尼增长至2016年的5006.74亿阿尼，增长1.5倍，年均增速为 8.0%。受整体经济形势等影响，2007 年阿富汗 GDP 为 3055.18 亿阿尼，同比增幅为 2002 年以来最大幅度为 16.8%。2008 年增幅有所回落，2009 年又大幅增长，同比增 16.3%；2010—2014 年 GDP 基本保持小幅的增长态势。2015 年，阿富汗 GDP 首次出现减少，减至 4842.27 亿阿尼，同比下降 2.4%。2016 年则继续保持此前增长态势，并首次突破 5000.00 亿阿尼，为 5006.74 亿阿尼，同比增 3.4%。

据中国驻阿富汗经商参赞处显示，农业是阿富汗的支柱产业，农业产值约占 GDP 的 1/4；工业基础薄弱、产值偏低，主要产业为轻工业和手工业，产值仅占 GDP 的 1/5；与此同时，服务业发展较快，尤其是通讯、金融、物流业发展迅速，产值占 GDP 的 1/2 以上。

（五）社会发展

30 多年的时局动荡，使得国内基础设施和工农业遭到严重破坏，导致资金匮乏、地势崎岖、生产生活物资短缺，贫困线以下人口占比约为 39%，经济发展严重依赖于外援。2001 年以来，受益于国际社会提供的大量人道主义援助，阿富汗战后重建工作取得了一定成果，并逐渐实现经济的缓慢恢复。但在基础设施、农产品配套服务体系、经济产业体系、基础教育等方面，阿富汗社会发展仍任重而道远。近年来，受国内安全形势严峻、国际援助减少、政局方向模糊等因素的影响，阿富汗经济增长速度有所放缓。

二、农业发展现状

农业是阿富汗国民经济的重要支柱产业之一。2017 年阿富汗中央统计局发布的统计数据显示，阿富汗农业产值约占国内生产总值的 1/4 左右。农业就业人员占就业人口总数的 61.4%。同时，农村基础设施薄弱、农业生产力低下、水资源管理和使用不可持续、先进农业技术获取路径和手段有限、农产品生产销售服务体系缺乏等严重阻碍了阿富汗农业的发展。因此，开发和振兴农业和农村经济，是阿富汗战后重建任务的重中之重。

（一）农业资源条件

阿富汗国土面积约 6522.3 万公顷，境内大部分地区属伊朗高原，高原和山地约占全国面积的 3/4。农用地面积约占总面积的 60.7%，为 3961 万公顷。永久牧场占地 3000 万公顷，种植业用地 961 公顷。种植业用地中休耕土地面积为 422.8 万公顷；灌溉作物面积为 245.7 万公顷；无灌溉设施作物面积为 114.4 万公顷；森林面积为 178.1 万公顷。

阿富汗属于大陆性气候，全年四季分明，冬寒夏热。北部和东北部地区最低气温可达零下30℃以下，东部部分城市最高气温可达49℃。全国干燥少雨，年平均降水量只有240毫米。

（二）农业生产情况

农业是阿富汗国民经济的支柱产业，由于自身条件的限制，阿富汗以小农生产为主。种植业主要的农产品包括小麦、水稻、大麦、马铃薯、玉米、棉花、干果以及各种水果等，畜牧业以放养为主，主要包括牛、绵羊、驴、鸡等。

1. 农业产值规模及构成

2002年以来，阿富汗农业总产值、谷物产值、畜牧产值、水果产值及其他产值均呈明显的波动性增加态势。从产值规模上看，2002—2016年农业总产值整体上波动幅度较大，但是涨势明显。农业总产值由2002年的874.25亿阿尼增至2016年的3165.10亿阿尼，涨幅达262.0%，年平均增长速度为9.6%。其中，经历了2002—2006年小幅波动后，2007年农业总产值骤然回升，达到1743.43亿阿尼，同比涨幅达42.3%。继2008年农业总产值回落之后，2009—2013年一直保持良好的增长态势，2013年达到产值小高峰（2940.83亿阿尼）。2014—2015年连续两年下滑后，2016年触底反弹，达到历史最高的3165.10亿阿尼，同比增15.5%。2002—2016年谷物产值整体上与农业总产值一样，保持较为明显的波动性增长态势，由2002年的368.29亿阿尼增至2016年的1165.68亿阿尼，增长797.39亿阿尼，涨幅为216.5%，年平均增长速度为8.6%。其中，2007年同比增长幅度较大为88.6%，产值达784.06亿阿尼。2008年下滑30.3%之后，一直到2011年谷物产值波动明显。2012年反弹回升，但增长势头有所减弱，到2014年产值达到历史最高值，为1343.06亿阿尼。2015—2016年连续两年下滑。畜牧产值由2002年的111.81亿阿尼增至2016年的401.02亿阿尼，涨幅为258.7%，年平均增长速度为9.6%。水果产值由2002年的60.35亿阿尼增至2016年的446.54亿阿尼，涨幅达6.40倍，年平均增长速度高达15.4%。其他产值由2002年的333.81亿阿尼增至2016年的1151.86亿阿尼，涨幅为2.45倍，年均增速为9.3%（图4）。

从产值结构上看，除其他产值外，谷物产值在农业总产值中占绝对优势，其次是畜牧，再者是水果。2002—2016年谷物产值占比保持在29.6%～45.7%。2011年畜牧、水果和其他产值大幅增加，而谷物产值同比大幅下降，导致谷物在农业总产值中占比达到历史最低值，为29.6%。受自身产值小幅增加和其他产值大幅下降的影响，2014年谷物产值占比达到历史最高的45.7%。2002—2016年畜牧产值占比维持在12.1%～22.0%。其中2004年受自身19.0%的高增长，占比达到22.0%，之后基本保持在12.0%～18.0%，近年来

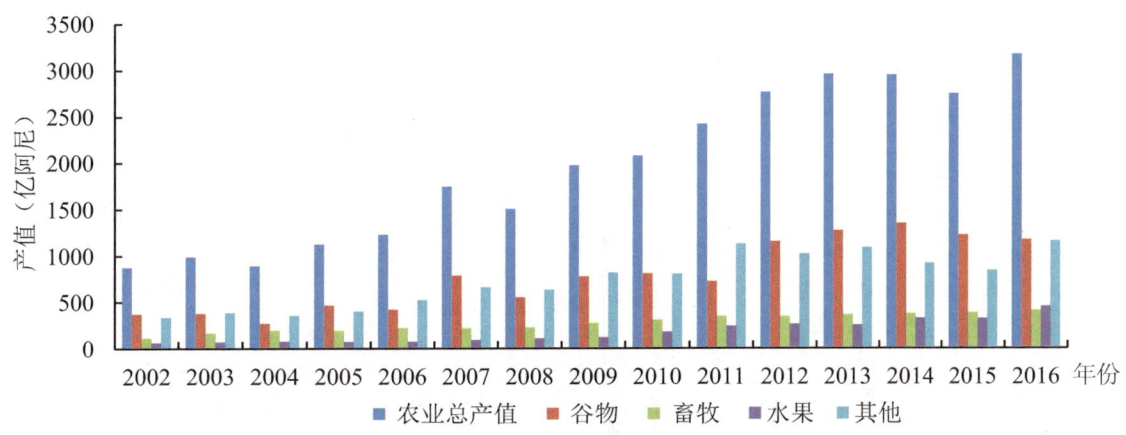

图 4　2002—2016 年阿富汗农业总产值、谷物、畜牧、水果及其他产值

数据来源：阿富汗中央统计局

占比有所下滑，在 12.0%～13.0%。2002—2016 年水果产值占比保持在 5.0%～14.1%。其中 2014 年水果产值同比增幅 29.7%，直接提高了其在农业总产值中的占比，并首次突破 10.0%，达到 10.8%。承接 2015—2016 年水果产值良好的增长势头，占比也持续增加，2016 年的占比达到 14.1%，首次超过畜牧产值占农业总产值的比重。

2. 主要农产品产量

（1）谷物类

谷物在阿富汗农业中占据重要地位，主要包括小麦、水稻和大麦等，主要品种在全国大部分地区均有种植，赫拉特、巴尔赫等是全国主要谷物生产集聚地。

小麦：小麦是阿富汗最重要的粮食作物之一，占谷物总种植面积的近 80%（2016 年度为 79.3%），占总产量的比重超过 80%（2016 年度为 82.4%）。从生产情况看，2000 年以来，全国小麦种植面积、单产水平及总产量均呈波动增长态势（图 5）。据阿富汗中央统计局统计数据显示，2000/2001 年度全国小麦种植面积为 202.90 万公顷，单产 0.72 吨 / 公顷，总产量 146.90 万吨。随着生产技术等条件的改善，小麦生产在接下来的 16 年中总体呈波动增长发展态势，2014 年小麦的种植面积和总产量均达到 2000 年以来最大值，分别为 265.37 万公顷和 537.03 万吨，较 2000 年分别增长 30.8% 和 265.6%。但值得关注的是，虽然 2015 年小麦单产达到创纪录的 2.20 吨 / 公顷，同比增 8.5%，但种植面积减少至 212.81 万公顷，总产量减少至 467.30 万吨，同比分别减少 19.8%、13%；2016 年，小麦种植面积有所恢复，达到 230.02 万公顷，同比增 8.1%，单产 1.98 吨 / 公顷，比上一年略减 9.8%，总产量 455.51 万吨，同比略减。

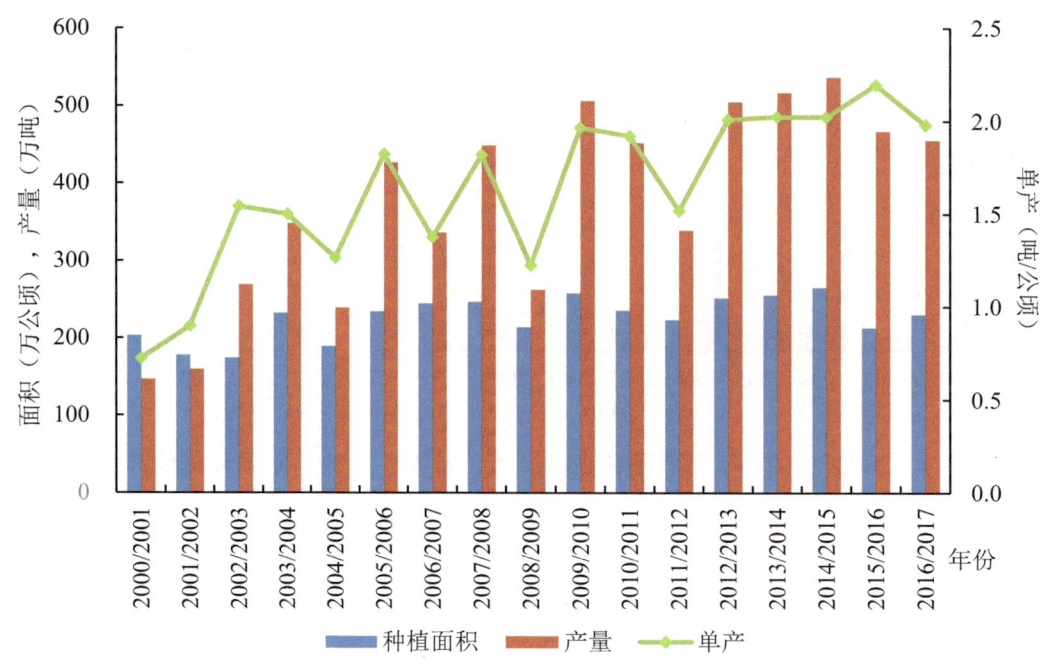

图 5　2000—2017 年阿富汗小麦总产、面积和单产情况

数据来源：阿富汗中央统计局

水稻：水稻是阿富汗谷物类农产品的重要组成部分。从生产情况看，2000 年以来，全国水稻种植面积呈波动增加态势，至 2015/2016 年度开始出现下降趋势（图 6）。据阿富汗中央统计局数据显示，2000/2001 年度全国水稻种植面积 13 万公顷，单产为 2 吨 / 公顷，总

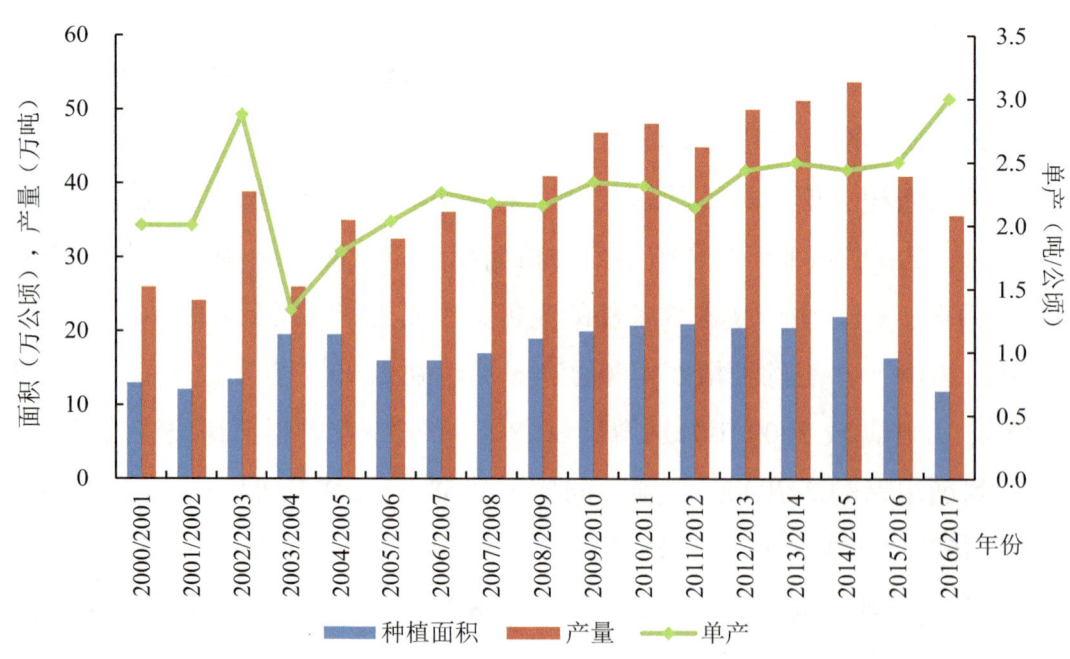

图 6　2000—2017 年阿富汗水稻总产、面积和单产情况

数据来源：阿富汗中央统计局

产量26万吨。受国内生产条件的改善等因素影响，水稻单产波动性增长，水稻的种植面积和总产量呈稳定增长趋势，2014/2015年度水稻的种植面积和总产量增至近年来峰值，分别为22万公顷和53.7万吨，单产为2.44吨/公顷，分别比2000年分别增长69.2%、106.5%和22.0%。2015/2016年度以来，水稻种植面积和总产量开始出现下滑趋势，单产则继续增加。2016/2017年度，水稻种植面积减至11.9万公顷，比2014/2015年度减少45.9%；总产量35.66万吨，比2014/2015年度减少33.6%；单产增至3吨/公顷，比2014/2015年度增加22.7%。

大麦：大麦是阿富汗重要的粮食作物之一。从生产情况看，2001年以来全国大麦种植面积呈整体波动增长趋势，总产量和单产不稳定且波动较大（图7）。2001/2002年度阿富汗种植面积8.70万公顷，单产1.00吨/公顷，总产量8.70万吨。受国内需求等因素影响，大麦种植面积总体呈波动性增长，2014/2015年度小麦的种植面积增至近10年来最高，为34.25万公顷，比2001/2002年度增加2.94倍；总产量增至2001年以来峰值，为52.10万吨，比2001/2002年度增加4.99倍；单产为1.52万吨，比2001/2002年度增加52.1%。20015/2016年度后总种植面积、总产量和单产均呈下降趋势，至2016/2017年度，种植面积减至21.92万公顷，比2014/2015年度减少36.0%；总产量减至30.19万吨，减少42.1%；单产为1.38吨/公顷，减少9.5%。

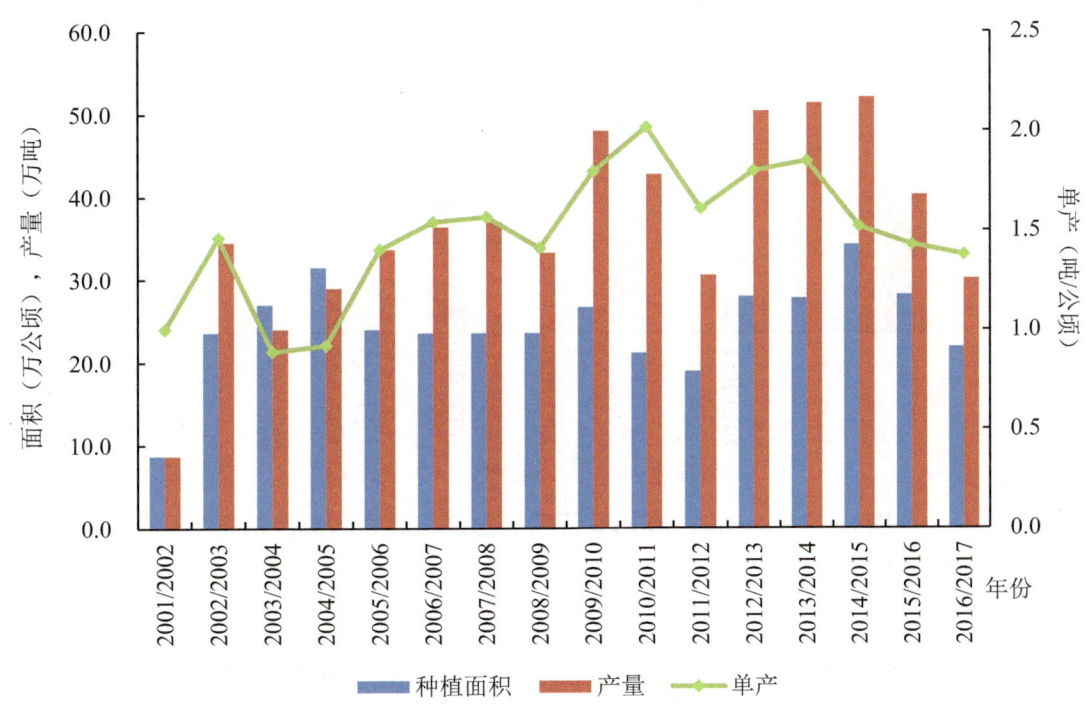

图7　2000—2017年阿富汗大麦总产、面积和单产情况

数据来源：阿富汗中央统计局

（2）经济作物

水果、坚果和蔬菜类农产品是阿富汗重要的经济作物，主要包括葡萄、棉花、杏仁和马铃薯等。

葡萄：葡萄是阿富汗最主要的水果之一，占水果类总种植面积的 24.5%（2016/2017 年度）。从生产情况看，2008/09 年度以来，葡萄的种植总面积呈稳定增长态势，总产量大体呈扁平"V"形走势，单产整体呈现下滑趋势（图 8）。据阿富汗中央统计局统计数据显示，2008/2009 年度阿富汗葡萄种植面积为 5.76 万公顷，单产 15 吨/公顷，总产量 86.4 万吨。受农业基础设施改善等因素影响，葡萄种植面积逐年增长，至 2016/2017 年度葡萄的种植面积达到 2008 年以来最高，为 8.25 万公顷，比 2008/2009 年增加 43.1%；葡萄总产量自 2009/10 年度以来呈扁平"V"形增长态势，在 2009/2010 年度总产量增至 91.25 万吨，之后在 2011/2012 年度减至近年最低的 49.25 万吨，随后呈稳步增长态势，2016/2017 年度增至 87.45 万吨，比 2008/2009 年度总产量增加 1.2%；单产为 10.61 吨/公顷，比 2008/2009 年度减少 29.3%。

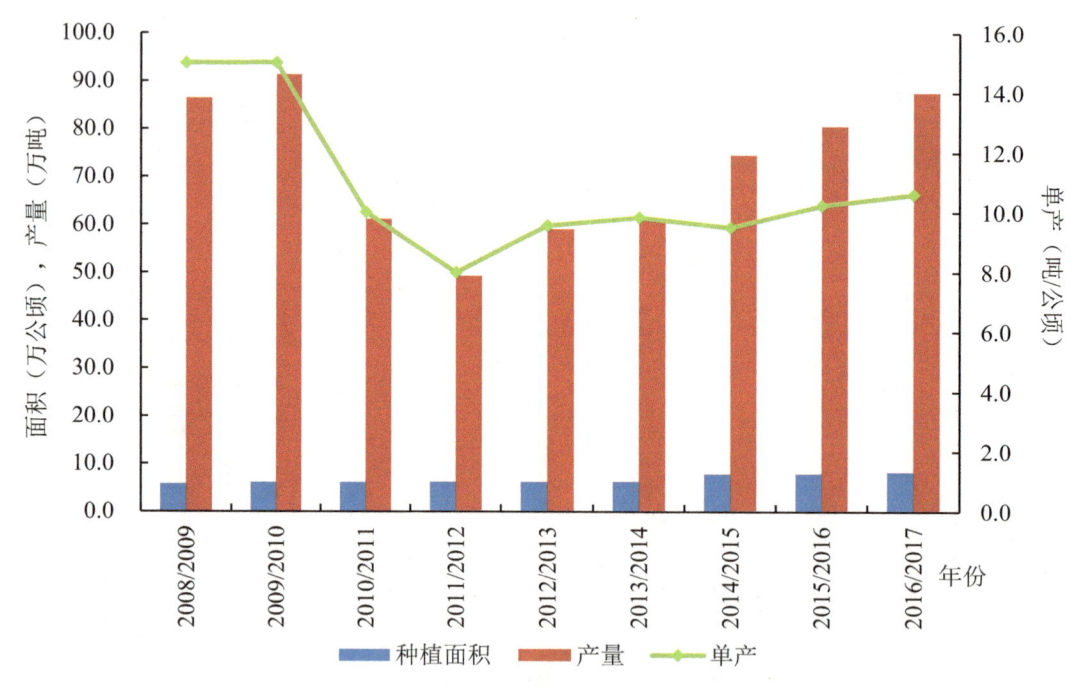

图 8　2008—2017 年阿富汗葡萄总产、面积和单产情况

数据来源：阿富汗中央统计局

棉花：棉花是阿富汗第二大经济作物。从生产上看，2006/2007 年度以来，棉花的种植总面积、总产量及单产均呈波动增长态势（图 9）。据阿富汗中央统计局统计数据显示，2006/2007 年度阿富汗棉花种植面积为 3.2 万公顷，总产量 3.2 万吨，单产 1 吨/公顷。受

需求、农业基础设施改善等因素的影响,2016/2017 年度棉花的总种植面积和总产量均达到 2006 年以来历史最高水平,分别为 5.11 万公顷和 5.9 万公吨,比 2006/2007 年度分别增长 59.7% 和 84.4%;2016/2017 年度棉花单产为 1.15 吨/公顷,比 2015/2016 年度减少 3.7%,但比 2006/2007 年度增长 15.5%。

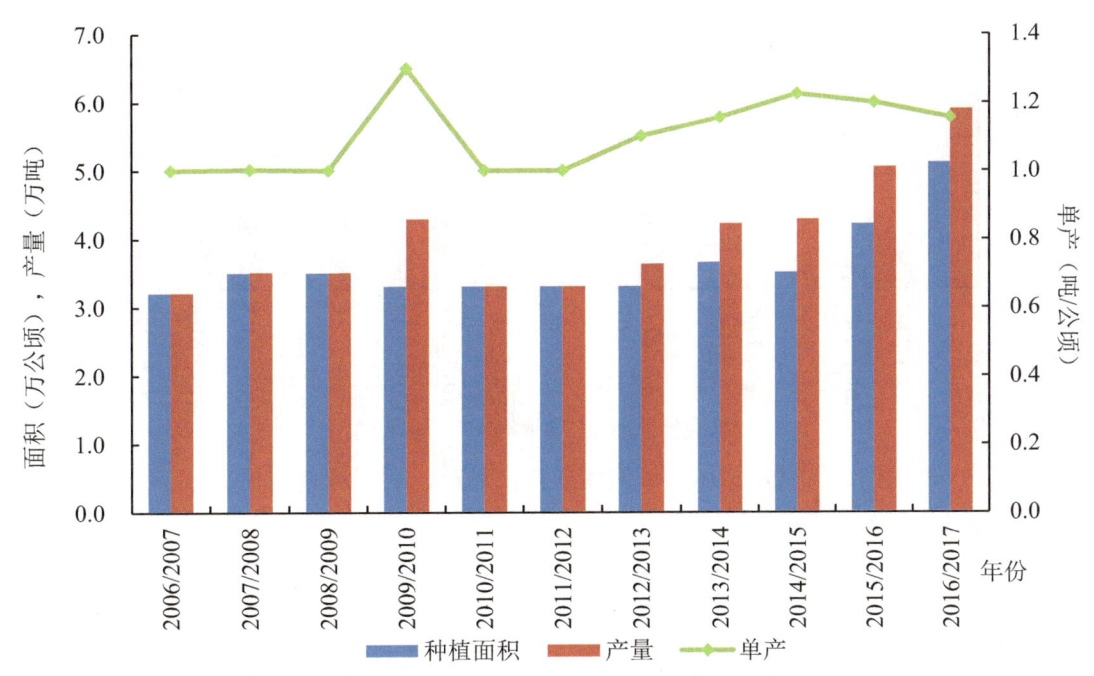

图 9　2006—2017 年阿富汗棉花总产、面积和单产情况

数据来源:阿富汗中央统计局

杏仁:杏仁是阿富汗最重要的坚果类农产品,也是重要的经济作物之一。从产量看,2000 年以来,阿富汗杏仁产量呈过山车式大幅波动性增加态势,产量由 2000 年的 0.90 万吨增至 2016 年的 3.28 万吨,涨幅达 8.36 倍,年均增速为 8.4%。其中,2000—2005 年杏仁产量小幅波动,维持在 0.70 万~0.90 万吨。以 2006 年为起点,产量增势明显。2006 年产量首次突破 2.00 万吨,同比增长 122.0%。直到 2009 年产量陡升至 7.02 万吨,同比涨幅 352.0%,达历史最高峰。2010—2015 年产量呈波动性急剧下滑态势。2016 年有所回升至 3.28 万吨。从面积看,2000 年以来,杏仁种植面积整体呈较为稳定的增长态势,由 2000 年的 0.55 万公顷增至 2016 年的 1.95 万公顷,涨幅达 254.6%,年均增速为 8.2%。除 2004—2005 年下降明显外,其他年份基本保持平稳的增长趋势。从单产看,2000 年以来,杏仁单产波动态势基本与总产量一致,经历过山车式陡升—陡降的态势,由 2000 年的 1.64 吨/公顷增至 2016 年的 1.68 吨/公顷,涨幅较小,为 1.2%,年均增速为 0.2%。其中,2009 年受产量陡涨的影响,单产增至 7.02 吨/公顷,达历史最高值。2010—2016 年单产基本成连续

大幅下滑态势，到2016年降至1.7吨/公顷，接近2000年的最初水平（图10）。

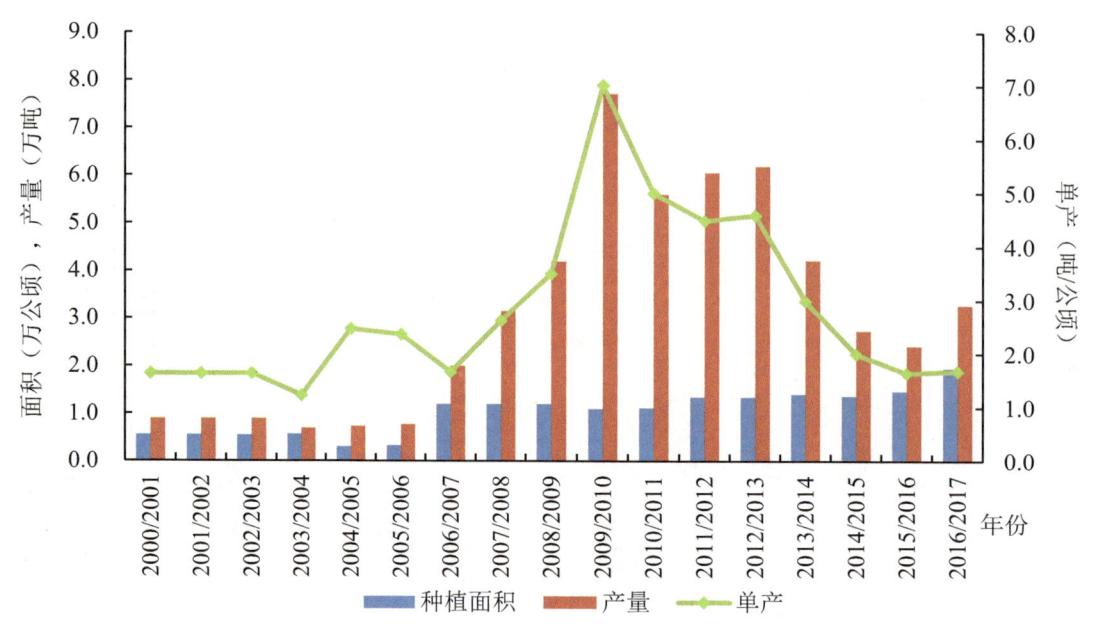

图10 2008—2017年阿富汗杏仁总产、面积和单产情况

数据来源：阿富汗中央统计局

马铃薯：马铃薯是阿富汗重要经济作物和食物资源之一。从产量看，2000年以来，马铃薯产量整体呈较大幅度波动性增加态势，产量由2000/2001年度的23.50万吨增至2016/2017年度的42.8万吨，涨幅为82.1%，年均增速为3.8%。2000—2003年产量保持基本平稳的发展态势，2004年骤升至35.00万吨，同比增加52.2%。2005—2009年产量维持在30.00万吨的水平，2010—2011年连续下滑至2011年的20.50万吨，达到历史低谷。2012年触底反弹，之后基本保持连续增长态势，直到2016年达到历史最高的42.79万吨，同比增30.7%，比2012年增86.0%。从面积看，2000年以来，马铃薯种植面积整体保持较小幅度的增长态势，面积由2000年的1.40万公顷增至2016年的3.57万公顷，涨幅达155.0%，年均增速为6.0%。2000—2015年种植面积基本保持在1.40万～2.50万公顷，2016年突破3.00万公顷，达到3.57万公顷，同比涨幅42.8%。从单产看，2000年以来，马铃薯单产整体表现出大幅波动下滑态势，单产由2000年的16.79吨/公顷下降至2016年的11.99吨/公顷，下降4.80吨/公顷，降幅达28.6%，年均下降速度为2.1%。受种植面积和总产量的影响，2000—2004年单产保持较为稳定的发展态势，维持在16.00～17.00吨/公顷，2005年开始下滑，降至15.00吨/公顷。下降的态势一直延续到2011年。2011年总产量的大幅下滑，单产降至10.00吨/公顷，达历史最低谷。2012—2016年，阿富汗

马铃薯单产呈先增后减的态势：经过连续 3 年不同程度增加，2014 年达到近年最高的 13.61 吨/公顷，之后连续两年下降，2016 降至 11.99 吨/公顷，同比减 8.5%（图 11）。

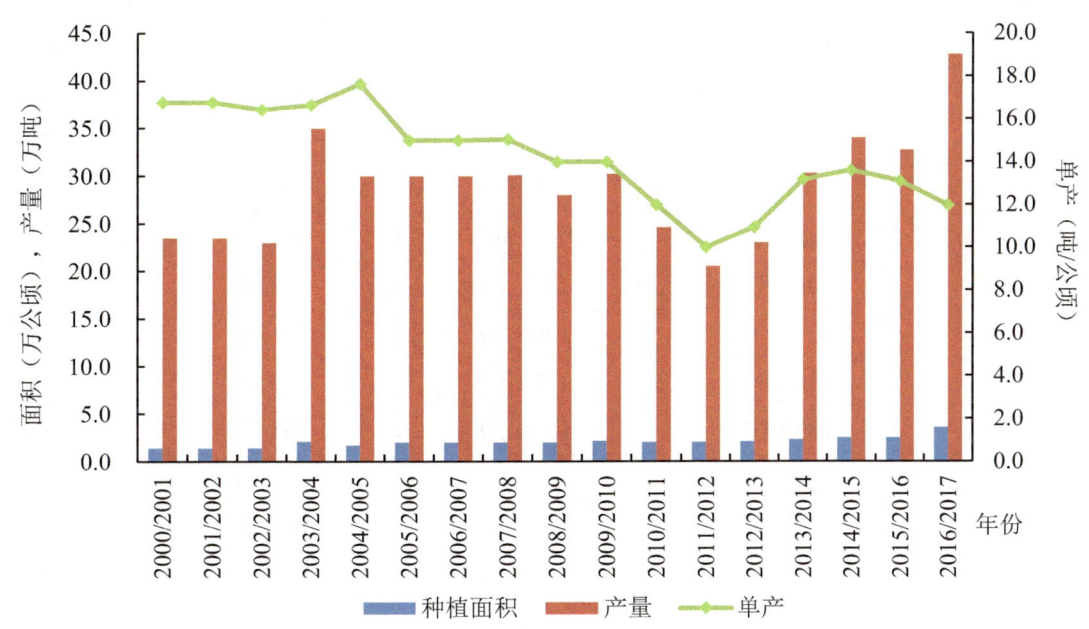

图 11　2008—2017 年阿富汗马铃薯总产、面积和单产情况

数据来源：阿富汗中央统计局

另外，阿富汗藏红花已连续三年被国际风味暨品质评鉴所（ITQI）评为全球最佳，并多次在国际评比中获奖。2015 年阿政府为促进藏红花种植，向 34 个省的农民配送约一吨藏红花球茎。2017 年阿富汗农业部实施藏红花发展五年规划，予以重点扶持，拟将其打造成为重要的出口农产品之一。

（3）畜牧业

2008 年以来，阿富汗主要牲畜数量呈稳定增加态势，主要养殖品种包括鸡、绵羊、山羊、牛等（表 1）。

表 1　1997/1998—2016/2017 年度阿富汗主要牲畜存栏量

（鸡、羊单位：万只；牛单位：万头）

年　度	鸡	绵羊	山羊	牛
1997/1998	740.00	1511.00	553.10	289.50
1998/1999	780.00	1625.20	659.90	300.80
1999/2000	740.00	1400.00	600.00	260.00
2000/2001	685.60	1395.50	500.30	224.90

(续表)

年　度	鸡	绵　羊	山　羊	牛
2001/2002	684.40	1395.50	500.30	224.90
2002/2003	1215.60	877.30	728.10	371.50
2003/2004	1240.20	907.40	742.50	382.90
2004/2005	1302.20	1013.60	764.80	349.40
2005/2006	1441.40	1077.30	697.70	372.30
2006/2007	1088.00	925.90	674.60	411.00
2007/2008	903.50	810.50	538.70	435.70
2008/2009	1068.85	1071.00	638.60	474.46
2009/2010	1019.30	1228.70	581.00	472.10
2010/2011	1288.80	1328.60	678.90	567.30
2011/2012	1337.80	1426.20	763.50	552.40
2012/2013	1321.20	1382.00	731.10	524.40
2013/2014	1205.30	1314.10	703.70	523.50
2014/2015	1109.80	1348.50	705.90	534.90
2015/2016	1186.30	1321.80	772.34	526.10
2016/2017	1189.94	1326.52	744.77	523.44

数据来源：阿富汗中央统计局

鸡：鸡是阿富汗畜禽业的代表，也是畜牧业最重要的农产品之一。1997年以来，阿富汗鸡存栏量整体呈波动增长趋势。数据显示，1997/1998年度，鸡存栏量为740万只。受养殖条件改善和技术进步等因素影响，2005/2006年度，鸡存栏量增至峰值1441.4万只，比1997/1998年度增加94.8%；随后，鸡存栏量呈下滑趋势，至2016/2017年度，鸡存栏量为1189.94万只，比2005/2006年度减少17.4%，仍比1997/1998年度增加60.8%。

绵羊：绵羊业是阿富汗产量（存栏量）最高的畜产品，在畜牧业中占有重要地位。1997年以来，阿富汗绵羊的年存栏量波动较大，总体呈下滑趋势。1997/1998年度，绵羊存栏量为1511万只。2007/2008年度的存栏量减至810.50万只，比1997/1998年度减少46.4%。其后，绵羊存栏量震荡回升，呈波动性增长态势。2016/2017年度，阿富汗绵羊存栏量为1326.52万只，同比增0.4%，仍比1997/1998年度减少12.2%。

山羊：山羊是阿富汗第三大畜产品。1997年以来，山羊存栏量总体呈波动上升趋势。1997/1998年度，山羊存栏量为553.1万只。受国内养殖逐渐恢复和市场需求拉动等因素影响，2015/2016年度阿富汗山羊存栏量增至近20年最高的772.34万只，同比增2.3%，比1997/1998年度增加39.6%。但2016/2017年度山羊存栏量回落至744.77万只，比

2015/2016 年度减少 3.6%，但比 1997/1998 年度增加 34.7%。

牛：牛是阿富汗第 4 大畜牧产品。1997 年以来，阿富汗牛存栏量总体表现出波动上升趋势。1997/1998 年度，全国牛存栏量为 289.5 万头。2010/2011 年度，牛存栏量达到峰值 567.3 万头，同比大幅增加 96.0%。之后，牛存栏量出现下滑，2016/2017 年度阿富汗牛存栏量仅为 523.44 万头，同比略减 0.5%，比 2010/2011 年度减少 7.7%，比 1997/1998 年度增加 80.8%。

2008—2013 年阿富汗牲畜肉类产量基本保持稳定发展态势，年均产量为 30.3 万吨，主要产品包括牛肉、羊肉和小羊羔肉、山羊肉和禽肉产品（表 2）。从结构上看，牛肉是产量占比最大的，年均为 13.5 万吨，占肉类生产总量的 44.6%；其次是羊肉和小羊羔肉，年均产量为 11.1 万吨，占肉类生产总量的 36.7%；山羊肉和鸡肉产量规模相对较小，年均产量分别为 3.3 万吨和 1.3 万吨，分别占肉类生产总量的 10.8% 和 4.3%。

表 2　2008—2013 年阿富汗主要牲畜产品产量　（单位：万吨）

年　份	牛　肉	山羊肉	羊肉和小羊羔肉	鸡　肉	总　量
2008	13.3	3.2	11.0	1.3	29.8
2009	13.5	3.2	11.1	1.3	30.1
2010	13.1	3.2	11.3	1.3	30.0
2011	13.8	3.3	11.5	1.3	30.9
2012	13.9	3.2	11.1	1.3	30.7
2013	13.4	3.5	10.6	1.3	30.1

数据来源：阿富汗中央统计局

3. 主要农业产业布局

小麦：阿富汗小麦生产区域布局基本稳定。2008/2009 年度以来，主要产区种植面积排名略有变化，但幅度不大，赫拉特、巴尔赫两省小麦的种植面积稳居全国小麦总种植面积的前 5 位。2008/2009 年度小麦种植面积按大小排序前 5 省分别为法里亚布、巴尔赫、塔哈尔、赫拉特和巴达赫尚，面积合计为 89.2 万公顷，占小麦总面积的 41.7%；产量合计为 66 万吨，占小麦总产量的 25.2%。2016/2017 年度小麦种植面积排名前 5 省分别为赫拉特、巴尔赫、塔哈尔、昆都士和法里亚布，面积合计占小麦总面积的 39.7%，为 91.22 万公顷，合计面积比 2008/2009 年度增长 2.3%；产量合计占小麦总产量的 37.9%，为 172.78 万吨，合计产量比 2008/2009 年度增长 161.8%（图 12～图 15）。

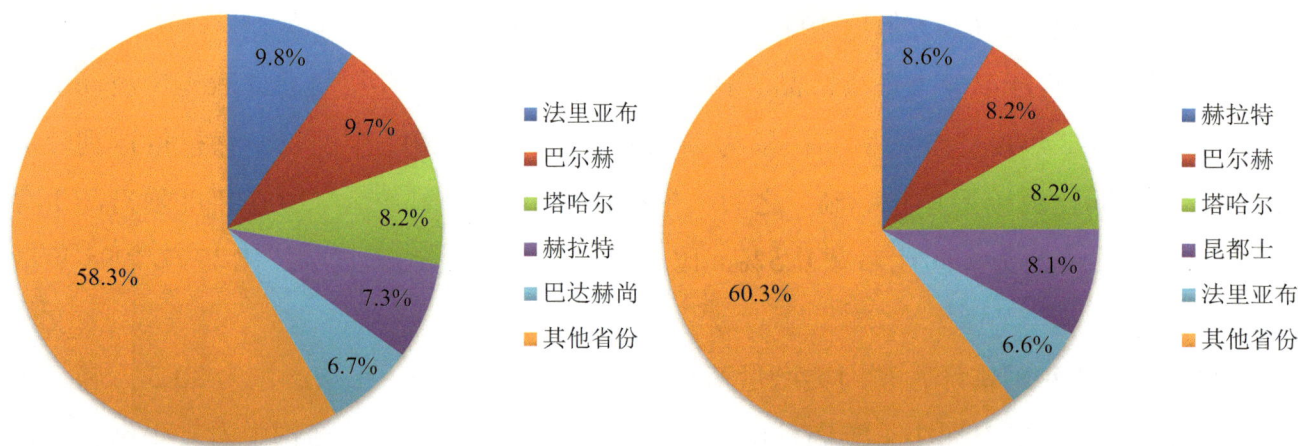

图 12　2008/2009 年度阿富汗小麦面积分布格局
数据来源：阿富汗中央统计局

图 13　2016/2017 年度阿富汗小麦面积分布格局
数据来源：阿富汗中央统计局

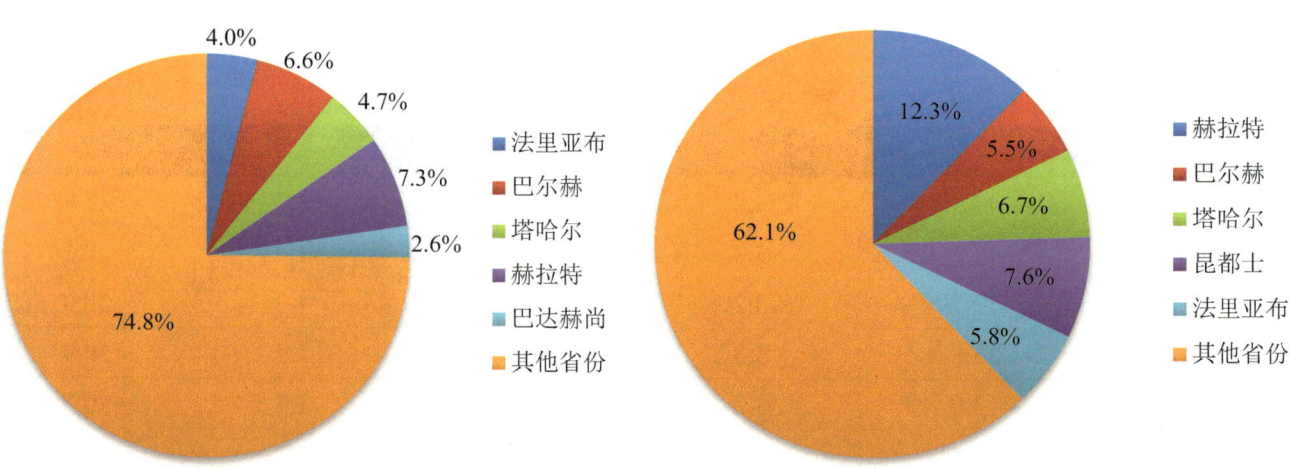

图 14　2008/2009 年度阿富汗小麦产量分布格局
数据来源：阿富汗中央统计局

图 15　2016/2017 年度阿富汗小麦产量分布格局
数据来源：阿富汗中央统计局

水稻：阿富汗水稻主要生产的区域布局基本稳定。2008/2009 年度以来，昆都士省、巴格兰和塔哈尔 3 省稳居水稻种植面积的前 3 位。2008/2009 年度水稻种植面积前 5 位的省份分别为巴格兰、昆都士、塔哈尔、拉格曼和赫拉特，面积合计为 13.27 万公顷，占全国水稻总面积的 69.8%，产量合计为 27.6 万吨，占全国水稻总产量的 67.3%。2016/2017 年度水稻种植面积排名前 5 省分别为昆都士省、巴格兰、塔哈尔、赫拉特和巴尔赫，面积合计占水稻总面积的 71.9%，为 8.56 万公顷，合计面积比 2008/2009 年度降低 35.5%；产量合计占水稻总产量的 73.8%，为 26.33 万吨，合计产量比 2008/2009 年度降低 4.6%（图 16～图 19）。

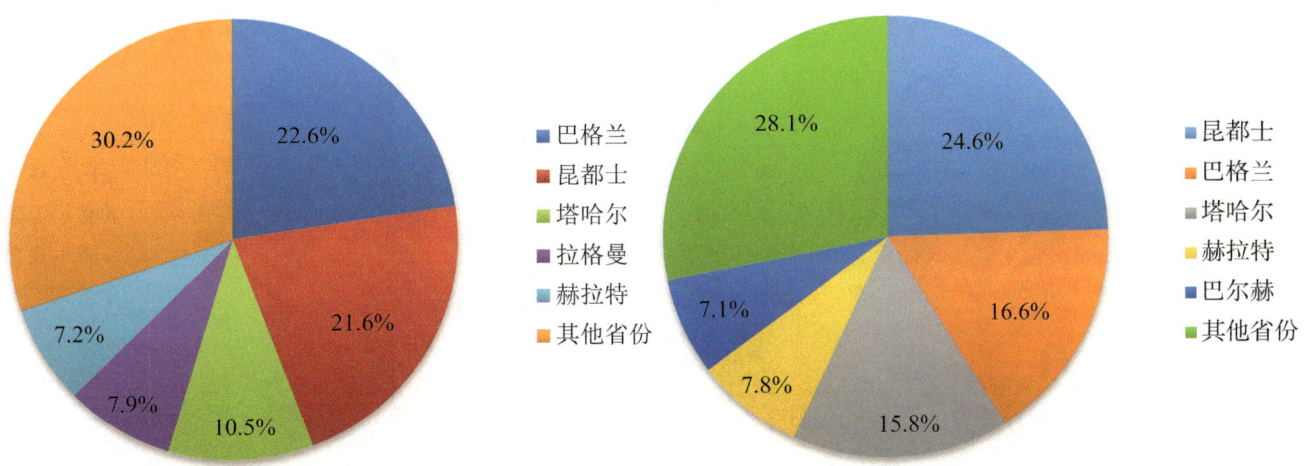

图16　2008/2009年阿富汗水稻面积分布格局
数据来源：阿富汗中央统计局

图17　2016/2017年阿富汗水稻面积分布格局
数据来源：阿富汗中央统计局

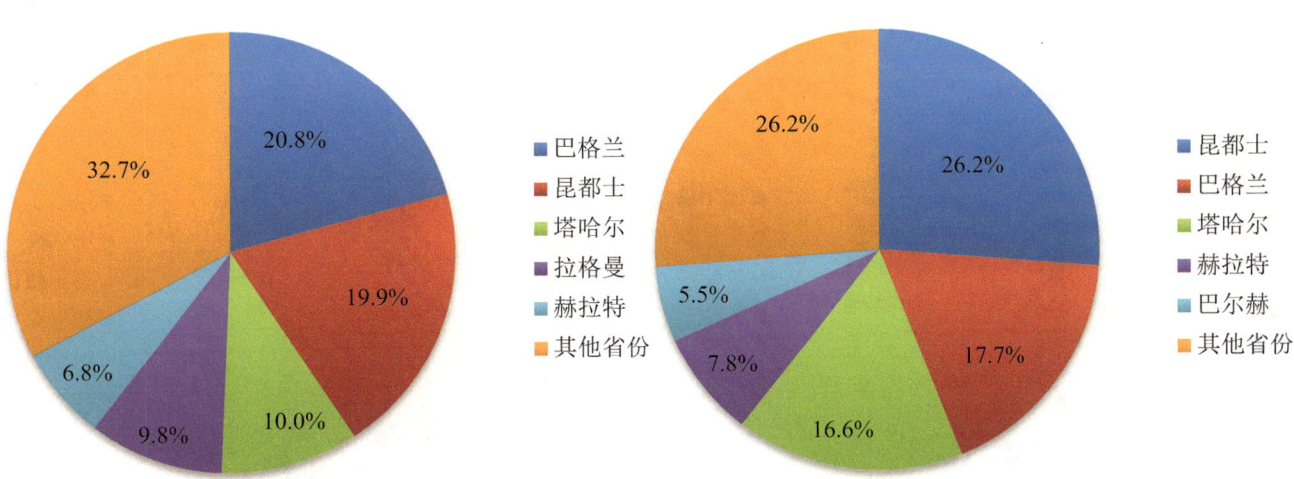

图18　2008/2009年阿富汗水稻产量分布格局
数据来源：阿富汗中央统计局

图19　2016/2017年阿富汗水稻产量分布格局
数据来源：阿富汗中央统计局

大麦：阿富汗大麦主要生产区域布局基本稳定。2008/2009年度各省大麦种植面积按大小排序前5省分别为巴尔赫、法里亚布、塔哈尔、朱兹詹和加兹尼，面积合计为11.73万公顷，占全国大麦总种植面积的49.7%；产量合计为19.29万吨，占大麦总产量的57.9%。2016/2017年度大麦种植面积排名前5省分别为塔哈尔省、巴尔赫、赫尔曼德省、法里亚布和帕克提卡，面积合计占大麦总面积的47.8%，为10.49万公顷，合计面积比2008/2009年度减少10.6%；产量合计占大麦总产量的45.6%，为13.78万吨，合计产量比2008/2009年度减少28.6%（图20～图23）。

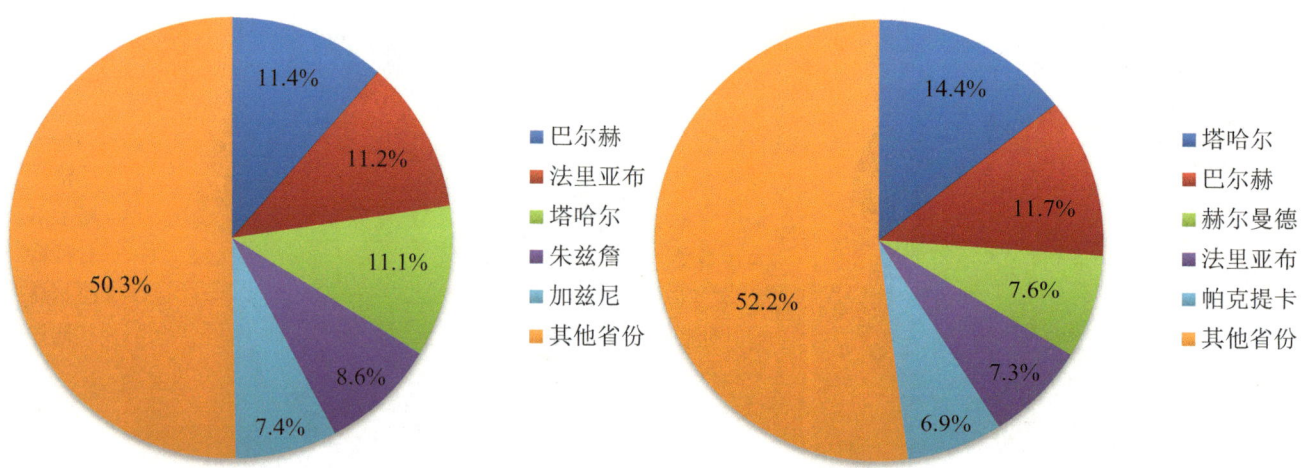

图20　2008/2009年阿富汗大麦面积分布格局
数据来源：阿富汗中央统计局

图21　2016/2017年阿富汗大麦面积分布格局
数据来源：阿富汗中央统计局

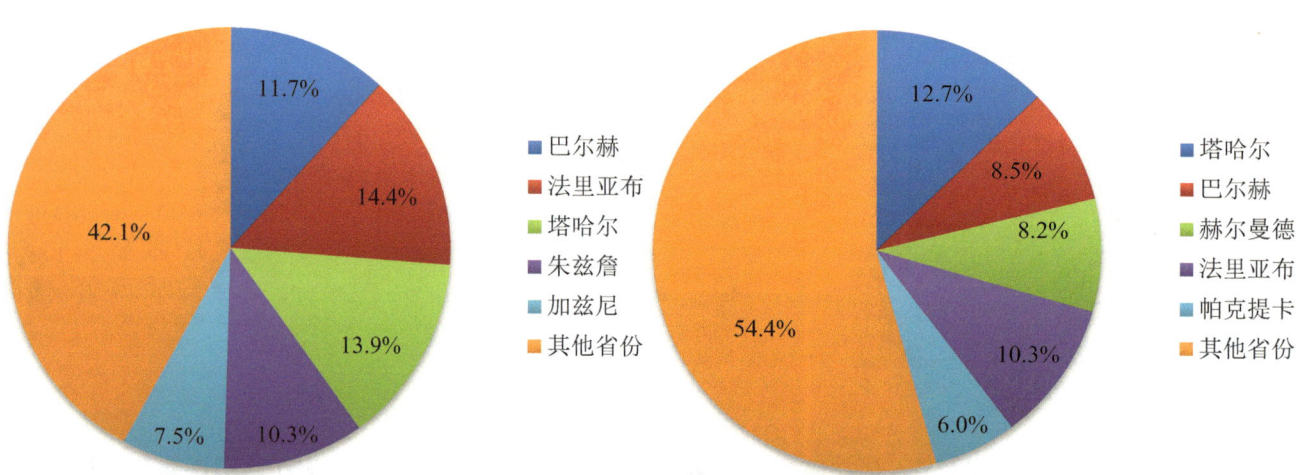

图22　2008/2009年阿富汗大麦产量分布格局
数据来源：阿富汗中央统计局

图23　2016/2017年阿富汗大麦产量分布格局
数据来源：阿富汗中央统计局

葡萄：阿富汗葡萄产区的布局相对较为稳定，主要产区种植面积排名略有变化，但加兹尼和喀布尔两省葡萄种植面积稳居前5位。2008/2009年度葡萄种植面积按大小排序前五省分别为扎布尔、帕尔旺、萨尔普勒、加兹尼和喀布尔，面积合计为4.55万公顷，占全国葡萄总种植面积的79%；合计产量为68.23万吨，占葡萄总产量的73.4%。2016/2017年度葡萄种植面积排名前五省分别为坎大哈、加兹尼、喀布尔、萨尔普勒和法利亚布，面积合计占全国总面积的66.9%，为5.51万公顷，比2008/2009年度增加21.2%；合计产量占葡萄总产量的73%，为63.86万吨，比2008/2009年度减少6.4%（图24～图27）。

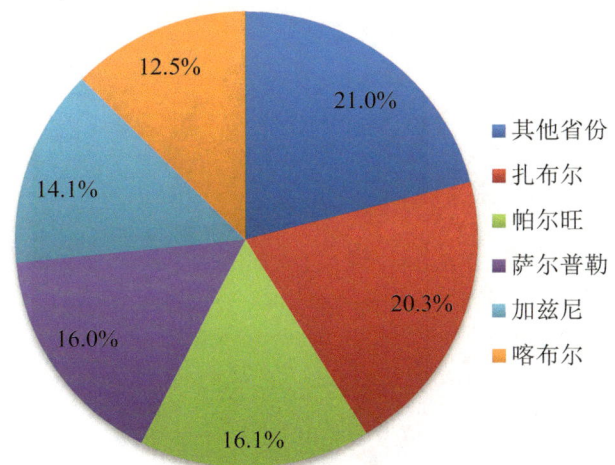

图24 2008/2009年阿富汗葡萄面积分布格局

数据来源：阿富汗中央统计局

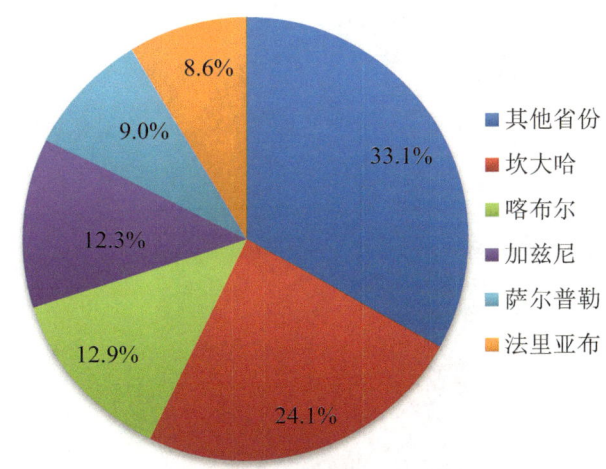

图25 2016/2017年阿富汗葡萄面积分布格局

数据来源：阿富汗中央统计局

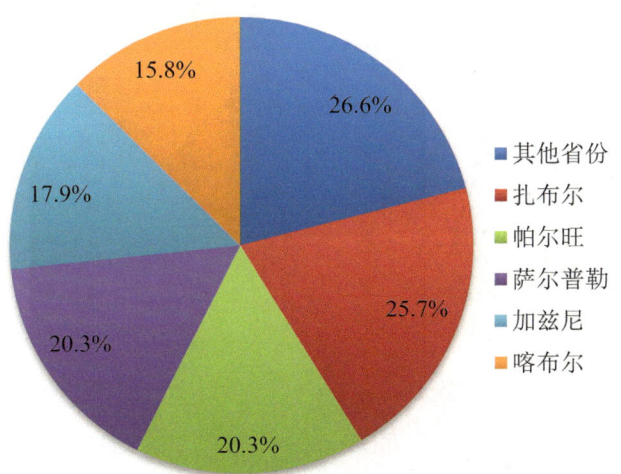

图26 2008/2009年阿富汗葡萄产量分布格局

数据来源：阿富汗中央统计局

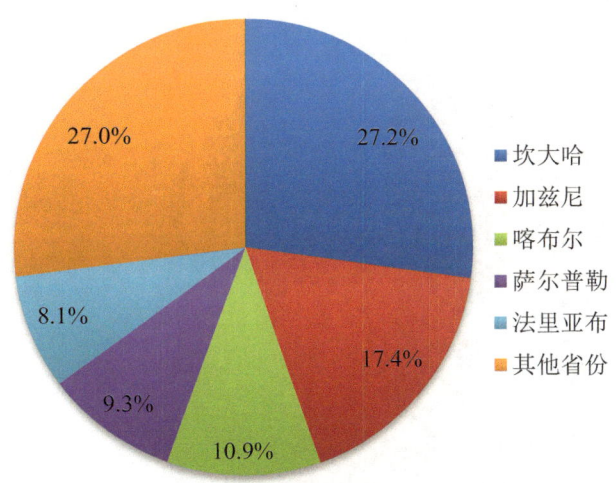

图27 2016/2017年阿富汗葡萄产量分布格局

数据来源：阿富汗中央统计局

棉花：2006年以来，棉花生产区域布局基本稳定，巴尔赫和赫尔曼德两省稳居全国棉花总种植面积的前2位。2006/2007年度棉花种植面积按大小排序前五省分别为赫尔曼德省，巴尔赫，昆都士省，楠格哈尔和巴格兰，面积合计为2.69万公顷，占全国总面积的84.1%；合计产量为2.32万吨，占全国总产量的72.5%。2016/2017年度棉花种植面积排名前5省分别为巴尔赫，赫尔曼德，楠格哈尔，塔哈尔和巴格兰，合计面积占棉花总种植面积的92.6%，为4.73万公顷，比2006/2007年年度增长75.8%；合计产量占棉花总产量的92.7%，为5.47万吨，比2006/2007年减少135.8%（图28～图31）。

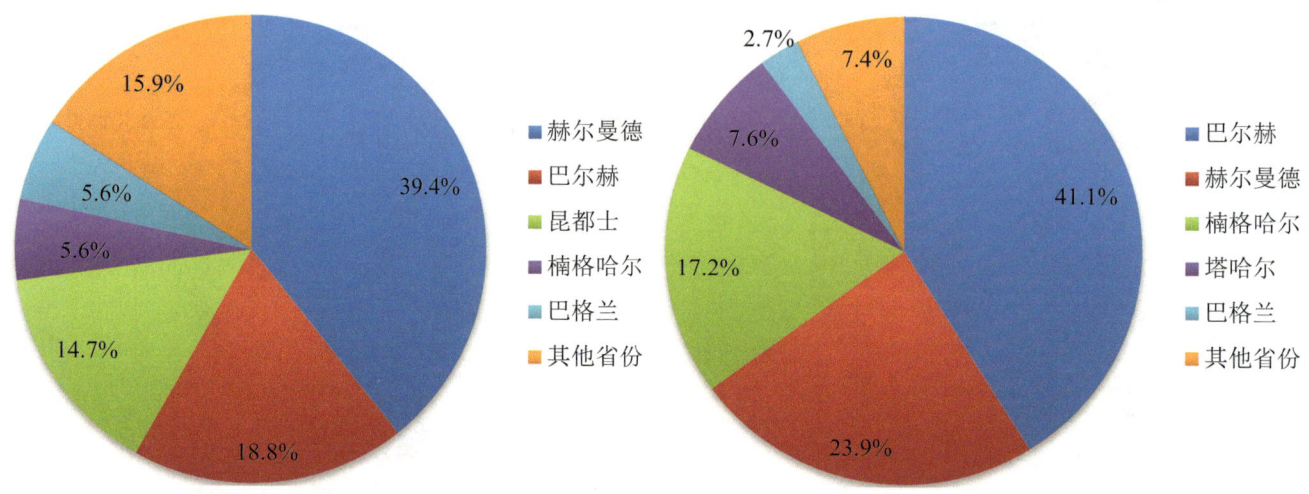

图28　2006/2007年阿富汗棉花面积分布格局

数据来源：阿富汗中央统计局

图29　2016/2017年阿富汗棉花面积分布格局

数据来源：阿富汗中央统计局

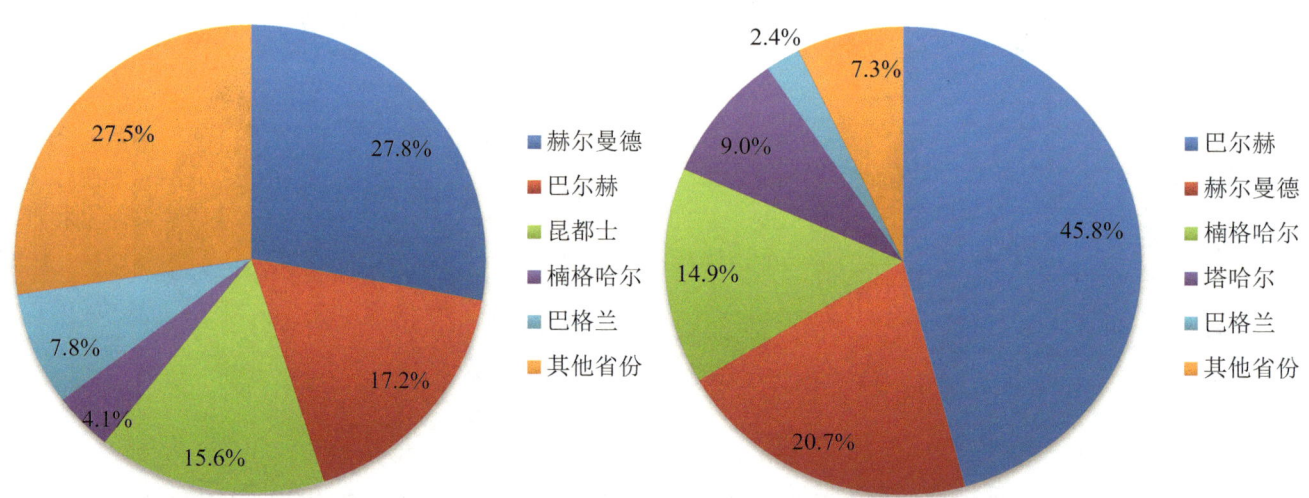

图30　2006/2007年阿富汗棉花产量分布格局

数据来源：阿富汗中央统计局

图31　2016/2017年阿富汗棉花产量分布格局

数据来源：阿富汗中央统计局

（三）农产品贸易情况

1. 主要农产品贸易规模

阿富汗中央统计局数据显示，2008年以来阿富汗农产品进出口贸易额总体呈增长态势，贸易逆差总体呈扩大趋势（图32）。从进口情况看，2008/2009年度以来，阿富汗农产品进口贸易额总体表现出明显增长特征。2008/2009—2014/2015年度的进口贸易额不断增加，年进口贸易额从5.70亿美元稳定增长至19.14亿美元，增加13.44亿美元，涨幅为236.0%。2015/2016年度的进口贸易额有所回落，进口贸易额为17.76亿美元，比上年同期减少1.37亿美元，同比下降7.2%；2016/2017年度出现小幅增长，进口贸易额为18.28亿美元，比上年同期增加0.52亿美元，同比涨幅为2.9%。从出口情况看，2008/2009年度以来阿富汗农产品出口额表现先降后增趋势。第一阶段，由2008/2009年度的3.58亿美元降至2011/2012年度的2.47亿美元，减少1.10亿美元，降幅为30.9%。第二阶段，2011/2012年度—2016/2017年度，阿富汗农产品出口额呈稳定增长趋势，2016/2017年度农产品出口额达5.14亿美元，相比2011/2012年度增加2.67亿美元，涨幅为107.9%。从进出口贸易差额情况看，受农产品进口额涨幅逐步大于出口额涨幅的影响，农产品进出口贸易逆差也逐步拉大，由2008/2009年度的2.12亿美元增至2016/2017年度的13.14亿美元，涨幅达520%。其中2014/2015年度逆差达到历史最大，为14.9亿美元。

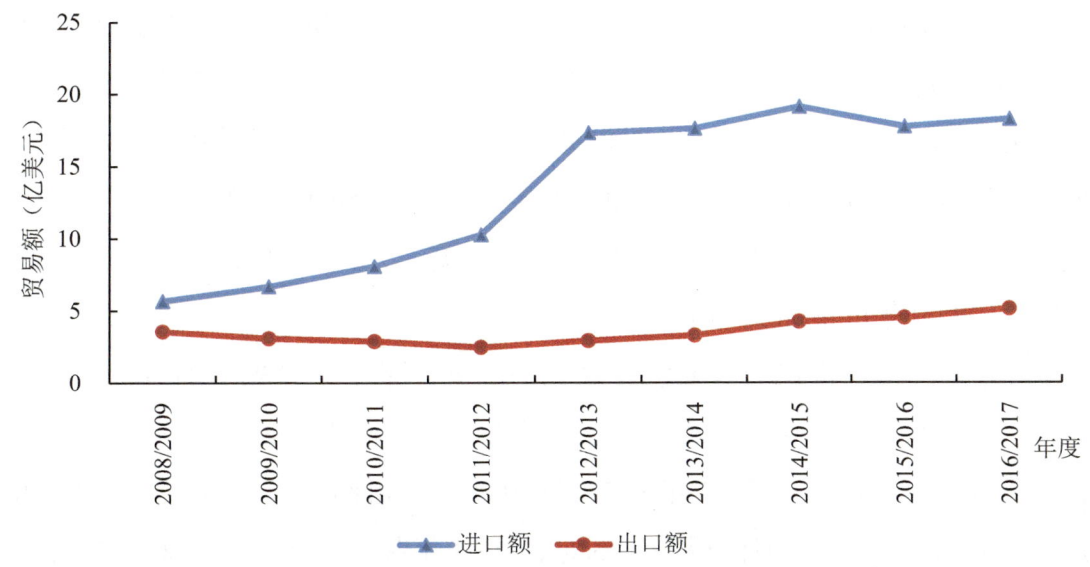

图32　2008/2009—2016/2017年度阿富汗进出口贸易走势图

数据来源：阿富汗中央统计局

2. 主要进口农产品

阿富汗主要进口农产品为小麦和小麦粉、植物油、大米、茶、鸡肉等。据阿富汗中央统计局数据显示，2008—2016年，主要农产品的进口量和进口额都呈现出不同程度增长。

小麦和小麦粉。小麦和小麦粉是阿富汗最主要的进口农产品之一，进口量和进口额均居农产品之首。2008年以来，小麦和小麦粉的进口量和进口额波动较大，但整体呈增加趋势（表3）。据阿富汗中央统计局数据显示，2008年阿富汗小麦和小麦粉进口量为58.32万吨，进口额为1.62亿美元。虽然国内小麦总产量不断增长，但仍满足不了国内需求，2016年阿富汗小麦和小麦粉的进口量和进口额增至2008年以来的最高水平，分别为220.56万吨和6.64亿美元，比2008年分别增加278.2%和308.8%。

植物油。植物油是阿富汗第2大进口农产品。2008年以来，植物油的进口量与进口额总体呈波动增长趋势（表3）。2008年阿富汗植物油的进口量为18.92万吨，进口额为1.63亿美元。随着国内消费需求等因素的增加，2014年，阿富汗植物油的进口量和进口额均达到近年来最大值，分别为49.83万吨和4.91亿美元，比2008/2009年度分别增长163.4%和200.8%。随后，植物油的进口量与进口额呈下滑趋势，至2016/2017年度，阿富汗的植物油的进口量与进口额分别降至32.26万吨和3.16亿美元，比2014年分别减少35.3%和35.5%，比2008年分别增长70.5%和93.9%。

稻米。稻米是阿富汗主要进口农产品之一。2008年以来，稻米的进口量和进口额总体呈波动增长趋势（表3）。2008/2009年度阿富汗的稻米进口量为1.29万吨，进口额为0.21亿美元。受国内消费增加等因素影响，稻米进口量稳步增长，至2013年，进口量增至近年来最高，为44.67万吨，同比增75.9%，比2008年增加33.62倍；进口额为0.92亿美元，同比减31.4%，比2008年增3.42倍。其后，稻米进口量受国内供给量等因素影响呈波动下降趋势，2016年进口量为15.05万吨，同比增54.8%，比2013年减少66.3%，比2008/2009年度增加10.67倍；进口额为0.91亿美元，同比增62.7%，比2013年减少1.9%，比2008/2009年度增加3.33倍。

茶叶。茶叶是阿富汗进口的重要农产品之一。进口量整体呈先增加后减少的趋势（表3）。数据显示，2008年，茶叶进口量为1.29万吨，进口额为0.21亿美元。除2009年外，阿富汗茶叶进口量稳步增长至2012年的13.56万吨，进口额为2.25亿美元，比2008年度分别增加9.52倍和9.79倍。但值得关注的是，2013年起茶叶的进口量和进口额均呈稳定下降的趋势。2016年，茶叶的进口量和进口额分别降至5.16万吨和0.90亿美元，同比分别减28.7%、30.5%，比2012年分别减少62.0%和60.2%，比2008年分别增加3.00倍和3.29倍。

表3 2008—2016年阿富汗主要农产品进口量和进口额

（进口量单位：万吨；进口额单位：亿美元）

年 份	小麦和小麦粉		植物油		稻 米		茶		鸡 肉	
	进口量	进口额	进口量	进口额	进口量	进口额	进口量	进口额	进口量	进口额
2008	58.32	1.62	18.92	1.63	1.29	0.21	1.29	0.21	0.46	0.05
2009	113.54	3.60	7.86	0.43	2.53	0.17	0.98	0.09	2.31	0.25
2010	80.27	2.30	18.84	1.20	3.88	0.24	3.09	0.38	3.86	0.45
2011	68.40	2.20	24.24	1.70	7.01	0.37	6.32	0.86	5.10	0.66

(续表)

年份	小麦和小麦粉		植物油		稻米		茶		鸡肉	
	进口量	进口额	进口量	进口额	进口量	进口额	进口量	进口额	进口量	进口额
2012	86.68	2.67	42.32	3.90	25.39	1.35	13.56	2.30	2.18	0.36
2013	147.41	4.69	41.25	4.05	44.67	0.92	10.66	1.64	4.59	0.70
2014	161.01	5.23	49.83	4.91	11.06	0.61	8.51	1.57	4.23	0.64
2015	139.84	4.68	37.76	3.47	9.73	0.56	7.24	1.29	4.18	0.49
2016	220.56	6.64	32.26	3.17	15.05	0.91	5.16	0.90	3.55	0.36

数据来源：阿富汗中央统计局

3. 主要出口农产品

阿富汗出口农产品种类多达几十种，主要产品包括干果、水果、药材、种子等，其中葡萄干、杏仁、甘草根、芝麻籽等占比较高。

葡萄干：葡萄干是阿富汗出口量最大的农产品之一。2008年以来，葡萄干的出口量和出口额呈波动下降趋势（表4）。据阿富汗中央统计局统计数据显示，2008年，阿富汗葡萄干的出口量为7.33万吨，出口额为1.01亿美元。受自然条件等因素的影响，2016年，葡萄干的出口总量下滑至1.92万吨，同比减28.4%，比2008年减少73.9%；出口额为0.57亿美元，同比减29.5%，比2008年减少43.9%。

杏仁：杏仁是阿富汗出口农产品的重要组成部分。2010年以来，阿富汗的杏仁的出口量和出口额呈波动上升趋势（表4）。2010年，阿富汗的杏仁出口量为0.21万吨，出口额为0.18亿美元。受出口国需求增加等因素影响，2016年，杏仁的出口量增至0.90万吨，同比增75.2%，比2010年增加333.1%；出口额为0.32亿美元，同比增10.3%，比2010年增加81.1%。

甘草根：甘草根是阿富汗重要中药材出口产品和农产品之一。2008年以来，甘草根的出口量和出口额呈波动上升趋势（表4）。2008年，阿富汗甘草根的出口量和出口额分别为0.95万吨和0.13亿美元。随着国际市场需求的增加，阿富汗甘草根出口量不断增加。2016年，甘草根的出口量和出口额分别增至2008年以来最高的4.03万吨和0.55亿美元，同比分别增365.7%和117.9%，分别比2008年增加323.4%和314.2%。

芝麻籽：芝麻籽已成为阿富汗重要的出口农产品之一，近年来出口量和出口额呈现波动增加态势（表4）。数据显示，2008年阿富汗芝麻籽出口量为0.45万吨，出口额为0.03亿美元。随着国内生产技术改善、产量增加等方面的推动，2012年阿富汗芝麻籽的出口量和出口额增至2.46万吨和0.35亿美元，同比分别增120.3%和86.3%，分别比2008年增加4.51倍和9.35倍。之后，芝麻籽的出口量和出口额开始波动减少，2016年度的出口量为1.53万吨，同比减少18.4%，比2012年减少37.9%，比2008年增加242.4%；出口额为

0.20亿美元，同比减少19.1%，比2012年减少41.6%，比2008年增加504.5%。

表4　2008—2016年阿富汗主要农产品出口量和出口额

（进口量单位：万吨；进口额单位：亿美元）

年　份	葡萄干		杏　仁		甘草根		芝麻籽	
	出口量	出口额	出口量	出口额	出口量	出口额	出口量	出口额
2008	7.33	1.01	—	—	0.96	0.13	0.45	0.03
2009	3.29	0.53	—	—	0.73	0.18	0.90	0.14
2010	2.41	0.53	0.21	0.18	0.78	0.21	1.50	0.25
2011	2.84	0.60	0.33	0.23	0.10	0.24	1.12	0.19
2012	2.06	0.41	0.20	0.12	0.65	0.18	2.46	0.36
2013	1.90	0.37	0.36	0.17	0.81	0.21	1.07	0.12
2014	3.60	0.81	0.48	0.32	0.11	0.22	1.34	0.20
2015	2.68	0.80	0.52	0.29	0.86	0.25	1.87	0.25
2016	1.92	0.57	0.90	0.32	0.40	0.55	1.53	0.21

数据来源：阿富汗中央统计局

4. 主要贸易伙伴

阿富汗致力于发展与周边国家的农产品贸易，农产品进口贸易伙伴国主要为亚洲国家，主要包括巴基斯坦、哈萨克斯坦和伊朗等国家。

从分布情况看，2008/2009年度阿富汗主要农产品进口国前5位分别为哈萨克斯坦、巴基斯坦、马来西亚、伊朗和阿拉伯联合酋长国，农产品进口额合计为3.84亿美元，占农产品进口总额的67.4%（图33）。2016年主要进口国前5位分别为巴基斯坦、哈萨克斯坦、马来西亚、伊朗和乌兹别克斯坦，进口额合计为13.80亿美元，占进口总额的75.5%（图34）。

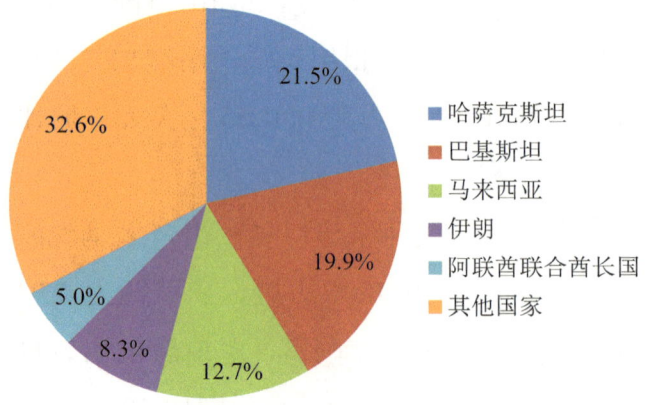

图33　2008/2009年度年阿富汗主要进口国进口额分布

数据来源：阿富汗中央统计局

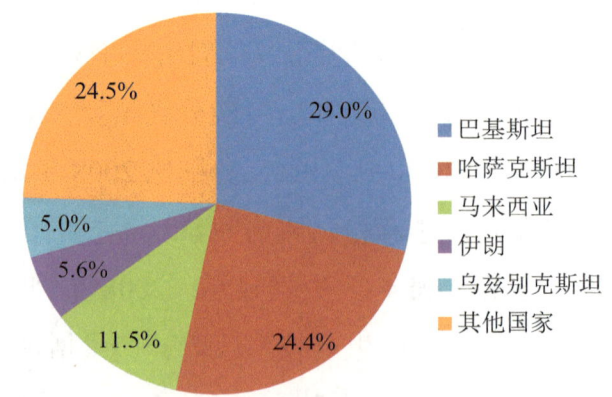

图34　2016/2017年度阿富汗对主要进口国的进口额分布

数据来源：阿富汗中央统计局

从进口贸易额看，2008/2009年度—2016/2017年度，阿富汗从巴基斯坦的农产品进口额总体呈增加态势，由2008/2009年度的1.13亿美元增至2016/2017年度的5.31亿美元，涨幅为370.0%，巴基斯坦占进口贸易总额的比重由2008/2009年度的19.9%升至2016/2017年度的29.0%。阿富汗从哈萨克斯坦农产品进口额由2008/2009年度的1.23亿美元增至2016/2017年度的4.46亿美元，农产品进口额占阿富汗农产品总进口额的比例由21.5%提升至24.4%。阿富汗从马来西亚农产品进口额由0.72亿美元增至2.1亿美元，但农产品进口贸易额占比从12.7%下降至11.5%。

阿富汗与哈萨克斯坦、巴基斯坦、马来西亚、伊朗等国家农产品贸易来往密切。2016/2017年度，阿富汗小麦和小麦粉进口主要来自哈萨克斯坦、巴基斯坦、土库曼斯坦和乌兹别克斯坦；植物油进口主要来自马来西亚、俄国和巴基斯坦；稻米进口主要来自巴基斯坦和土库曼斯坦。茶叶进口主要来自越南、肯尼亚和中国。

2008年以来，阿富汗主要出口国家总体稳定，主要包括印度、巴基斯坦等国家。2008/2009年度阿富汗主要出口国前5位分别为印度、巴基斯坦、俄国、土耳其和阿拉伯联合酋长国，出口额合计为3.09亿美元，占出口总额的86.3%（图35）。2016/2017年度主要出口国前5位分别为印度、巴基斯坦、伊朗、伊拉克和土耳其，出口额合计为4.80亿美元，占出口总额的93.4%（图36）。

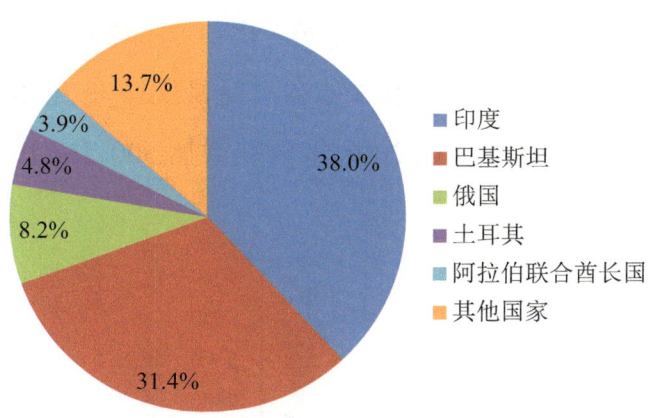

图35　2008/2009年度阿富汗对主要出口国的出口额分布

数据来源：阿富汗中央统计局

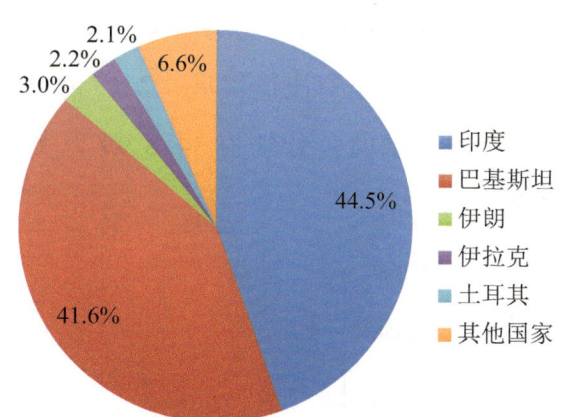

图36　2016/2017年度阿富汗对主要出口国的出口额分布

数据来源：阿富汗中央统计局

印度是阿富汗第一农产品出口贸易伙伴，但近年来，阿富汗对印度农产品出口额呈现先下降后上升的波动态势。2008—2011年度，阿富汗对印度农产品出口额呈连续下降态势，由2008/2009年度1.36亿美元降至2010/2011年度的0.63亿美元，下降53.4%，2011

年开始,阿富汗加强了与印度之间的贸易往来,阿富汗对印度的农产品出口逐年增加,至2016/2017年度农产品出口额总额达2.29亿美元,相比2008/2009年度增加67.9%。阿富汗对印度的出口贸易额占阿富汗农产品出口贸易总额的比重由2008/2009年度的38.0%增长至2016/2017年度44.5%。

巴基斯坦是阿富汗第二大农产品出口贸易伙伴。2008/2009年度至2016/2017年度,阿富汗对巴基斯坦农产品出口整体呈持续增长趋势,出口额由1.12亿美元增至2.14亿美元,涨幅为90.5%,2008/2009年度,阿富汗对巴基斯坦农产品出口贸易占阿农产品出口贸易总额的31.4%,2016/2017年度对巴基斯坦出口占比升至44.5%。

阿富汗致力于发展与周边国家的贸易伙伴关系。2016/2017年度,阿富汗的葡萄干主要出口国家为印度、哈萨克斯坦和巴基斯坦等;杏仁、甘草根的主要出口国家包括巴基斯坦和印度等;芝麻籽主要出口伊朗、伊拉克和土耳其。

5. 中国与阿富汗贸易情况

（1）进出口额和进出口量

1995年1月,中国和阿富汗正式建交,双方关系总体呈稳定、健康的发展态势。2008年以来,双方农产品贸易越发频繁,中国对阿富汗贸易顺差逐渐扩大,由2008年的348.78万美元增至2017年的3275.79万美元,增加8.4倍。

出口额和出口量。中国对阿富汗农产品的出口额基本保持稳定增长,出口量呈波动增长趋势（图37）。2008年,中国对阿富汗的农产品出口额为575.79万美元,出口量为7912.41吨。随着贸易合作的快速发展,2017年中国对阿富汗农产品的出口额和出口量均增至2008年以来的创纪录值,分别为3458.99万美元和23579.56吨,比2008年分别增加500.7%和198.0%。

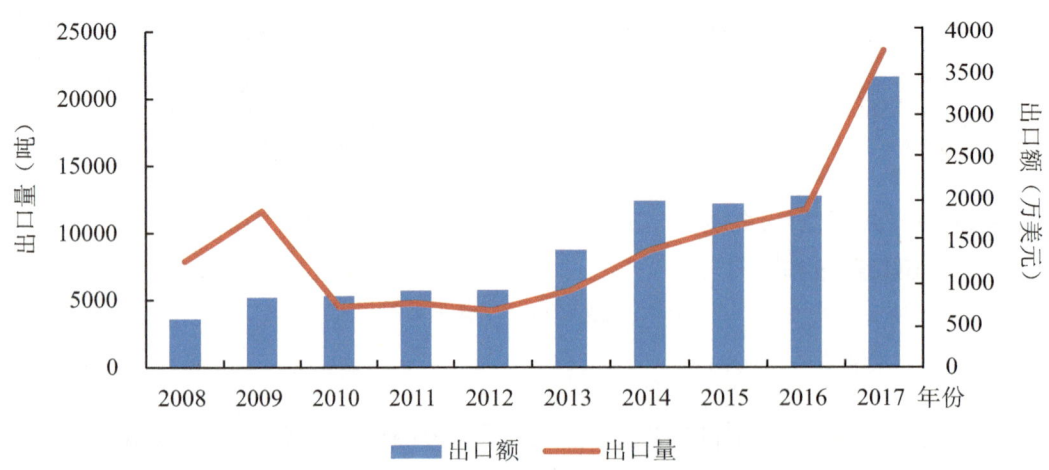

图37　2008—2017年中国对阿富汗出口贸易走势

数据来源：中国海关

进口额和进口量。中国对阿富汗农产品的进口额和进口量整体呈波动下降趋势（图38）。2008年，中国对阿富汗的农产品进口额为227.01万美元，进口量为2090.92吨。双边贸易保持增长，2014年，中国对阿富汗的农产品进口贸易创历史新高，进口量为6062.53吨，与2008年相比，同比增加189.9%，进口额高达1528.89万美元，较2008年同比增加573.5%。随后，中国对阿富汗进口额和进口量整体呈下滑趋势，2017年中国对阿富汗农产品的进口额降至183.20万美元，比2014年减少88.0%，比2008年减少19.3%；进口量降至706.52吨，比2014年减少88.3%，比2008年减少66.2%。

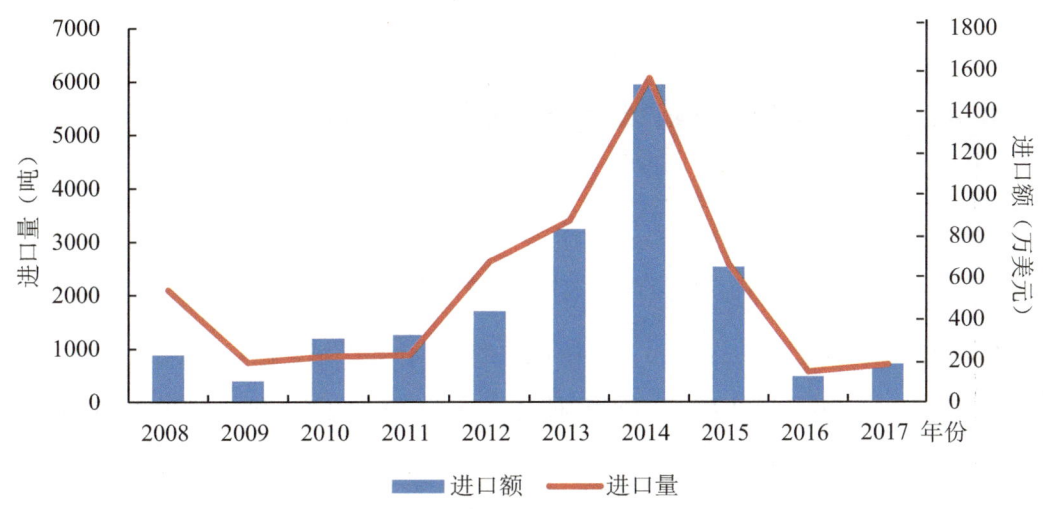

图38 2008—2016年中国对阿富汗进口贸易走势图

数据来源：中国海关

（2）主要进出口农产品

主要进口农产品。2008年以来，中国对阿富汗农产品主要进口的农产品为畜产品；对阿富汗药材的进口总体呈波动下降趋势，并在2017年贸易额降为零；对其他农产品的进口年份不连续且贸易额较小。

2008—2017年中国对阿富汗畜产品进口额整体呈现较大波动。整体来讲，畜产品进口额由2008年的32.37万美元增至2017年的170.95万美元，增幅为428.1%，占农产品进口总额的百分比由2008年的14.3%增至2017年的93.3%。尤其是2008—2014年中国对阿富汗畜产品的进口额保持较高速稳定增长态势，2014年达到峰值，为590.18万美元，占农产品进口总额的38.6%。但2014年以来中国从阿富汗进口的畜产品出现波动，畜产品进口额连年下降。

药材也曾是中国从阿富汗进口的最主要商品。2008年，中国从阿富汗进口药材达194.63万美元，占进口总额比重的85.7%，但近年来药材的进口量一直呈波动下降趋势，

2017年药材的进口量为零（图39～图40）。

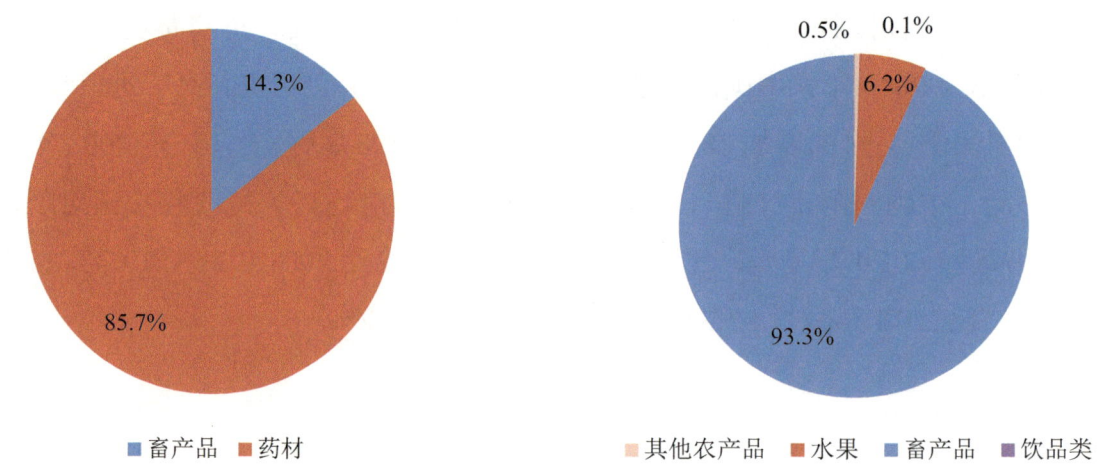

图39　2008年中国对阿富汗主要进口农产品占比
数据来源：中国海关

图41　2017年中国对阿富汗主要进口农产品占比
数据来源：中国海关

主要出口农产品。2008年以来，中国对阿富汗出口的农产品品类日趋多样化；中国常年对阿富汗出口的农作物主要包括畜产品和饮品类；经济作物主要有蔬菜、油籽、糖料等，但出口年份不连续。自2009年以后中国和阿富汗未有粮食（谷物）的贸易往来，直到2017年恢复粮食贸易。

2008年以来，中国对阿富汗饮品类出口额整体呈波动性增加趋势，由2008年的267.50万美元增至2017年的828.34万美元，涨幅为210.0%；但占出口总额的比重由2008年的46.5%降至2017年的23.9%，其中2014年占比达到最高，为50.6%。中国对阿富汗畜产品的出口额基本呈连续性增加，由2008年的102.71万美元增至2017年的1250.75万美元，涨幅达11.18倍；占出口总额的比重由17.8%增至36.2%，成为中国对阿富汗出口的首要农产品（图41～图42）。

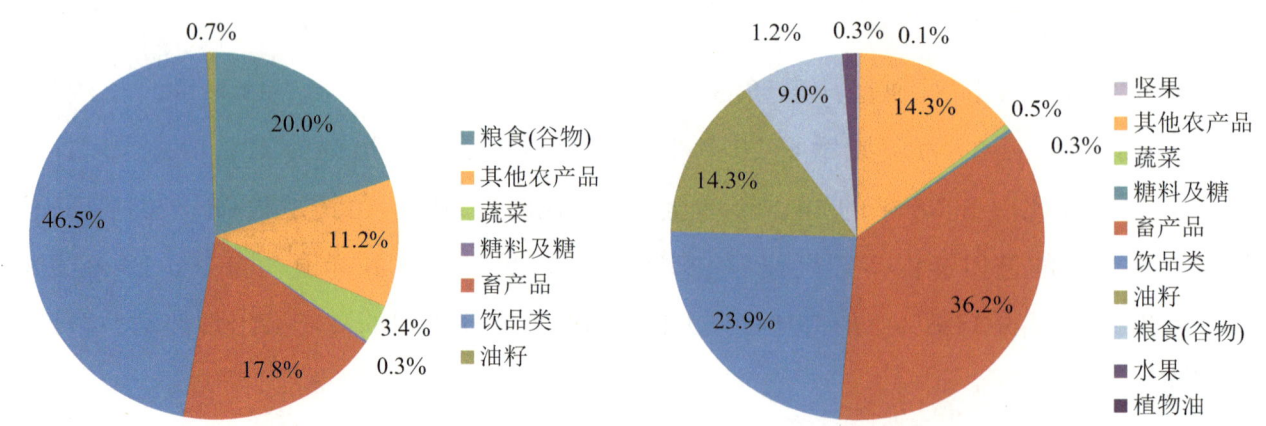

图41　2008年中国对阿富汗主要出口农产品占比
数据来源：中国海关

图42　2017年中国对阿富汗主要出口农产品占比
数据来源：中国海关

（四）农业管理体系与政策

1. 农业管理体系

阿富汗农业、灌溉和畜牧业部是阿富汗国家级农业部门，主要通过制定阿富汗国家综合农业发展优先计划战略结构框架来发展农业，其中2016—2021年综合农业发展优先计划战略结构框架的战略重点主要包括改进灌溉系统、增加小麦生产、发展园艺价值链、生产高价值园艺作物和蔬菜以及促进畜牧业发展等方面。农业、灌溉和畜牧业的主要愿景是粮食安全，消除饥饿并在该国实现均衡的经济发展；使命是领导该国减少贫困，增加农产品，改善基础设施，支持和发展私营部门以及扩大农产品市场。该部下设办公室首长和监督、评估董事会。分设自然资源管理总局、谷物部门、畜牧部门、园艺部门等。其中，自然资源管理总局是在农业灌溉和畜牧部最大的兼董事之一。作为负责管理国家重要自然资源的重要机构，自然资源管理总局的工作主要重点包括保护阿富汗的森林，牧场和保护区，负责推动这些关键自然资源的协调，制定保护和管理的综合方法，通过引入和利用不同的方法和机制，来促进和发展流域管理和土壤保持，恢复、保护、养护和改善阿富汗的森林、牧场、自然植被和生态区，以确保阿富汗农业、畜牧业和灌溉部门的可持续发展。此外，自然资源管理总局致力于防治荒漠化，改善国家的生态状况，创造有利于农业和畜牧业发展及粮食安全的健康环境。谷物部门、畜牧部门、园艺部门均为精准划分部门，负责特定对象的产业发展。

2. 农业支持政策

阿富汗对农业的支持主要是通过制定并实施内部和外部资助项目的方式进行。其中内部支持主要包括"国家园艺和畜牧项目""农场水资源管理""农村商业支持项目""农业市场基础设施项目""农村小额信贷和家畜支持计划""综合奶业计划项目"以及"园艺合作社发展项目"等（表5）。外部支持主要包括"欧盟—阿富汗农业、灌溉和畜牧部过渡项目""阿富汗农业推广项目"和"农业和农村发展基金"等（表6）。

表5 阿富汗农业内部资金支持项目

序　号	项目名称
1	国家园艺和牲畜项目（NHLP）
2	农场水资源管理（OFWM）
3	农村商业支持项目（RBSP）
4	农业市场基础设施项目（AMIP）
5	农村小额信贷和牲畜支持计划（RMLSP）

(续表)

序 号	项目名称
6	综合奶业计划项目（IDSP）
7	楠格哈尔谷发展局（NVDA）
8	园艺合作发展项目（HCDP）
9	北部和东北部农业发展资助项目（NEADSP）
10	农业和农村发展支持项目（SARD）
11	改进农业投入物交付系统项目（IAIDS）
12	农业支持和平与重返社会计划（ASPRP）
13	养蜂和畜牧业发展项目（BAHDP）
14	养蜂发展项目（BDP）
15	阿富汗农业投入项目（AAIP）

资料来源：阿富汗农业、灌溉和畜牧业部

表6 阿富汗农业外部资金支持项目

序 号	项目名称
1	欧盟－阿富汗农业、灌溉和畜牧部（MAIL）过渡项目
2	阿富汗农业推广项目二（AAEP II）
3	通过灌溉系统的改进提高农业生产和加强机构能力
4	土地租赁和管理一站式窗口（ALA））
5	综合农业和农村发展基金（CARD-F）
6	常年园艺发展项目（PHDP）
7	短期农业和农村发展项目（STARDP）阶段1和2
8	阿富汗增加农业生产证券（AVIPA Plus）
9	商业园艺与农业营销计划（CHAMP）
10	园艺和畜牧项目（HLP）—综合农业推广服务
11	Panjshir省的樱桃和杏子果园
12	国家农业实验站恢复项目（NARP）
13	楠格哈尔省稻谷农业的改进（RIP）
14	可持续粮食生产小麦育种材料开发项目
15	推动经济发展的诱因——北部、东部和西部（IDEA-NEW）
16	巴格兰农业项目（BAP）
17	养蜂和畜牧业发展项目（BAHDP）
18	赫拉特综合奶业计划

(续表)

序号	项目名称
19	加强农业经济学，市场信息和统计服务
20	品种和种子产业发展项目（粮农组织）
21	巴格兰省小农生计和收入增长项目
22	加强 MAIL 及其合作伙伴在阿富汗粮食安全和生计规划方面的能力
23	支持家庭粮食安全和脆弱和粮食不安全农业家庭的生计（粮农组织）
24	联合国"阿富汗儿童，营养和粮食安全"联合计划（健康儿童，阿富汗健康）
25	促进阿富汗的病虫害综合管理
26	控制中亚国家的跨界动物疾病
27	Balkh 和 Jawzjan 省的散养家禽发展
28	启动参与式林业以支持阿富汗的可持续发展项目
29	加强可持续环境管理纳入 ANDS / PRSP 的项目
30	Nangarhar 综合奶业计划的发展
31	在阿富汗扩大认证种子的生产和利用
32	拉格曼省种子和肥料分配（粮农组织）
33	楠格哈尔、巴尔赫、昆都士和塔哈尔省的种子、肥料、蔬菜和金属筒仓分布
34	预防和发现生殖缺陷和堕胎重点家畜传染病的紧急援助（第一阶段）阿富汗
35	加强粮食安全和农业集群（FSA）协调阿富汗的战略规划和信息管理
36	加速可持续农业计划（ASAP）
37	农业发展基金（ADF）—农业信贷增强计划（ACE）

资料来源：阿富汗农业、灌溉和畜牧业部

（1）重点项目情况简介

园艺和畜牧项目。农业、灌溉和畜牧部的园艺和畜牧项目（HLP）自2006年以来一直在执行运作，由世界银行等进行资助。HLP 的项目发展目标是帮助生产者家庭采用改进的做法，以提高重点领域的园艺和畜牧生产力及生产。通过组建男性和女性生产者组织来提高自助能力，为组织提供园艺和畜牧推广服务，以及提供生产投入、储蓄和信贷及营销服务的共同活动。

农业水资源管理项目。农业水资源管理项目是由农业、灌溉和畜牧业部与阿富汗重建信托基金联合资助实施，该项目主要旨在提高用水效率、增加农业生产、教育农民改善灌溉系统和农业实践。该项目的准备阶段是从2010年6月1日至2011年4月，实施阶段开始于2011年4月，持续到2015年6月，期间共投入2500万美元。由于该项目对水管理、灌溉计划的恢复、农业生产力和能力建设产生了积极影响，项目延期至2019年底，初步拨款4500万美元。

农业市场基础设施项目。阿富汗通过吸收外部投资来建立现代化的屠宰场基础设施和小规模的园艺加工设施，发展更高效的家畜和园艺农业综合企业，增加农业产出水平。

阿富汗农业投入项目。阿富汗农业投入项目旨在加强生产认证小麦种子价值链的能力；防止禁止销售危险的、低于标准的、不可靠的农药和化肥；降低植物检疫性有害生物传入和传播的风险；提高农民获得可靠质量的农业投入物的机会。

（2）阿富汗在引进农业外资方面的政策

优惠政策框架。阿富汗鼓励吸收外资，阿富汗投资促进局对外资公司的设立给予方便，专门组织和推动所有对阿投资活动并负责为希望在阿富汗投资的投资者办理注册、发放营业执照和排忧解难的"一站式"投资管理和服务。外资公司所得利润可全额汇出，且对使用外籍雇员没有限制。

行业鼓励政策。阿富汗对外国投资企业总体上实行国民待遇，但没有具体的行业鼓励政策。为鼓励投资，阿只允许投资企业免关税进口用于生产的机械设备、物资用品等，完税后可以自由汇出公司利润、红利等。

市场准入政策。阿富汗政府不限制外商投资方式，可以是独资，也可以采用与当地或外籍自然人或法人实体合资的方式。对外资持股比例没有限制。由于经济落后、企业较弱和安全风险等原因，目前，包括中资企业在内的外国企业很少在阿富汗国内进行并购活动。目前，阿富汗并没有颁布反垄断法。

企业税收政策。阿富汗税收体系实行属地税制。按《阿富汗私有投资法》规定，阿富汗对外国投资者实行国民待遇，即外资公司和当地公司享有同样待遇和同等纳税义务。除地方税有差异外，阿富汗实行全国统一的税收制度，共包括9种税：个人所得税、公司所得税、资本损益税、发票税、进口关税、固定税、附加税、土地税和市政税。

3. 农业发展规划

（1）藏红花发展五年规划

2017年阿富汗农业部实施藏红花发展五年规划，农业部将在未来5年内向30个省份的农民发放50万吨藏红花球茎；在一年内建设2个藏红花大实验室和10个加工中心，并为1.2万名农民和官员提供培训。

（2）国家农业发展框架

农业、灌溉和畜牧部门将重点放在农业部门的改革上，将发展重点集中在7个关键领域，包括灌溉、小麦和谷物生产、园艺价值链和工业作物的发展、畜牧生产、对气候敏感的自然资源管理、食物和营养安全及恢复能力建设、机构改革和能力发展。侧重于为农民创造农业产品盈余构建有利环境，通过出口提高农场就业和创收。目标大多符合国家重点计划下的目标，从 22 个减少至 10 个，以实现关键的农业优先事项。

（3）国家和平与发展框架（2017—2021 年）

国家和平与发展框架是实现自力更生的五年战略计划，目的是促进创造可持续的就业机会，以改善公共福利，并支持阿富汗在实现可持续发展目标等方面的进展。该框架着重于通过各种投资计划创造就业机会，增加收益并为农民开放市场。

三、农业投资环境

（一）国家商业环境

阿富汗是世界上最贫穷的国家之一。据世界银行《2018 年营商环境报告》指出，全球 190 个经济体中，阿富汗营商环境排名第 183 位。30 多年的战乱使阿富汗的交通、通信、工业、教育、农业等基础设施破坏殆尽，严重制约当地经济的发展，农业、工业投入严重不足，发展缓慢，属于典型的"输血式"经济发展模式，主要依靠国际人道主义援助和国际投资。近年来，随着国内政治局势趋稳，商业经营和投资环境有所改善，这为阿吸引更多国际资本进入、发展本国实体经济奠定了一定基础。

（二）农业优势与潜力

农业是阿富汗国民经济的重要支柱产业之一。随着阿富汗全国局势的进一步稳定，生产条件和技术水平的持续改善，农业产业将在国内外双重因素影响下稳定发展，独特的资源禀赋特征和市场潜力将被进一步释放和激发。从国内因素看，阿富汗降水少且集中的气候条件随着水利设施条件的持续改进，小麦、水稻、大麦和葡萄等农作物和经济作物进一步提升的潜力增大，而本身具有优势的羊、鸡等畜牧业将进一步发展，尤其是阿政府实施的一些了鼓励和支持农业发展的政策措施将有力推动国内农业稳定发展。从国际环境看，农产品等初级产品历来是阿富汗出口创汇的重要出口产品，较低的生产成本使阿在国际市场上具有较大的比较优势，加上近年来阿富汗与巴基斯坦、印度、哈萨克斯坦、伊朗及中国等区域比邻国家经贸往来更加频繁，可以预见，随着其农业生产基础设施持续改善、农业投资环境不断改善和国际贸易环境不断改善，阿富汗农产品在国际市场上将进一步发挥出比较优势。更重要的是，阿富汗处于西亚、南亚和中亚的交汇处，是"一带一路"陆路的重要通道，其地理位决定了其在过境运输贸易、构建东西南北地区的运输通道方面具有得天独厚的区位优势，这必将带动其农业生产发展和农产品市场活跃，进而其农业产业将不断发展。同时，从发展的角度看，阿富汗农业处于起步阶段，农产品大多以初级加工或未加工为主，农产品采后处理、精深加工和质量安全控制等都极大缺乏，不能有效满足国际市场的需求。这也表明，阿富汗在这方面有着较大的提升空间，也为国际企业和资本投资阿富汗农业提供了一个良好的机遇。

（三）风险分析

1. 恐怖主义风险

阿富汗存在着塔利班武装组织、哈卡尼网络、"伊斯兰国"等极端主义势力，对外国农业生产投资合作的正常开展构成严重威胁与负面影响。因此，由于恐怖主义风险的存在严重挫伤了阿富汗农业生产、贸易和投资的稳定性和连续性。

2. 营商环境风险

阿富汗党派和军阀相互角力，政局方向不明。受阿富汗政府更迭和政治内斗的影响，增加外国农业投资风险。阿富汗政府执政能力有待提高，财政政策、投资政策、贸易政策均不健全，金融银行配套服务落后等都增加了农业投资的成本。如何确保境外农业投资资金、项目顺利落地实施，已经成为制约阿富汗利用外资发展本国农业经济的突出问题。同时，水、电、气、路等农业基础设施较为落后，境内互联互通设施匮乏，农产品贸易流通渠道有限，与周边国家和地区的交通发展也较为滞后，对国内利用政策吸引外商投资农业产业有较大不利影响。

3. 毒品交易泛滥风险

阿富汗大部分省都有罂粟种植，总种植面积达 5.8 万公顷。有关报道显示，跨境犯罪分子在阿富汗已经形成了一条成熟的毒品"产业链"，直接或间接地参与毒品的种植、贩运、走私的人口高达 10%。虽然近年来阿富汗政府出台了一系列措施，开展禁毒治理，并鼓励罂粟的替代种植，但效果甚微，因此，改变阿富汗农业种植结构对外国投资者来说也是一项巨大的挑战。

4. 自然风险

阿富汗是一个多山、多地震和降雨量少且集中的国家，农业发展面临雪崩、山洪、干旱等较大的自然风险。阿富汗地处欧亚大陆板块和印度洋板块的交界处，多为高山地区，地质活动非常频繁，属于地震多发地带；全年干燥少雨，冬季寒冷且时常有雪崩，春季易发山洪，夏季较为炎热，全国年平均降水量只有 240 毫米。自然灾害频发、多发、重发，严重破坏了阿富汗农业生产的基础设施条件和阻碍了农业生产活动，严重影响着阿富汗农业生产的稳定发展。

（四）总体评价

综上所述，虽然阿富汗部分农业资源条件较好，部分农产品也具有一定基础，但鉴于其安全形势持续改善尚需时日，国内营商环境大幅改善尚需阿富汗政府及相关估计机构投入更大的人力、物力和财力，赴阿投资需进一步深入了解其地方政府在保障资金、人员安全的政策及相关措施，以及为保障项目顺利实施提供的相关措施等条件。从当前看，在阿富汗国内环境和阿对周边国家经贸关系不断改善的条件下，从重要产品的经贸合作往来作为投资的切入点和突破口，可能更适宜阿国内的经济社会发展条件和水平。同时，鉴于阿富汗"一带一路"沿线上的重要作用，中国可以根据阿富汗国内外发展情况，引导国内企业赴阿开展经贸合作和投资前，充分对其安全风险予以评估，以确保人员、资金等安全并达到预期目标。

四、中阿农业合作现状与合作重点

（一）与中国的合作现状

1. 合作机制

近年来，中国与阿富汗交流合作日趋频繁，合作机制也不断健全，为双边政治经济发展提供了重要保障。早在1955年1月20日，中国与阿富汗正式建交。之后，中阿关系总体稳定发展，尤其近10年来，双方为进一步强化政经贸往来，进一步完善了相关合作机制，签署了一系列具体的合作协议，为双边关系的健康、稳定发展奠定了坚实基础。主要合作框架协议有：《中华人民共和国和阿富汗伊斯兰共和国睦邻友好合作条约》（2006年6月）、《中华人民共和国政府和阿富汗伊斯兰共和国政府贸易和经济合作协定》（2006年6月）、《中华人民共和国农业部和阿富汗伊斯兰共和国农业、畜牧及食品部合作谅解备忘录》（2006年6月）、《中国国际贸易促进委员会与阿富汗投资支持局合作协议》（2006年6月）、《中华人民共和国政府与阿富汗伊斯兰共和国政府经济技术合作协定》（2013年9月）和《中阿关于深化战略合作伙伴关系的联合声明》（2014年10月）等。在经贸及农业技术交流等方面，中阿政府间还先后签订了《中华人民共和国政府和阿富汗伊斯兰共和国政府贸易和经济合作协定》《中华人民共和国政府和阿富汗伊斯兰共和国政府经济技术合作协定》《中华人民共和国农业部和阿富汗伊斯兰共和国农业、畜牧及食品部合作谅解备忘录》和《中国国际贸易促进委员会与阿富汗投资支持局合作协议》等，这些都为推动了中国与阿富汗的经济贸易、农业技术等的交流与合作奠定了基础。

2. 科技合作

近年来，中阿两国在农业科技领域的合作主要是以项目援助、技术转移、人才培训等形式开展，主要包括以下几个方面。

一是农业技术和产品示范。中国根据阿富汗的需要，援助了多批农业机械设备和粮食，并适时派遣技术人员进行示范，帮助阿富汗提高农业发展水平。2014年2月，中阿签署我国援阿农业机械设备项目换文，并于2015年8月在阿富汗首都喀布尔举行农业机械设备项目移交仪式，这批设备将对改善阿富汗农业生产条件、提升阿富汗农业机械化水平发挥积极作用，此次捐赠的这批设备希望对改善阿富汗农业生产条件、提升阿富汗农业机械化水平发挥积极作用。截至2014年年底，中国与阿富汗共同成立了司局级工作组或联委会，并在双边合作框架下，农业技术示范项目建设，通过交换种子、苗木和动物育种材料，以及专家、学者和技术人员，开展了农业研究、科学考察等活动。

二是农业人才培养。中国为阿富汗培训了大量农业官员和技术人员：2014年中国为23名来自阿富汗的农业官员在石河子大学开展了为期一个月的培训学习，学习内容涉及膜下滴灌棉田合理施肥技术、农作物病虫害防治等；2015年，在中阿两国建交60周年之际，由外交部支持，农业部国际交流中心于9月16日至30日举办了"中美联合培训阿富汗兽医技术及动物疫病防控研修班"，为15名来自阿富汗有关部门从事兽医技术与动物疫病防控的高级官员或管理人员讲授了中国动物疫病监测体系、一些重要动物疫病防控技术以及中国国情等相关情况。2018年由中国出资，外交部主办，农业农村部承办的阿富汗农产品高附加值研修班成功举办，来自阿富汗的14名农业部官员经过15天政策理论课程的学习与北京、湖北两地的农业科技示范园区、畜牧养殖加工企业、农产品加工企业、果园、农贸市场及长江三峡水利枢纽工程等实地考察观摩交流，进而从理论、实践等方面向阿富汗学员展现了中国改革开放所取得的成就和农业产业化、现代化、集约化的发展状况与前景。

三是农业技术交流。2018年中方主持召开了上海合作组织—阿富汗联络组第2次副外长级会议，以支持阿富汗参与上合组织框架内的农业领域活动。目前，中国与阿富汗相关部门联合举办了多次现代农业国际交流会，开展农业实用技术交流研讨等，以期加快提升阿富汗的农业生产技术水平、不断提高农产品附加值和畜产品养殖水平等。

3. 贸易合作

历史上，中阿经贸往来为古代陆上丝绸之路发展做出了重要贡献。近年来，中阿以农产品为代表的经贸往来更加频繁，一系列新政策、新举措确保了双边经贸关系不断深化、水平不断提高。2006年6月，中阿签署了《中阿贸易和经济合作协定》，同年7月1日起，中方给予阿富汗 278 种对华出口商品零关税待遇，有力促进了阿富汗对华出口的积极性。2012年 6 月，中阿宣布建立战略合作伙伴关系，继续探讨扩大和深化双边经贸投资合作的新途径和新方式。2014 年 8 月，中阿签署中国给予阿富汗 97% 税目产品零关税待遇的换文，将更加友好促进中阿农业双边贸易发展。2016 年，中阿两国签署了共建"一带一路"谅解备忘录，实现了喀布尔和乌鲁木齐的复航与中阿货运直达专列的开通，同时，阿将人民币纳入官方外汇牌价表等，极大便利了两国之间的经贸往来；上海合作组织在青岛召开成员国元首理事会第十八次会议上提出，上合组织正建立区域经济合作的制度性安排，从促进贸易投资便利化，完善包括铁路在内的交通基础设施，以落实成员国间国际道路运输便利化协定，此举为阿富汗参与区域一体化、推进互联互通提供新的平台。2018 年 6 月 10 日，加尼总统与习近平主席在中国青岛举行双边会晤，中阿两国高级官员签署了阿富汗松子输华的有关议定书，未来阿富汗优质松子可直接、便利地对华出口。中方还表示，愿意更多进口阿富汗特色产品，包括石榴、地毯等，可以更多使用货运直达班列、空中直航等方式。多年来，双方以协定为合作支撑，农业贸易合作不断向健康、稳定的方向发展。

4. 投资合作

当前，阿富汗外商投资的重点领域主要在能矿、建筑、航空、电信、媒体和第三产业，对加工制造业和农业的投资非常少。中国虽然是阿富汗最大的投资者，截至 2015 年，中国企业在阿富汗投资的存量约为 4.2 亿美元，占其外商投资的近 1/4，但这些企业在当地的业务主要集中在能源、矿产开采、基础设施工程承包、通信工程建设以及甘草产品生产等领域，对农业领域涉及的却很少。

（二）中阿合作潜力

1. 合作基础

（1）政治基础

自中阿建交以来，两国交流水平持续提高，近年来双方高层互访频繁，政治互信不断加深，双方在区域安全机制保障、国际事务合作等领域强化沟通；经贸合作稳步发展，中国已成为阿富汗第 3 大贸易伙伴，已经建立了较为深厚的政治基础；同时，中国对阿富汗援助也大幅增加，有力推动了阿国内经济发展。从长期来看，阿富汗经济结构和资源禀赋与中国有很强的互补性，加上其处于"一带一路"建设上的重要区域，未来中阿在能源、科技、安全和农业等领域具有较大的合作潜力（表 7）。

表7 中阿签署的双边协定、协议和谅解备忘录

名　称	签署年份
《中华人民共和国和阿富汗王国友好和互不侵犯条约》	1960
《中华人民共和国和阿富汗伊斯兰共和国睦邻友好合作条约》	2006
《中华人民共和国政府和阿富汗伊斯兰共和国政府贸易和经济合作协定》	2006
《中国给予阿富汗部分对华商品零关税待遇的换文》	2006
《中华人民共和国政府和阿富汗伊斯兰共和国政府民用航空运输协定》	2006
《中华人民共和国外交部和阿富汗伊斯兰共和国外交部官员会晤制度议定书》	2006
《中华人民共和国国防部和阿富汗伊斯兰共和国国防部关于中国向阿富汗提供无偿军事人员培训援助的协议》	2006
《中华人民共和国农业部和阿富汗伊斯兰共和国农业、畜牧及食品部合作谅解备忘录》	2006
《中国国际贸易促进委员会与阿富汗工商会合作协议》	2006
《中国国际贸易促进委员会与阿富汗投资支持局合作协议》[①]	2006
《中华人民共和国政府和阿富汗伊斯兰共和国政府经济技术合作协定》	2010
《中华人民共和国政府和阿富汗伊斯兰共和国政府关于培训项目的换文》	2010
《中华人民共和国政府关于给予原产于阿富汗的部分输华产品特别优惠关税待遇的换文》[②]	2010
《中华人民共和国和阿富汗伊斯兰共和国关于建立战略合作伙伴关系的联合宣言》	2012
《中华人民共和国政府与阿富汗伊斯兰共和国政府经济技术合作协定》[③]	2013
《中华人民共和国政府与阿富汗伊斯兰共和国政府经济技术合作协定》	2014
《中华人民共和国政府关于给予全产于阿富汗的部分输华产品特别优惠关税待遇的换文》[④]	2014
《中国国际贸易促进委员会与阿富汗工商会合作协议》	2006
《中国国际贸易促进委员会与阿富汗投资支持局合作协议》[⑤]	2006
《中华人民共和国政府和阿富汗伊斯兰共和国政府经济技术合作协定》	2010

资料来源：中国驻阿富汗大使馆经商参处整理

[①] http://af.china-embassy.org/chn/zagx/wxzl/t852277.htm

[②] http://af.china-embassy.org/chn/zagx/wxzl/t852279.htm

[③] http://af.china-embassy.org/chn/zagx/wxzl/t1088793.htm

[④] 《对外投资合作国别（地区）指南-阿富汗》

[⑤] http://af.china-embassy.org/chn/zagx/wxzl/t852277.htm

（2）经济贸易基础

2006年起，中国不仅给予阿方出口关税方面的优惠，还持续推进其重建进程。2014年，中方向阿富汗提供5亿元人民币无偿援助，2015年到2017年再提供15亿元人民币无偿援助；截至2017年，中国共向阿富汗提供了35.9亿元人民币的无偿援助，为阿富汗援建了帕尔旺水利修复工程、喀布尔共和国医院等一批民生工程，并通过双边、多边途径累计为阿方培训各领域专业技术人员2000余人。近年来，中阿双边贸易稳定增加，据统计，2017年双边贸易额为5.44亿美元，同比增长24.9%。与此同时，中国在阿富汗开展基础设施等建设规模不断增加，为双方经贸往来注入了新活力。据统计，截至2017年，中国在阿累计签订工程承包合同额12.81亿美元，完成总营业额约11.02亿美元，主要涉及通讯、输变电线路、公路建设和房建等基础设施领域。此外，近年来中国通过由政府、高校等开展了的农业节水灌溉、农产品加工等技术培训，不仅为阿富汗培训了大量农业官员和技术人员、展示中国农业技术成果，而且为扩大两国农业经贸合作领域提供了支撑。

（3）农业资源互补

纵观中国、阿富汗农业发展情况，可以看出，两国在资源禀赋上具有差异，有一定的互补性；在技术上，中国先进适用技术能够持续提高阿富汗的农业生产水平。一方面，受发展阶段影响，阿富汗国内土地、水资源等利用率偏低，耕地资源相对丰富，农产品主要以小麦、山羊等初级产品为主。另一方面，中国在农业生产技术上能够为阿富汗农业发展提供种子培育、生产管理、检验检疫、病虫害防治、质量安全、采后处理与加工技术等先进适用技术，可以大幅提高阿富汗农业生产水平、增强生产能力建设，实现国内粮食安全。同时，中国蔬菜、水果等在国际市场具有比较优势的同样在阿富汗市场具有较强的竞争力，可以为中国农产品提供一定市场，进而促进中国国内农业产业发展。

2. 合作前景

自2012年两国正式建立战略合作伙伴关系以来，中阿关系迈入新阶段，中阿合作也迎来新的契机。2017年12月4日，中国政府和阿富汗经济和贸易联合委员会第3次会议在北京举行，双方围绕推进中阿共建"一带一路"，重点就扩大双边贸易、投资、基础设施、互联互通、民生、人员交流领域合作等议题交换了意见，特别是在农业领域，达成广泛共识。2018年6月15日，阿富汗经贸投资洽谈会在昆明举行，包括农业在内的50多家企业参加了洽谈会。阿富汗目前仅仅利用了25%的可耕地与15%的水资源，农业基本靠天吃饭。近年来，阿富汗粮食连年丰收，但仍不能自给自足，每年需要国际援助或进口粮食，这样表明其农业具有较大的发展潜力。而中国是农业大国，农业区域和农产品等具有气候条件和品种类别的多样性，一些区域特征也与阿富汗相似，拥有适合阿富汗的农业生产经验和适用技术，能够为其提供技术支撑。因此，随着"一带一路"倡议的加快推进，中国—阿富汗农业合作交流必将在双边经贸往来中占有重要地位和作用。

（三）合作重点

鉴于中阿双方的农业发展特点，在未来的农业合作重点将集中在农业基础设施建设、农业技术推广、增加农产品附加值等领域，通过具体落实到农作物开发利用和畜牧产业方面，合理规划战略布局，在价值链中实现农业增值、农民增收和产业发展，达到互利共赢的目的。

1. 重点领域

（1）农用基础设施建设

农田水利等农用基础设施是农业可持续发展的重要基础保障。受多年战乱等影响，阿富汗农田水利等基础设施严重滞后，加上本身地处干旱少雨区域，水资源利用率极低，现有水利设施远不能满足生产的需求，农业生产严重"靠天吃饭"，持续提升农业生产能力亟需进一步增强基础设施建设，大幅改善灌溉系统等农业基础设施条件。但在这一方面，中国在农业生产能力稳定增强的实践过程中，积累了丰富的农田水利建设的经验，在节本增效、薄膜滴灌等农用节水技术方面也具有明显优势。因此，中国可以充分发挥技术和资金上的优势，将水利水电等基础设施援建项目与农业基础设施投资相结合，与阿富汗开展合作，从而提高援助的精准性与持续性，实现农业相关技术、产品和服务出口，在提升阿富汗农业生产能力的同时，为两国经贸合作创造良好的氛围和环境。

（2）农业技术交流

农业技术交流是增强农业科技水平的重要途径。一方面，统筹中国和阿富汗农业技术合作项目，继续加大农业培训和教育合作力度，重点为阿富汗农业管理和技术培养人才，提升阿富汗农业发展的人力资源支撑能力。另一方面开展企业与科研机构可持续合作模式。中国杂交水稻等农作物栽培、畜牧、动物健康防治、农村能源技术、农产品食品加工和饲料加工等农业生产技术，在阿富汗有广阔的推广和应用空间，同时该系列技术合作能产生良好的商业价值，选择适合阿富汗的技术，鼓励中国农业生产企业与研发单位联合当地机构，培育适合当地的抗旱等农产品新品种，不断提高阿富汗农业研发能力，也为中国农业企业本地化经营提供相关支撑，保障农业技术合作项目的落地生根和可持续发展。

（3）特色农产品开发利用

特色农产品是阿富汗农业的重要特征之一。从国际贸易上看，阿富汗对中国的出口以甘草、藏红花等特色农产品为主。这些产品得益于阿富汗独特的地理环境和生长条件，给农业发展带来了重要活力。但从类型上看，阿富汗这些产品的出口大多以初级产品为主，加工品和精加工产品基本没有。而随着农产品加工业和食品工业的快速发展，中国在农产品采后处理、精加工等方面已经积累了较为丰富的技术经验，能够不断提升这些产品的开发利用水平和附加值。因此，中阿农业合作，可以围绕阿富汗的粮食、特色农产品和畜禽产品等，开展多方位、多层次、多种形势的技术合作，不断扩大两国的农业技术交流融合范围，持续提升两国在中草药等方面的技术合作水平，进而扩大贸易往来，实现双赢发展。

2. 重点产业

（1）粮食

针对阿富汗现有小麦、水稻和大麦等主要粮食作物的基础，重点围绕这些农作物开展境外战略性农业粮食资源综合开发利用，将中国良好的种质资源、生产管理技术、农业机械装备等进行转移，在两国经贸合作框架内，探索建立生产示范园区，同时从产业链角度出发，逐步建立初级加工、深加工等工业企业，同时建立健全农产品流通体系，逐步形成有利于阿富汗粮食生产能力提升、粮食产值增加的全产业链投资合作环境，不断提升粮食安全保障能力和水平。从区域上看，粮食资源开发利用主要集中于阿富汗可灌溉区和降雨区的北部、东北部和西部三大粮食主要产区，同时公路相通的区域其农村人口相对聚集，具有一定的消费能力。

（2）中草药

藏红花和甘草等中草药资源是阿富汗重要出口农产品之一。在今后的合作中，应充分发挥中国农业资金以及农产品市场等方面的优势，以中国乃至世界藏红花、甘草药市场需求为导向，加强对阿富汗藏红花、甘草等重要特色农产品的开发利用，进一步提高生产种植水平、提高品质，同时结合当地实际情况，积极参与阿政府组织的罂粟种植缩减计划。合作区域主要在赫拉特等藏红花大面积种植地区，该地区基础设施相对完善，有加工和种植基础，便于产品的销售。

（3）畜产品

山羊、牛和鸡是阿富汗重要的畜产品，土地面积的45%归类为牧场，并且肉类和牛奶在20世纪70年代就能够自给自足，还实现了动物纤维（羊毛）和高价值加工产品（地毯和皮肤服装）的出口创汇。在畜产品上，一方面应重点关注山羊等畜产品生产能力的提升，协助其开展包括饲养、加工等在内的产业发展。另一方面，充分发挥以动物鬃毛为原料的地毯产业。合作布局于水资源丰富地域和中国传统畜禽援建项目区域。

五、中阿农业合作建议

（一）强化顶层设计，增强援助项目的针对性

针对阿富汗农业发展相对滞后的现状，中国相关单位应进一步开展调查研究，系统梳理，结合"一带一路"倡议推进需要，尤其是阿在农田水利建设、农作物种植资源培育等，制定科学发展规划，强化与当地政府的接洽交流，共同推进农业生产能力提升。具体来说，一是根据阿政府需要，中国政府可视情况提供资金、技术和人才等支持，通过项目形式，提升其农业发展能力；二是进一步理清阿富汗农产品生产优势和市场需求，有针对性地开展农产品经贸往来；三是适时参与阿富汗农产品流通体系建设，为夯实双边农业合作基础、构建全面、安全、高效的互联互通系统制定切实方案。

（二）防范合作风险，鼓励农业企业"走出去"

针对阿富汗的自然、市场和政治风险，农业企业"走出去"前应认真评估，确保相关项目落地和顺利实施。同时，应发挥民营等中小企业具有灵活主动的特点，鼓励民营农业企业走向阿富汗，政府必须制定相应的措施，解决制约民营企业进入阿富汗的一系列外界因素。首先，政府应建立适当的风险补贴机制，对由于政治风险而导致的企业亏损给予弥补非常必要。其次，政府应建立保险机制，同时加强与阿政府安全方面的交流和合作，现实保证我国企业人员安全。

（三）加强技术交流，不断提升阿富汗农业发展能力

中国作为农业大国，积极发展农业科学研究并取得了显著的成效。在中阿农业贸易发展的基础上，可以增加科研单位、高等院校和企业之间的沟通交流，从而为阿富汗注入新的技术血液。首先，可以通过办技术培训、相互交流科研资料、办展览和农场示范等形式，增加双方农业技术人员沟通机会，从而奠定良好的合作基础。其次，鼓励和支持技术交流，不仅能够进一步增进阿富汗对我国农业技术状况的了解，同时又能通过这种渠道了解阿富汗技术现状，从而动态的分析我国的农业技术优势，对企业进入阿富汗农业科技市场有很好的铺垫作用。

（四）扩大合作规模，开辟合作新领域

首先，增加双方可贸易商品的种类，优化贸易结构。中阿应利用好现有的中国—南盟

博览会、中国—南亚商务论坛等合作机制和平台，进一步提高阿优势商品在华的知名度。中国还应采取措施挖掘阿相关产品对华出口潜力，加紧完成阿藏红花准入议定书，以及松子、石榴等特色产品准入的评估工作，早日实现上述产品输华贸易，并为将来阿其他水果和干果出口中国提供便利。其次，推动中阿贸易便利化。可考虑以构建"丝绸之路经济带"战略为契机，逐步加密中国至阿富汗火车货运专列班次，将中阿贸易领域延伸至华南、华北和沿海地区。同时，推动新疆、浙江等地与阿自由贸易区建设，减少两国非关税壁垒与投资限制。最后，扩大对阿投资，带动阿优势商品返销中国。

参考文献

胡森.2006.中阿经贸合作的现状、问题及前景研究[D].济南：山东大学.
李青燕.2016.阿富汗形势与中国的"一带一路"倡议[J].南亚研究季刊，(3)：9-16，25.

尼泊尔

尼泊尔联邦民主共和国简称尼泊尔，是南亚山区的内陆国家，位于喜马拉雅山脉，特殊的地形特征使其拥有非常丰富的水利水电资源和气候资源，具有得天独厚的农业生产条件。尼泊尔是中国的友好邻邦，两国人民的友谊源远流长。1955年8月，中尼开始建交；1996年底，两国建立面向21世纪的世代友好的睦邻伙伴关系；2017年5月，双方签署"一带一路"合作备忘录。在良好的政治背景下，双方在农业贸易、投资、基础设施和技术交流等方面展开积极合作。中国提出的"一带一路"倡议为两国农业发展注入全新活力和机遇，中尼双方利用这一契机，继续加强农业合作，拓宽农业合作领域，推动两国农业更高更深层次的发展。

一、国家基本情况

（一）自然地理

尼泊尔位于喜马拉雅山脉南麓，地处印支恒河平原。位于纬度26°～31°N，经度80°～89°E。北临中国，南部、东部和西部与印度接壤。尼泊尔地势北高南低，拥有多样化的地理环境，既有有森林覆盖的山丘以及肥沃的平原，又有叠嶂的山峦，世界上十大高峰中的8个均坐落于尼泊尔境内。

新宪法规定，尼泊尔由中央、省和地方（县、市、村）3级构成，全国划分为7个省，但目前有的省地理边界还存在争议。2017年，中央政府取消了原来地方行政区划，改设了全国744个地方行政结构，并重新划分各地方行政机构的界线。加德满都是尼泊尔的首都，是全国的政治中心、经济中心和文化中心。其他主要城市还有博卡拉、伊拉姆、尼泊尔干吉等。

（二）政治制度

尼泊尔的治理形式是基于多元化的多党制、竞争性、联邦民主共和制议会制度。目前，尼泊尔共有党派70多个，其中主要党派有4个，分别是尼泊尔大会党、尼泊尔共产党、民族民主党和尼泊尔亲善党。尼泊尔的行政权力在于部长会议，总统任命众议院党政领导人，众议院多数为总理，部长理事会由他/她担任主席。尼泊尔议会称为联邦议会，由两院组成，即众议院和国民议会。法院和其他司法机构行使与尼泊尔司法有关的权力。尼泊尔有一个统一的三级独立司法机构，由尼泊尔首席大法官，7个高等法院和大量审判法院领导的最高法院组成[①]。

（三）人口分布

截至 2016 年，尼泊尔人口有 2898.28 万，占世界人口的 0.4%，其中农村人口为 2347.75 万，约占尼泊尔总人口的 81.0%，是个典型的农业大国。尼泊尔人口增长较快，2016 年人口增长率为 1.1%。

尼泊尔是一个多文化和多民族的国家。3000 米以上的山区人烟稀少；种族夏尔巴人和拉马佩普人居住在喜马拉雅山以北更高的半干旱山谷中；说尼泊尔语的卡斯人大多居住在中部和南部地区；位于中部山区的加德满都谷地占国土面积的一小部分，却拥有全国人口的近 5%，是全国人口最多的地区。

（四）社会和经济发展

尼泊尔经济发展落后，2016 年尼泊尔人均国内生产总值（GDP）为 729.50 美元，印度是它的 2.55 倍，中国是它的 9.45 倍，只比阿富汗多 133.20 美元，处于南亚国家的倒数第二位（图 1）。

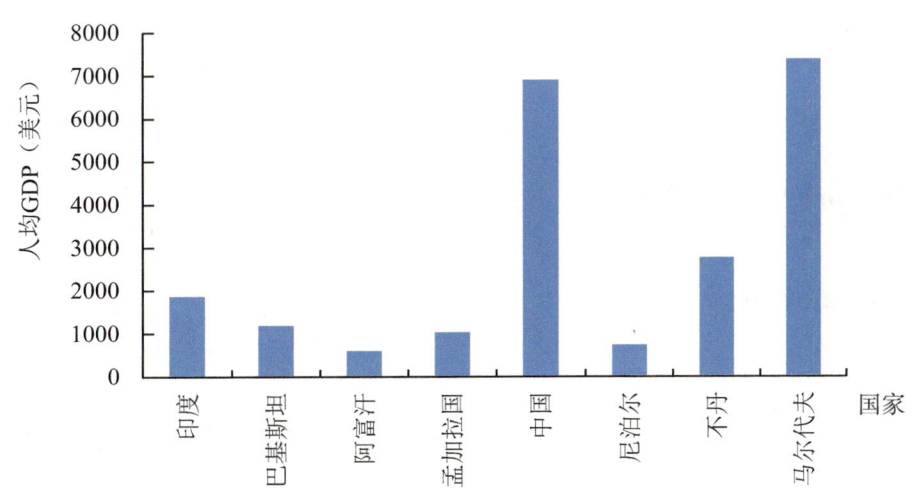

图 1　2016 年中国及南亚主要国家人均国内生产总值

数据来源：trading economics

[①] https：//en.wikipedia.org/wiki/Nepal

虽然尼泊尔经济发展落后，但其经济一直在以稳定的速度增长。2014年尼泊尔国内生产总值为196.36亿美元，由于2015年尼泊尔大地震，破坏力很大，经济损失占尼泊尔国内生产总值的30%~40%。但尼泊尔丰富的自然资源（例如水力发电、有限但肥沃的农田）提高了整体生存能力。2007—2016年，尼泊尔的GDP和人均GDP持续增长，从2007年的102.78亿美元和362.22美元提高至2016年的211.44亿美元和729.50美元，显示出强劲的增长势头（图2）。

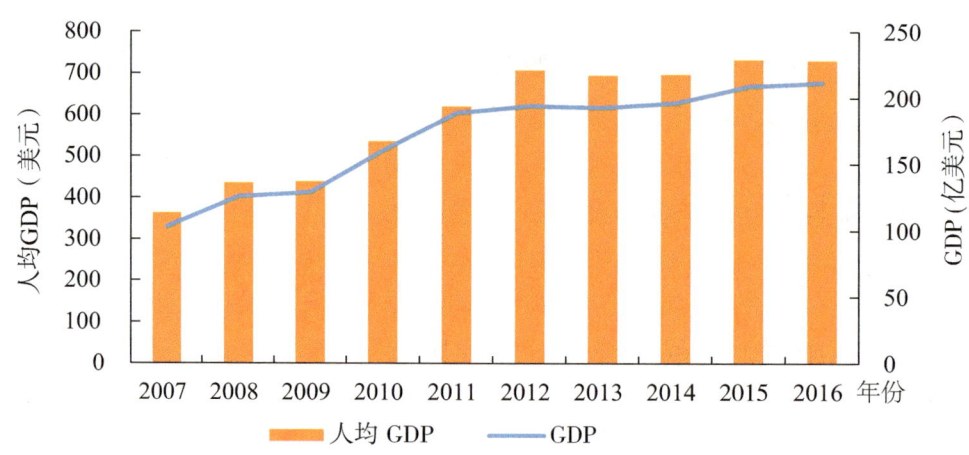

图2　2007—2016年尼泊尔GDP和人均GDP

数据来源：世界银行

二、农业发展现状

（一）农业资源条件

1. 土地资源

土地是经济生产的基本要素。尼泊尔山多地少，耕地分布不均衡，国土中绝大部分为山地（86%），仅有20%土地适于农业耕种。可耕地面积为247.5万公顷，占国土总面积的16.8%，草牧占为11.8%，主要用于牧业（图3）。整个农业生产水平十分低下，基本上处于自给自足的自然经济状态。

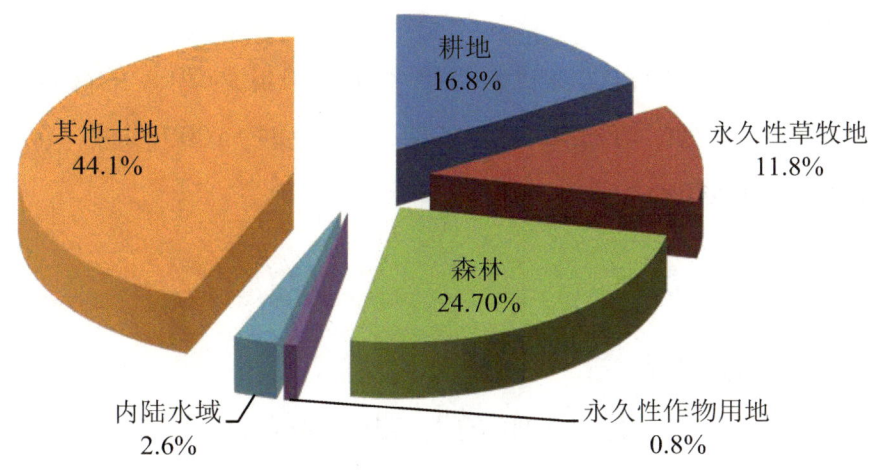

图3 尼泊尔土地资源利用情况

数据来源：联合国粮食与农业组织

2. 水资源

尼泊尔淡水资源非常丰富，包括积雪、河流和溪流、湖泊、边缘沼泽和地下水，占据世界总量的2.3%，名列世界第二。尼泊尔年均降水量1530毫米，雨季期间东南季风带来大约80%的降雨。其中，约64%的降雨当即变成表面径流注入各个河道，剩下的降雨转化成冰雪或地下水。

尼泊尔大小河流众多，其表面径流6000多条河道，总长度45000千米，经数个河系流入印度境内的恒河，有33条河流流域面积超过1000平方千米。由于该国北部处于海拔3000米以上的喜马拉雅山区，降雪丰富，为径流河道提供了大量水源。河水年径流量约为2250亿立方米，约为世界平均拥有量的4倍。尼泊尔河流具有水流急，落差大的特点，为水力发电提供了理想的条件。

3. 气候资源

尼泊尔有5个气候区，大致与海拔相对应。热带和亚热带地区低于1200米，温带地区为1200~2400米，寒冷区为2400~3600米，亚北极地带为3600~4400米，北极地区海拔4400米。尼泊尔海拔的巨大差异导致了各种各样的生物群落，从沿印度边界的热带稀树草原到山区的亚热带阔叶林和针叶林，喜马拉雅山坡地的阔叶树和针叶林，山地草原灌木丛和最高海拔的岩石和冰块。

尼泊尔的气候基本上只有两季，每年的10月至次年的3月是干季（冬季），雨量极少，早晚温差较大，5月起的降雨常作为雨季的前奏，一直持续到9月底，雨量丰沛。尼泊尔大部地区气候温暖、潮湿，雨水丰富，日照时间长，气候及地质特征极其鲜明，具备种植农作物的良好条件。

4. 生物资源

从世界上最高的山峰珠穆朗玛峰（8848米）到最低达70米的海拔落差，使得尼泊尔的植物和动物资源非常丰富。植物有6500多种，野生动物1000多种，包括884种鸟类[①]，灌木和森林是该国生物多样性的重要热点。

（二）农业生产情况

1. 农业产值规模及构成

尼泊尔是一个农业国，超过80%的人口从事农业活动，提供了66%的就业机会。20世纪70年代农业在国内生产总值中占比高达69%，随着工业和服务业发展速度加快，这一比重在2016年已降至33.0%，但仍居第一位。尼泊尔农业是国民经济发展的关键，占GDP的41%。在整个农业中，粮食作物的生产占37%、园艺业占17.5%、畜牧业占27%、林业占9.9%、渔业占4.3%、其他占4.3%。

2. 主要农产品产量

（1）种植业

尼泊尔的农业生产以种植业为主，耕地总面积的2/7用来农业耕种，水稻、小麦、玉米、甘蔗、油籽、烟草和马铃薯（一些地区主食）是主要的农作物（表1）。

表1　尼泊尔主要农作物总产量　　　　　　　　（单位：万吨）

年　份	水　稻	小　麦	玉　米	甘　蔗	马铃薯
2010	402.38	155.65	185.51	259.25	251.76
2011	446.03	174.58	206.75	271.82	250.80
2012	507.22	184.61	217.94	293.00	258.43
2013	450.45	172.73	199.90	293.00	269.04
2014	504.70	188.31	228.32	299.80	281.75
2015	478.86	197.56	214.53	306.30	258.63
2016	429.91	173.68	223.15	434.68	280.56

数据来源：FAO

过去几十年间，尼泊尔农作物总产量增加了很多倍，但是农作物单产与美国、中国等国家相比仍有不小的差距（表2）。2016年尼泊尔水稻和玉米的单产与美国、中国相比，差距很显著，如美国玉米的单产是尼泊尔的4倍之多。地形复杂、技术水平低下、干旱、强降雨

[①] 数据来源：https://www.nepalitimes.com/latest/nepal-bird-census/

等气候变化造成尼泊尔农作物单产处于较低水平。

表2 2016年尼泊尔与其他国家主要农作物单产比较 （单位：千克/公顷）

品 种	美国	印度	中国	尼泊尔	世界平均
水稻	8112.1	3695.0	6932.4	3154.3	4636.6
小麦	3539.0	3093.0	5048.8	2328.8	3405.0
玉米	10960.4	2574.5	5947.7	2502.9	5640.1
甘蔗	80766.0	70393.5	73459.1	53709.4	70614.8
马铃薯	49020.3	20549.3	17045.6	14029.9	19579.0

数据来源：FAO

水稻是尼泊尔最主要的粮食作物，也是种植面积最大的作物，一年可种三季，贡献了20.7%的农业产出。1976—2016年水稻种植面积基本趋于稳定，介于120万～154万公顷之间。由于农民使用杂交水稻，运用科学种植技术，采用科学施肥技术并对田间实行科学的管理，有效地促进了水稻的增长。1976年和2016年水稻的种植面积分别为126.16万公顷和136.29万公顷，面积增加了约10万公顷，但由于单产从1891.4千克/公顷提升到3154.3千克/公顷，2016年总产量达到429.90万吨，比1976年的238.63万吨增产了80.2%（图4）。2017年，尼泊尔季风气候适宜，化肥供应充足，作物品种改善，水稻产量为523万吨，同比增长21.7%。

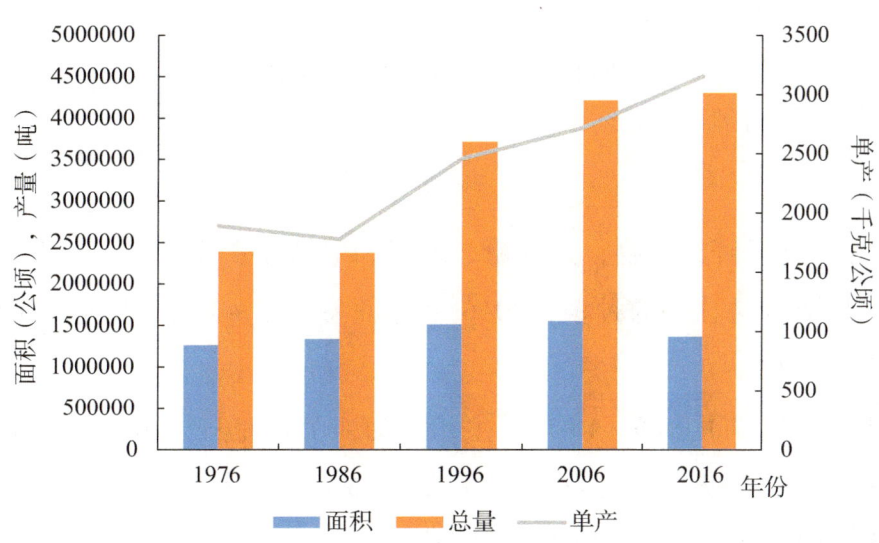

图4 水稻种植面积和产量

数据来源：联合国粮食与农业组织

尽管水稻单产不断增长，但尼泊尔全国 75 个县中有 38 个县粮食产量无法满足需求，仍需以 15% 的年均增速从印度等国进口大米。如果扩大水稻种植面积，尼泊尔政府可以大大减少大米进口。

玉米是尼泊尔的第 2 大粮食作物，用作饲料、食物和工业原料等。2010—2016 年，由于没有选育好的品种，玉米种植技术未得到较大改进，再加上种植面积变化幅度不大，玉米的产量一直在 200 万吨徘徊（表1）。

小麦是尼泊尔重要粮食作物，也是主要的出口农产品。2005—2011 年小麦种植面积稳定增加，从 2011 年开始逐年减少，主要原因种植小麦收益少，改种植经济作物以及政府征地用作房地产开发等。2015 年由于雨季良好，生产资料供应充足，小麦亩产达到历史最高值，为 2591.4 千克/公顷，年产量上调，接近 200 万吨，创了历史新高（图5）。

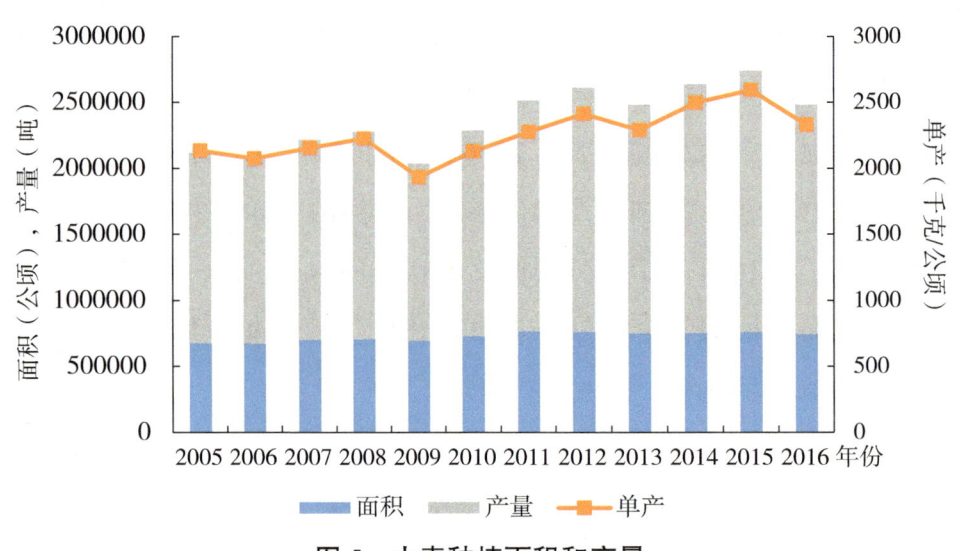

图5 小麦种植面积和产量

数据来源：联合国粮食与农业组织

甘蔗是尼泊尔重要的经济作物，是制糖、纸浆和造纸业重要原材料。由于粮食作物经济效益不好，农户开始转向甘蔗的种植，2016 年甘蔗总产量 434.68 万吨，2015 年为 306.30 万吨，同比增加了 41.9%。

马铃薯播种期为 3、4 月和 9、10 月，生长期为 4 个月左右。2010—2016 年，马铃薯的总产量呈轻微振动增长趋势，2016 年收获了 280.56 万吨马铃薯，单产为 14.03 吨/公顷，而世界平均单产为 19.58 吨/公顷，差距较小。

烟草业对政府而言是一项利润丰厚的业务，尼泊尔全国大部分地区也有烟草种植，但近十年，无论是种植面积还是产量都有所减少。

尼泊尔茶叶品种以红茶为主，还有绿茶、乌龙茶、白茶等各种类别。尼泊尔红茶同中国祁门红茶、斯里兰卡乌伐茶，被认为是世界3大高香红茶。茶叶是尼泊尔东部地区的主要农产品之一，据估计东部丘陵地区有超过3000公顷土地可耕种并能产出优质茶叶。由于该产业对生态环境没有破坏性且可以增加就业机会，因此得到尼政府的大力支持和国际社会的援助，产业发展呈上升趋势。2007—2016年间，尼泊尔的茶叶产量持续稳定增长。2009年茶叶的种植面积比2008年稍有所减少，但由于单产的增加，总产量还是比2008年多。2016年，尼泊尔茶叶种植总面积为20747公顷，产量23821吨，两项数据均为历史最高值（图6）。

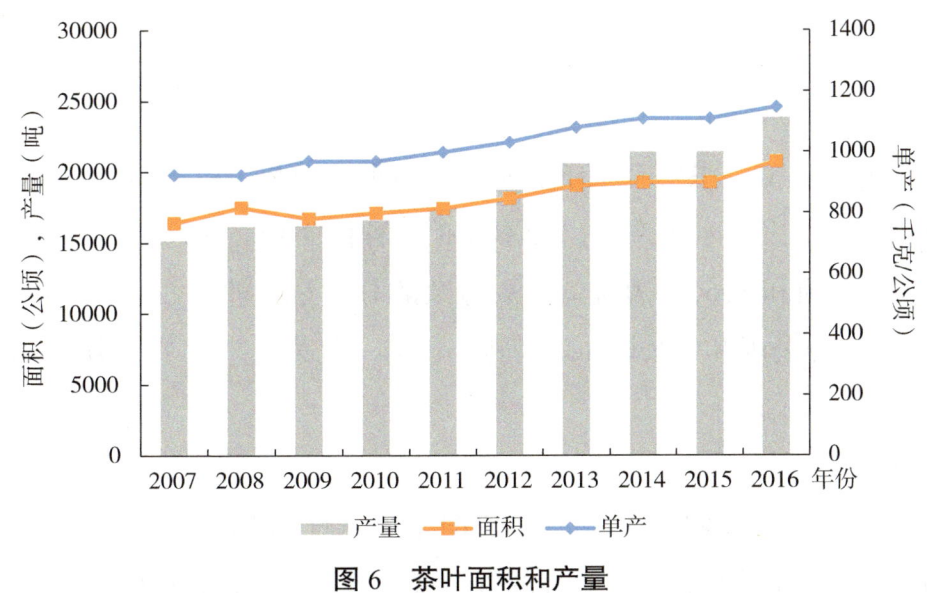

图6 茶叶面积和产量

数据来源：FAO

咖啡已被尼泊尔政府作为本国一种重要的、有潜力的经济作物。尼泊尔咖啡种植园有12800个，平均种植面积仅有0.054公顷/园，规模较小，一般大的咖啡种植商可拥有50个咖啡种植园。咖啡加工企业只有209个，其中深加工企业仅有9个。尼泊尔咖啡种植几乎不使用化肥和农药，属于有机咖啡。主要品种是阿拉伯咖啡，其他品种还有NeCCO、Jalpa gold、Himalaya coffee、Nepal Organic Coffee等。由于种植咖啡要比种植传统的作物和饲养牲畜更为有利，咖啡种植面积扩展趋势非常快：2007年为1395公顷，2010年为1650公顷，2016年达到2618公顷，比2007年增加了87.7%（图7）。

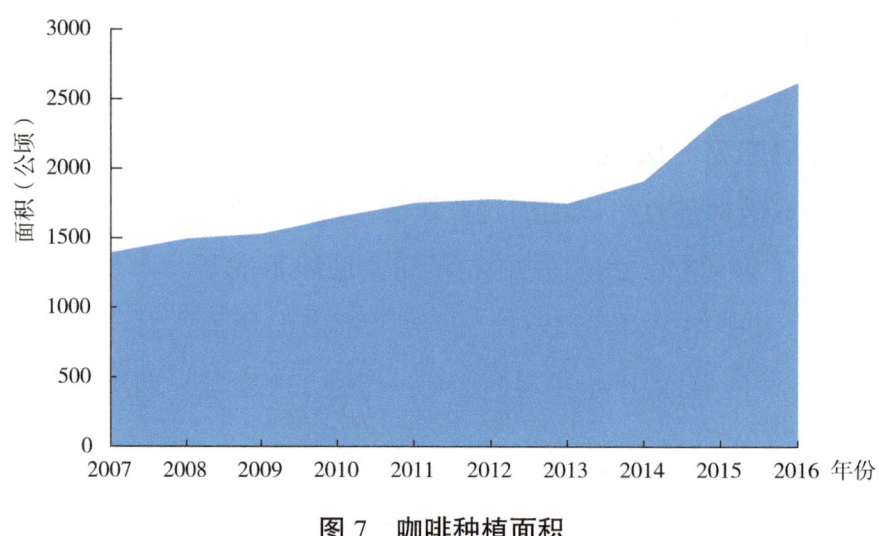

图7 咖啡种植面积

数据来源：联合国粮食与农业组织

尼泊尔水果种类丰富，主要有梨子、桃子、石榴、杧果、荔枝等。近年来，由于出口行情较好，尼泊尔大力发展水果产业，并不断扩大种植面积。2016年，种植面积和总产量分别达到20.75万公顷和196.24万吨。主要蔬菜的总产量、种植面积和单位产量分别达到374.38万吨、27.77万公顷和每公顷13.48吨。目前，蔬菜生产除了能满足国内需求外，还有大量出口。

（2）畜牧业

尼泊尔的畜牧业处于发展初级阶段，主要饲养牛、羊、猪和鸡等，以家庭饲养为主，大规模的养殖场较少。近十几年，通过国外的资金援助以及国内银行向饲养者提供贷款，养殖规模不断扩大，从西方国家引进的先进设备和养殖技术也大大提高了养殖水平，促进了畜牧业的发展。畜牧业是尼泊尔农业的一个主要组成部分，畜牧养殖做出了27%的贡献。

尼泊尔的地形和气候条件十分适合发展奶业。在畜牧业GDP中，78%是奶业贡献的。尼泊尔奶业给农村带来了就业机会，销售奶产品的农民增加了收入，食用奶产品提高了人们健康水平。据联合国粮食与农业组织（FAO）统计，2016年尼泊尔约有730.28万头奶牛和516.88万头水牛，全国牛奶产量64.38万吨。奶品部门在全国GDP中占的比例大约为8%。

尼泊尔有250多家奶品企业，包括专门从事牛奶生产的76个私营繁殖场、43个牛奶冷冻中心、"奶品开发公司"和其他私营与合作企业，年营业额超过45亿卢比，直接为奶农带来了利益，减少了贫困人口。牛奶合作社和牛奶生产者协会共有1400多个，代表着95000个奶农家庭。每个奶农家庭平均每天可以提供4公升牛奶。这些组织从奶农家庭收集牛奶，然后输送到附近的牛奶冷冻中心或加工厂。部分合作社自己也加工牛奶。经过工业加工的奶制品通常是用巴氏法消毒灭菌过的，例如饮用奶、酸奶、酥油、奶油、奶酪、乳酪、奶油和冰淇凌等。

尼泊尔每头奶牛年产牛奶约432升，而印度每头奶牛年产牛奶1129升，以色列则高达9405升[1]。尼泊尔奶牛产奶率低的主要原因是喂养不足、牧场减少和缺乏技术支持等。由于奶牛产奶率较低，尼泊尔乳品行业未能充分发挥其潜能，生产的牛奶中只有15%销售给乳品生产商。

羊肉是尼泊尔人民的主要肉食来源之一。2016年羊存栏量约为1200万只，其中山羊1098.61万只，绵羊80.07万只[2]。绵羊羊毛用来加工地毯，但由于尼泊尔羊毛加工业很落后，主要是手工操作，生产能力十分有限，仅占整个南亚地区羊毛消费量的0.3%。

尼泊尔政府对养猪业采取提供优先贷款和免征所得税等支持政策，十年来生猪存栏量呈稳定增长趋势。2016年全国本地生猪存栏量为129.13万头，比2007年存栏量多30.19万头，增长了30.5%[3]。

尼泊尔的家禽饲养中，鸡的养殖数量最多。近年来鸡存栏量增长很快，从2007年的2392.5万只增长到2016年的6863.1万只，增长率达到186.9%。

（3）渔业

短距离内的不同地形和气候条件，造就了尼泊尔淡水鱼品种的多样性和丰富性。尼泊尔的3个主要河流系统，即科希、甘达基和卡纳利，其他河流及数十个湖泊和水库是来自不同气候带的230种本地鱼类的栖息地。

水产养殖是尼泊尔发展最快的农业分部之一。目前国家鱼类总产量为83897吨，其中25%来自捕捞渔业，75%来自水产养殖。渔业在农业生产总值中占4.3%，在国内生产总值中占1.3%。近几年，水产养殖正变得非常流行，养殖种类主要有暖水鱼和丘陵地区的冷水鱼，年增长率在6%~9%，水产养殖的比例是其他养殖业的3倍。政府通过农业部（DoA）在7个地区实施"Fish Mission"项目，其中尼泊尔农业研究委员会负责在11个地区推动发展虹鳟鱼养殖业。另外，政府在各地区还推出"农业商业化及贸易"项目，旨在鼓励发展养殖渔业。

（4）林业

尼泊尔的森林面积广阔，从南到北，各种土地类型都有森林覆盖。据世界银行统计，

---

[1] 据尼泊尔国家乳品发展委员会统计
[2] 数据来源：联合国粮食与农业组织
[3] 数据来源：联合国粮食与农业组织

2015年，森林面积为363.60万公顷，占土地面积的25.4%。尼泊尔林业产值占GDP比例较高，木材曾是主要出口商品之一，是国家经济收入的重要来源。长期以来，由于人口迅速增长，管理不善，滥砍滥伐现象严重，加上全国80%以上人口以木材作燃料，森林（包括灌木林）覆盖总面积逐年大幅度下降。

尼泊尔森林以硬木林为主，覆盖率约为60%，主要有娑罗树、雪松、云杉等品种。另外森林里还生长着700多种药用植物和香料植物，主要集中在尼泊尔中部地区。由于资金缺乏，人才不足，目前这些很有经济价值的资源还远未得到开发和利用。

3. 主要农业产业布局

（1）粮食作物

水稻产地多集中在特莱平原地区，20世纪80年代中后期砍伐了许多丘陵和河谷地区的森林来扩大水稻种植面积。玉米主要集中种植在特莱平原和河谷地区。小麦产于特莱平原及山区和丘陵地区。大麦多集中于山区。

（2）经济作物

甘蔗主要集中在柯西专区和纳拉亚尼专区的南部地区。芝麻、油菜籽、亚麻及花生等油料作物，主要集中在南部平原、中部山区和河谷地区。马铃薯在尼泊尔全国各地均可种植。黄麻的主要产地集中在尼泊尔东南部地区。1972年，棉花于在尼泊尔蓝毗尼专区的卢潘德伊县试种成功，后来逐步扩大到东南和西南地区。

（3）高附加值农产品

高附加值农产品主要有茶叶、咖啡、柑橘、苹果、蔬菜等。

茶叶种植主要集中在东部的平原和丘陵山区。平原种植及加工CTC红茶[①]，主要分布在特莱地区，最集中地区位于贾帕；丘陵山区种植和加工传统茶，主要分布在伊拉姆、代勒图姆、丹库塔等地区，伊拉姆是尼泊尔面积最大并且产量最高的茶叶产地之一。尼泊尔有4个初具商业规模的茶园，分别是雾谷茶园（Foggy bottom tea garden），伊拉姆茶园（Eelam tea garden），库瓦帕尼茶园（Library's tea garden），喜马拉雅香格里拉茶厂（The Himalayan shangri-la tea factory）。

咖啡主要分布在丘陵地区，具有商业价值的种植县区是：Gulmi、Kaski、Palpa、Syangja、Kavre-Palanchowk、Lalitpur；实施商业导向的县区是：Nuwakor、Parbat、Tanahun、Gorkha、Lamjung；其他可生产咖啡的县区是：Ilam、Sankhuwashawa、Dhading、Baglung、Makwanpur、Jhapa、Panchthar、Surkhet、Terhathum、Sindhupalchowk。

---

①CTC红茶是指红茶条在加工过程中，通过2个不同转速的滚筒挤压、撕切、卷曲而成的颗粒状的碎茶。

尼泊尔共有 15 个不同的地区种植蔬菜，主要位于塔克廊拉玛尔帕、穆斯科特、加德满都河谷、萨尔拉伊县等（表3）。

表3　尼泊尔蔬菜种植区域　　　　　　　　　　　　　　　（单位：米）

蔬菜种植地区	海　拔	蔬菜种类
西部发展区的塔克廊拉玛尔帕	2516	白菜、胡萝卜、水芹、豌豆、萝卜、宽叶芥子
中西部发展区的穆斯科特	1460	洋葱、小萝卜、花椰菜、豌豆、萝卜、菠菜、辣椒
中部发展区的加德满都河谷	1350	花椰菜、水芹、菠菜、萝卜、小萝卜、宽叶芥子
中部发展区的萨尔拉伊	60	马铃薯、茄子、葫芦、菠菜、豌豆

数据来源：新浪

（4）牧渔业

畜牧业饲养方面，奶牛和水牛分布在较低的丘陵地区和特莱平原，耗牛则分布在北部喜马拉雅山区。渔业方面，尼泊尔大部分鱼塘分布在特莱平原。2013年，商业养殖鱼塘大概有 29970 个，其中 27558 个位于特莱地区、1630 个位于丘陵地带、82 个位于山区[①]。

（三）农产品贸易情况

1. 主要农产品贸易规模

2007—2016 年，尼泊尔农产品进口表现为不断增加的势头，进口额在 2014 年达到最高，为 14.0 亿美元（图8）。2015 年出现小幅震荡，比 2014 年约减少 2000 万美元，主要原因是尼泊尔发生了 8.1 级大地震。2016 年生产恢复，进口额增长到 13.27 亿美元，同比增长了 9.1%。农产品依赖进口进一步加重了尼泊尔的贸易赤字。尼泊尔农产品生产由于受气候影响比较大，出口额呈现震荡起伏的状态，2009 年、2014 年出口额分别为 2.82 亿美元和 2.85 亿美元，是历年来最高的。从世界范围看，尼泊尔农产品出口额占世界农产品贸易总额的比例很小。2016 年尼泊尔出口额为 2.24 亿美元，占世界农产品出口额的 0.02%。尼泊尔农产品贸易处于严重逆差的状态，除 2008—2009 年和 2014—2015 年进出口差额有所减少外，总体呈增加趋势，2014 年进出口差额达到了 11.15 亿美元。巨大贸易逆差暴露了尼泊尔国内经济中存在产业竞争力不足以及投资疲软等问题。政府也意识到事情的严重性，正在采取补救措施，包括：向农业提供更多补贴、提供更多耕田、发展灌溉设施、提供种子和化

---

① 数据来源：中国国际渔业博览会

肥等以促进农业发展。

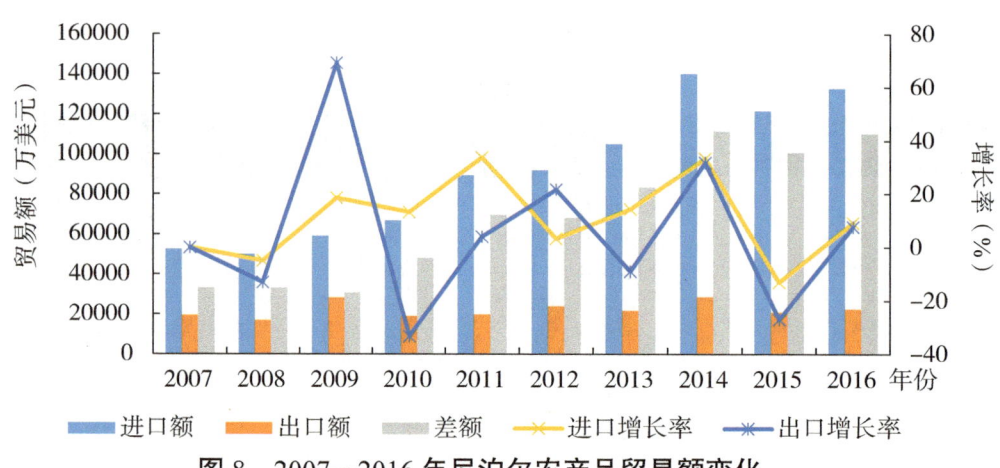

图8　2007—2016年尼泊尔农产品贸易额变化

数据来源：联合国粮食与农业组织

注：未包括海产品的贸易数据

（1）出口农产品

尼泊尔主要出口蔬菜、油、铜线、羊绒制品、地毯、成衣、皮革、农产品、手工艺品等。农产品方面，尼泊尔利用其廉价的劳动力和多种农业气候条件的优势，发展了种植、园艺、畜牧和渔业等，扩大农产品出口贸易范围，咖啡、茶叶、肉类等出口量逐步增加。

尼泊尔农产品出口额，前10名包括动物细毛、果汁、豆蔻、茶叶、松香和树脂酸、扁豆、草药、面食制品、肉及内脏和生姜（图9）。其中动物细毛类出口额最大，它是羊毛地毯的主要原料，2016年的出口额为7080.53万美元，比上年的7819.57万美元下降了9.5%，主要是受2015年尼泊尔大地震的影响。尼泊尔主要出口的农产品种类如下。

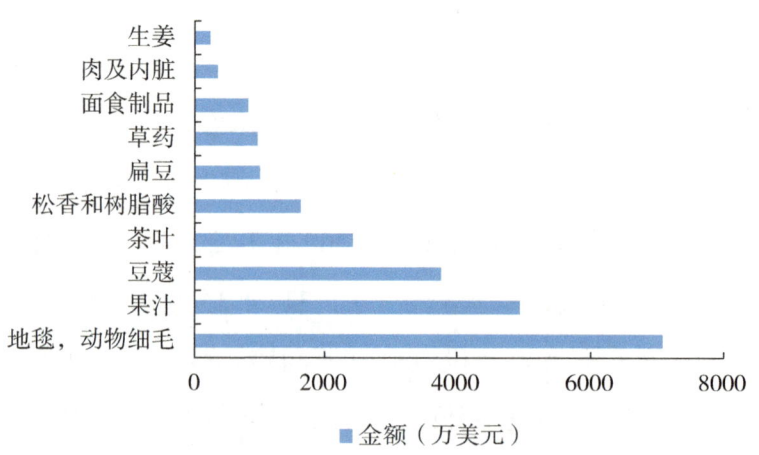

图9　2016年尼泊尔主要农产品出口额

数据来源：尼泊尔贸易与出口促进中心

生姜。2016年尼泊尔生姜产量为27.19万吨，占世界总产量的8.3%，占南亚地区总产量的18.3%[①]，位居世界第3，仅次于印度和中国。据尼泊尔贸易出口促进中心数据显示，2016年生姜出口量为4499.96吨，而2015年出口高达28351.82吨，同比下降84.1%，主要在于尼泊尔一大半的生姜种植区受灾。

虽然尼泊尔生姜出口量很大，但单价却很低，只有中国的1/5。主要原因有卖相差；缺乏深加工技术和企业；由于设施条件落后，从尼泊尔进口生姜的国家很少，只能低价卖给印度。

扁豆。尼泊尔是全球第六大扁豆生产国，仅次于加拿大、印度、土耳其、澳大利亚和美国，占世界总产量的5%。除玛囊和木斯塘两地之外，尼泊尔所有地区都可以生产扁豆，但商业种植集中在特莱地区，该地区拥有尼泊尔90%以上的扁豆产量。

据尼泊尔贸易与出口促进中心统计，尼泊尔2016年扁豆出口总值为1000.97万美元，其中孟加拉国进口了尼泊尔89%的扁豆，其次是印度、新加坡、阿拉伯联合酋长国和巴林。

茶叶。2011—2015年尼泊尔茶叶出口额基本维持在2000万美元左右，2015年出口额度略有下降，为1769.40万美元，比2014年的2026.00万美元减少12.7%（表4）。茶叶主要出口印度，出口额占出口总额的90.2%，其次是德国、捷克、美国和中国等国家，为了占领更大的国际市场，增强竞争力，尼泊尔传统茶生产商和加工商积极争取有机产品认证。

表4　2011—2015年尼泊尔茶叶出口额　　　　　　　　　　　（单位：万美元）

出口国家	2011年	2012年	2013年	2014年	2015年
总计	1944.8	2072.9	2052.8	2026.0	1769.4
印度	1649.0	1847.7	1825.0	1784.3	1596.6
德国	80.5	101.1	100.5	85.1	68.5
捷克	16.3	20.1	35.7	45.4	29.1
美国	10.5	7.0	21.6	11.8	10.3
中国	2.5	4.8	8.2	17.0	9.8
加拿大	7.8	7.4	6.0	8.8	9.3
日本	4.8	4.9	5.3	3.9	8.5
俄罗斯	119.4	32.5	21.5	34.1	7.9
法国	5.7	4.8	7.0	12.1	5.9

数据来源：ITC

---

① 数据来源：FAO

(2)进口农产品

尽管尼泊尔被认为是农业国家,但落后的种植方式、农产品市场流通不畅、劳动力严重流失等因素影响了农业发展,同时人们消费习惯改变使得尼泊尔成为农产品进口国家。尼泊尔主要进口农产品品种如下。

谷物类:谷物的进口额最大,2016年尼泊尔谷物进口额为38965.19万美元,而2015年为38161.16万美元,年增长率为2.1%[1]。尼泊尔进口的谷物主要包括玉米、水稻、荞麦和谷子等。近十年来,尼泊尔谷物进口量持续增长,这表明尼泊尔正在从粮食出口国转为粮食进口国。主要原因:一是随着收入增长,居民饮食消费方式开始转向大米;二是农业部门生产成本高、生产率低,无法满足人口增长的需求;三是家禽业的发展进一步拉动了谷物饲料的消费增长。

蔬菜:尼泊尔国内的供给无法满足国内需求,加之缺乏存储设备使得非应季农产品难以保存,增加了对进口果蔬的需求,绝大多数是从印度进口。2015年,尼泊尔蔬菜进口额为171.2万美元,其中从印度进口162.3万美元,占总额的94.8%[2],品种主要有马铃薯、洋葱、生姜和番茄。尽管西部地区商业蔬菜种植面积有所增加,但从印度进口的蔬菜仍在继续增加。尼泊尔政府已经启动了一项为期10年的减少对印度蔬菜进口依赖度的计划,尼政府设想采用现代农业技术来提高生产率,目标是在2017实现小麦和蔬菜的自给,两年内实现大米和马铃薯的自给。

烟草:因国内烟草产量无法满足本国的需求,开始大量进口烟草。2015年烟草的进口金额达到2179.90万美元,基本是从印度进口,进口额为2133.90万美元,占总进口额的97.9%[3]。

奶制品:随着尼泊尔国内市场需求扩大,近年来每年需进口大量奶制品。主要包括奶油、脱脂奶粉、黄油、干酪、CHHURPI、KHUWA、炼乳等。2015年,奶油进口额937.80万美元,占进口总额的0.1%[4]。

渔业:政府鼓励发展渔业养殖,提高产量,从而可以减少或者停止进口他国水产品。进口额从2011年的428.7万美元增长到2015年的749.1万美元,增长了74.7%。按进口所占份额排列,主要进口国家有印度(91.5%)、越南(7.2%)、泰国(0.5%)、挪威(0.4%)、

---

[1] 数据来源:尼泊尔贸易出口促进中心
[2] 数据来源:ITC
[3] 数据来源:ITC
[4] 数据来源:尼泊尔贸易出口促进中心

智利（0.1%）、新加坡（0.1%）和中国（0.1%）等[①]。

2. 主要贸易伙伴

（1）出口结构

2016—2017财年尼泊尔农产品出口前10个目的国依次为印度、美国、土耳其、德国、英国、中国、法国、意大利、孟加拉国、日本，其中印度所占份额最大，达到56.8%；美国占12.3%，中国占2.5%（图10）。与上一财年数据比，印度继续保持增长势头，进口额增加4.5%；土耳其增长速度最大，达到96.6%；美国、德国、英国和中国等稍有减缓的趋势。重点发展的出口市场是印度和美国。

印度：既是尼泊尔最大的农产品进口国，也是最大的农产品出口国。尼泊尔对印度一直存在着贸易逆差，而且差距越来越大。出口到印度的农产品主要有果汁、茶叶、豆蔻、扁豆等。

美国：是尼泊尔第二大农产品出口国。尼泊尔和美国在2011年4月签署了贸易和投资框架协议。出口到美国的农产品主要有羊绒、青咖啡豆等。

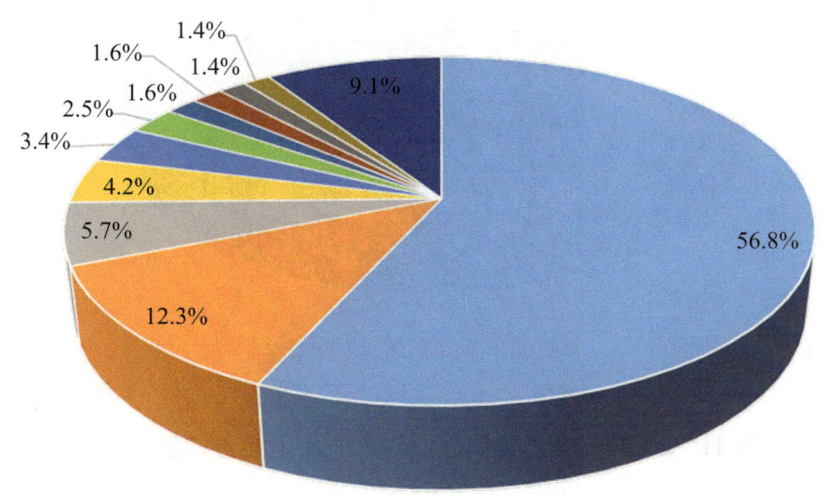

图10　2016—2017财年尼泊尔农产品主要出口国家

数据来源：尼泊尔贸易与出口促进中心

（2）进口结构

尼泊尔农产品进口，前10个目的国依次为印度、中国、阿拉伯联合酋长国、法国、印

---

① 数据来源：尼泊尔贸易出口促进中心

度尼西亚、阿根廷、泰国、加拿大、韩国、美国和马来西亚，其中印度的份额最大，达到了65.5%；中国占了13.2%（图11）。近年来尼泊尔政府和出口商还加大了对美洲、南美洲等新兴市场的开拓力度是印度和中国。

印度：由于地缘关系，尼泊尔贸易上严重依附于印度。从印度进口的农产品有大豆、大茴香、八角、茴香、香菜、可可豆、苹果等。《贸易条约》的签订，给予了尼泊尔通过印度领土和港口进出口货物的"完全和不受限制的权利"，但印度也通过关税政策和控制兑换外汇等措施间接地控制了尼泊尔与其他国家间的贸易。2016年，印度要求对尼泊尔出口商品实行双方认可的标准，范围涉及茶叶、豆蔻和生姜等在内的几乎所有农产品。

中国：近几年，中尼农产品贸易快速增长，中国已稳居尼泊尔第二大农产品贸易进口国地位。

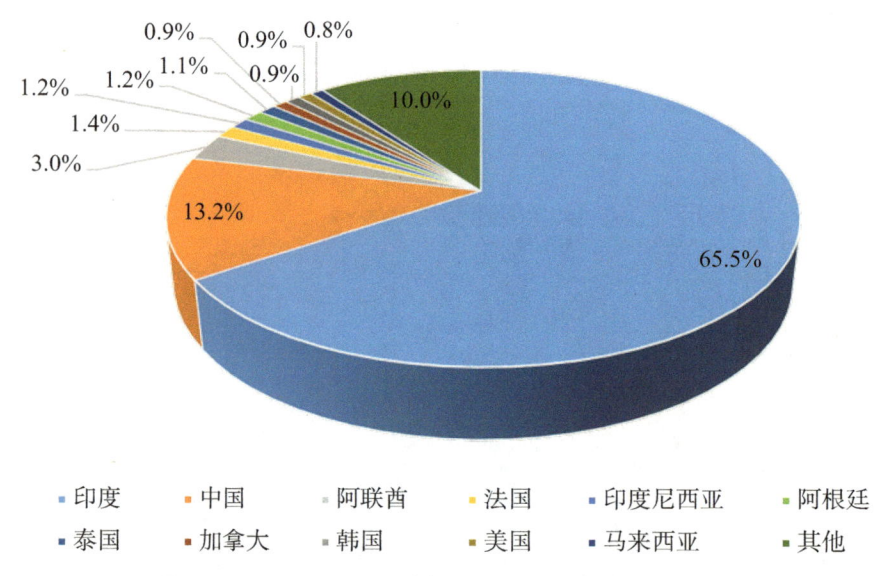

图11　2016—2017财年尼泊尔农产品主要进口国家

数据来源：尼泊尔贸易与出口促进中心

3. 中国与尼泊尔贸易情况

在中国与尼泊尔贸易中，中国工业制品和尼泊尔农产品优势比较明显，互补性大于竞争性。中国从尼泊尔进口的主要商品有：粮食、白糖、植物油、香料、铜制品、各种毛料等。出口商品主要包括化肥、羊绒纱、生丝、家用电器、通信设备、箱包服装以及大蒜、油菜籽等农副产品。

近年来，中尼贸易实现波浪式增长。中尼贸易总额由2007年的7.17亿美元上升至

2014年的16.86亿美元。2014年中尼双边贸易额达到最高峰，同比增长33.1%。其中尼方进口额14.0亿美元，同比增长33.3%；中方进口额2.85亿美元，同比增长31.8%。2015年中尼进出口额双双下降，降幅分别为13.1%和27%。2016年进出口额缓慢回调至13.27亿美元和2.24亿美元（图12）。

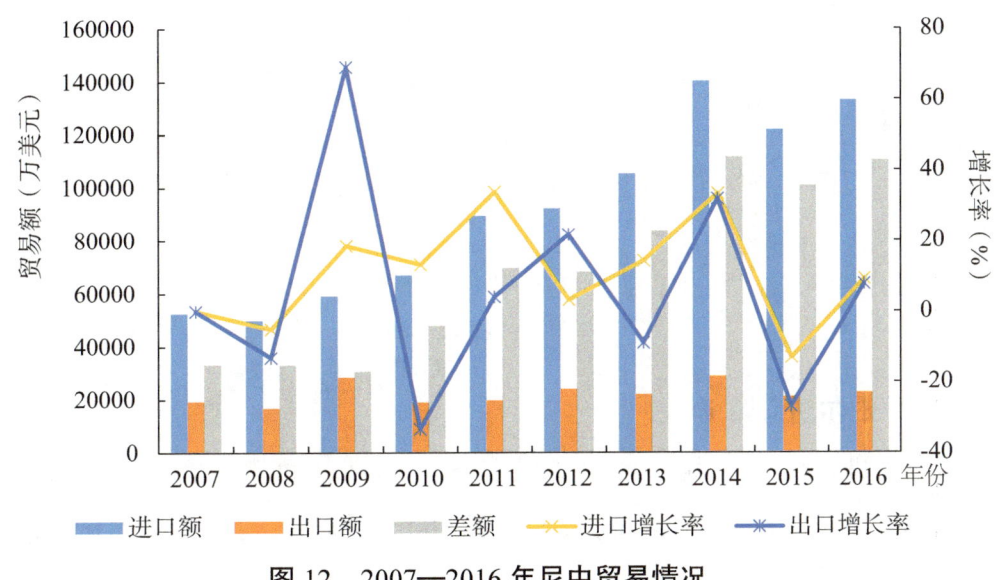

图12　2007—2016年尼中贸易情况

数据来源：ITC

从贸易平衡角度来看，尼泊尔长期处于贸易逆差的地位，且两国贸易差额呈不断扩大态势。农产品贸易方面同样存在着逆差，中尼农产品贸易额占中国对外农产品贸易额很小的一部分，但是从尼泊尔角度上看，中国已是除印度外最大的农产品贸易伙伴。

（1）中国对尼泊尔农产品出口

中国对尼泊尔农产品出口主要有原羊毛、生丝、水果、坚果、果皮类等。2000—2016年，中国对尼泊尔出口额呈波动上升状态，从2000年的835.27万美元增长到2016年7354.09万美元，涨幅达到780.4%。2001年陷入负增长及触底，降幅高达31.6%，随后降幅缓慢收窄，到2003年出口额逆势增长，同比增加69.3%。随后几年增长率有所起伏，到2016年出口额达到历史最高位，同比增加48.2%，主要是因为2015年尼泊尔大地震农业遭受重创，居民需求大大增加（图13）。

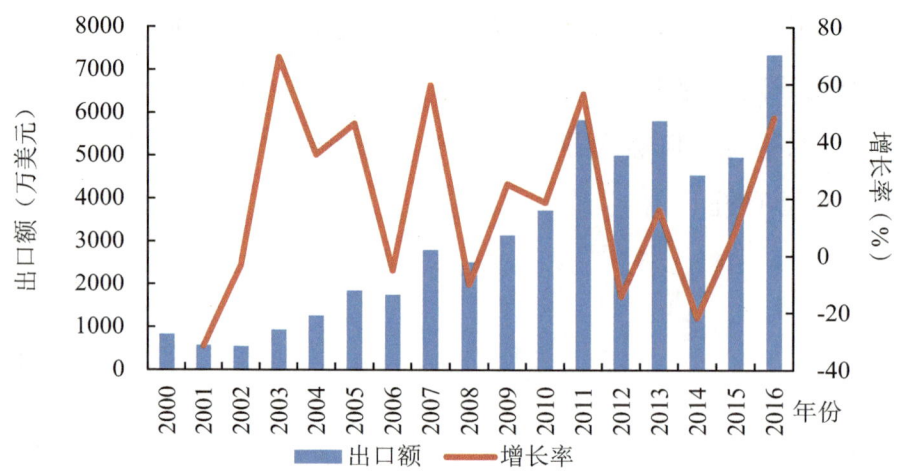

图 13　2000—2016 年中国出口尼泊尔农产品总额的变化

数据来源：中国海关

（2）中国从尼泊尔进口农产品

中国从尼泊尔进口的农产品主要有羊绒和羊毛制品、面粉、面条、巧克力等。2000—2016 年，中国从尼泊尔进口农产品的额度呈震荡起伏状态，2000—2010 年进口额持续下降，从 2000 年的 553.23 万美元降到 2010 年的 27.49 万美元，降幅达 95.0%。由于全球经济危机后续影响，2007—2010 年进口额未超过 50 万美元。2011 年经济复苏，农产品进口额开始回升，2013 年增加至 1775.02 万美元，同比增加 107.5%，增幅明显。2015 年进口额下降至 179.63 万美元，2016 年只有 8.69 万美元，同比下降 95.2%（图 14），主要原因

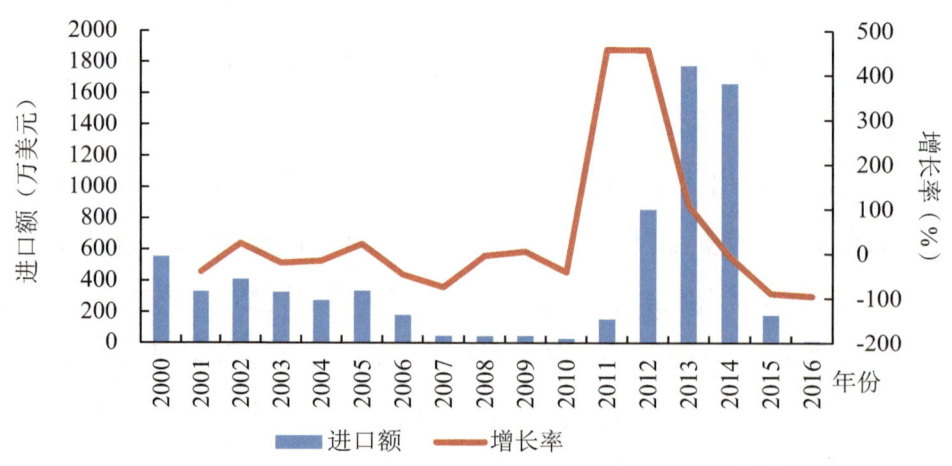

图 14　2000—2016 年中国从尼泊尔进口农产品总额的变化

数据来源：中国海关

是4·25尼泊尔地震发生后，尼泊尔受灾家庭的牲畜、作物、粮食储备和其他农业投入遭受重创，粮食库存减少，而农民也可能错过育苗季节，导致粮食作物无法收获，农业生产受到严重影响。

中尼两国之间在农产品的需求上存在单向性，即尼泊尔对中国的农产品有较大的需求，而中国对尼泊尔农产品的需求较小。尼泊尔应发挥区位优势，积极研发特色农作物，开发有机农产品，增加出口市场的黏性。中国继续加大对尼泊尔的贸易优惠政策，使得两国的农产品贸易朝着均衡方向发展。

（四）农业科技发展

1. 农业科研机构

尼泊尔农业研究体系由国家农业研究机构支撑，由其他一些政府机构、高等教育机构和非营利机构作为补充。这些机构组织负责全国的农业科学研究、技术服务、重点学科建设、学术交流、科技成果转化、知识产权管理、科技产业发展等。

尼泊尔国家农业研究中心、尼泊尔农业科学研究院是国家级农业科研机构，担负着全国农业新技术开发研究的任务，在解决方向性、全局性、关键性重大农业科研方面发挥着重要的作用。国家农业研究中心是迄今为止尼泊尔最大的农业研发机构，占该国农业研发投资和人力资源能力的80%以上。

和世界上其他许多国家一样，尼泊尔在农业科学研究领域，高等农业院校进行的研究工作很重要，比如喜马拉雅山农业科学与技术学院、尼泊尔农林大学等。高等院校的科研成果，需要同实际生产结合起来，通过反复实践才能完成成果转化。

随着国外独资或合资企业的增多，尼泊尔的农业产业技术得到了较大的提升，尼泊尔政府正采取措施，支持试点农业企业研发中心的建设，在试点企业建立研发中心，推出农业前沿的原创性研发成果。比如尼泊尔的高山农业企业，大型茶叶公司等。

2. 农业科技发展状况

尼泊尔农业研发投资和人力资源能力近年来随着政府资金的增加而增加，尽管如此，当前尼泊尔农业科技发展存在一系列问题，包括创新能力不足、资金投入较少、科研人员人数缺少等。

（1）农业科技创新的投入水平

农业研发支出总额[①]包括所有参与农业研究的政府机构、非营利机构和高等教育机构

[①] 不包括私营营利部门

的工资支出，运营和项目成本以及资本投资[①]。近十几年来，尼泊尔政府开始重视农业科技创新的投入，除个别年份农业研发支出总额有所降低外，总体上呈上升趋势。10年时间从2003年的3150万美元增长到2012年的5340万美元，增长比例达69.5%（图15）。

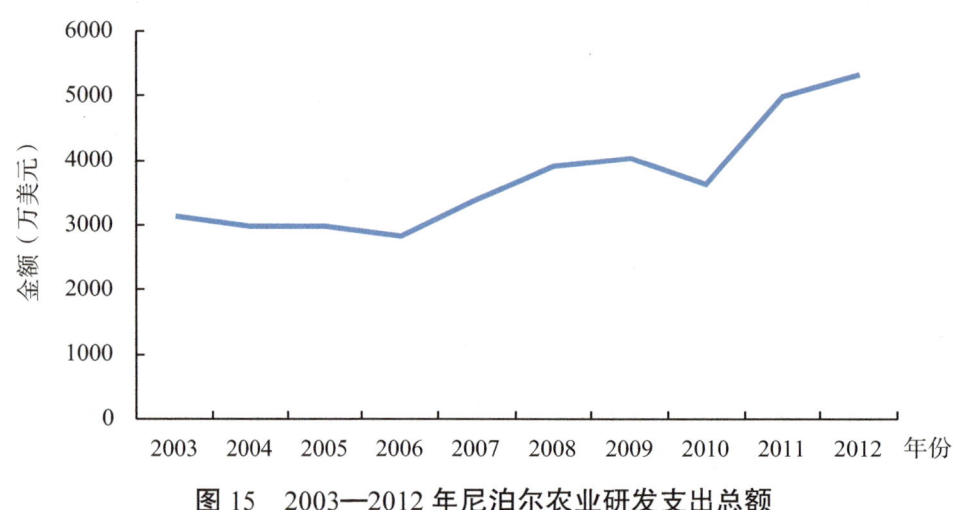

图15　2003—2012年尼泊尔农业研发支出总额

数据来源：ASTI（Agricultural Science and Technology Indicators）

从另一个角度来看，尼泊尔农业创新的投入又是相对不足的。四个南亚国家（印度、巴基斯坦、孟加拉国、尼泊尔）联合在农业研究方面花费了40.4亿美元，印度占这一总数的84%，巴基斯坦，孟加拉国和尼泊尔分别在农业研究方面花费了3.33亿美元，2.51亿美元和5300万美元（表5）。相比之下，尼泊尔农业科研系统规模小得多，这表现在其较低的农业研究支出水平。

表5　南亚主要国家农业科技发展情况

国　家	农业研究支出（万美元）	占AgGDP份额（%）	总支出增长率（%）	农业研究人员总数（人）	农业研究人员增长率（%）
孟加拉国	25061	0.4	25.1	2121	33.4
印度	329838	0.3	73.2	12746	-2.7
尼泊尔	5336	0.3	36.2	403	3.1
巴基斯坦	33248	0.2	37.6	3678	6.5

数据来源：ASTI（Agricultural Science and Technology Indicators）

注：支出已根据通货膨胀进行了调整，并以2011年购买力平价表示。

[①] 尼泊尔农业研发资金政府投入占绝大部分，高达86.3%，其次为开发银行的捐助，其他资金很少，可以忽略不计

除了农业研发投资和产能的绝对水平之外，另一种衡量农业研发强度的指标是农业研发支出总额占农业产量的百分比（AgGDP）[1]。虽然尼泊尔近年来农业科技投入在不断增加，但农业科研投资强度始终稳定在0.2%~0.3%，明显低于2%的标准，这说明尼泊尔远没有步入农业科技自主创新阶段，还需进一步加大对农业科技创新的财政支持（图16）。

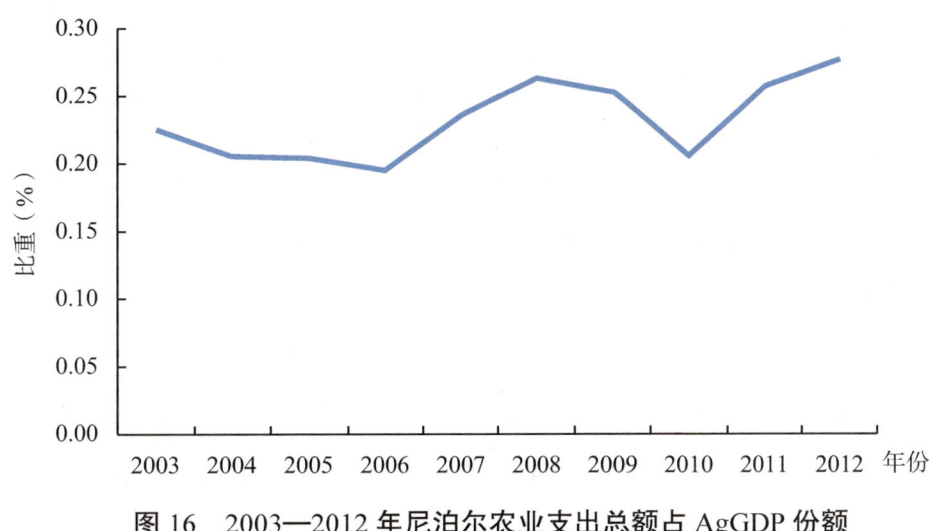

图16 2003—2012年尼泊尔农业支出总额占AgGDP份额

数据来源：ASTI（Agricultural Science and Technology Indicators）

（2）农业科技创新的人才结构

农业研究人员总数包括在该国政府、高等教育机构和非营利机构雇用的所有研究人员[2]。一直以来，尼泊尔政府部门雇用的FTE研究人员比其他任何部门都多，长期保持在70%以上，近年来占比有逐渐增长的趋势，2012年达到85.8%；高等教育机构人员在2003—2009年还稳定在11.0%以上，到2010年比例开始缩减，主要原因是政府工作人员的增加。2012年高等教育机构和非营利机构雇用的农业研究人员占比分别为7.7%和6.5%（图17）。政府机构的科研人员偏向应用型的研究，而企业和农民迫切需要实用型技术，这一现象说明尼泊尔当前的农业科技管理体制亟待改善。

尼泊尔农业研究人员总数为403人，而同时期的印度、孟加拉国、巴基斯坦研究人员总数分别为12746人、2121人和3678人，远低于南亚国家的平均水平。农业研究人员增长率方面，尼泊尔仅为3.1%，与印度33.4%的增长率有相当大的差距（表5）。

---

[1] AgGDP数据来自世界银行的世界发展指标
[2] 以专职等值（FTE）报道总数，以说明科学家实际花在研发活动上的时间比例

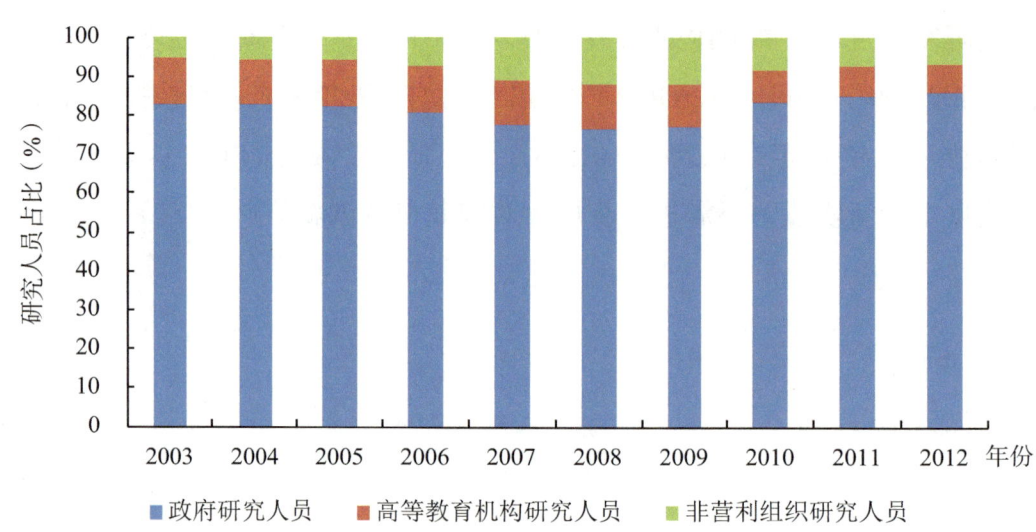

图 17　1996—2012 年尼泊尔农业研究人员从业单位情况

数据来源：ASTI（Agricultural Science and Technology Indicators）

女性劳动力占全国农业劳动力的 60% 以上，农业研发中的性别平衡很重要，因为女性研究人员提供不同的见解和观点，可以帮助研究机构更有效地解决女性农民所面临的独特挑战。尼泊尔农业研发人员中，尽管女性农业研究人员的比例从 2003 年的 8.5% 上升到 2012 年的 12.5%，但总数仍然极少。

另外，研究人员之间的年龄失衡应尽量减少。尼泊尔农业研究人员的年龄构成中，51~60 岁占比为 42.2%，人数相对较多，拥有太多接近退休年龄的高级研究人员可能会危及未来研究的连续性。31 岁以下的研究人员大多数缺乏经验，需要长时间培养和历练，所占比例仅为 10.2%，后备力量有所不足（图 18）。

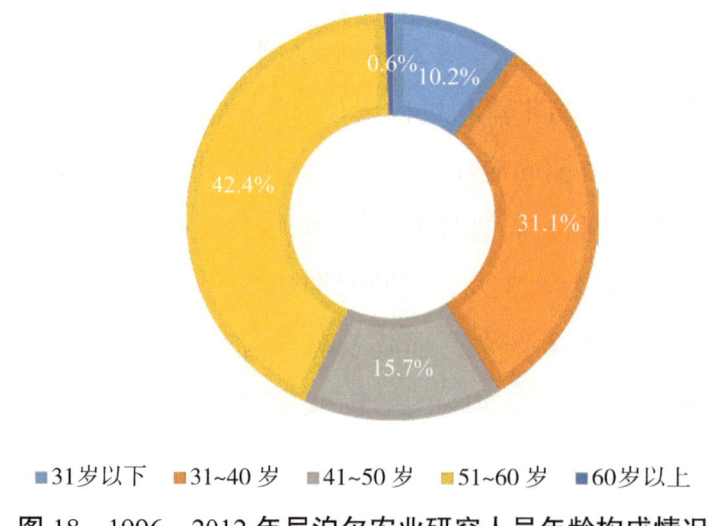

图 18　1996—2012 年尼泊尔农业研究人员年龄构成情况

数据来源：ASTI（Agricultural Science and Technology Indicators）

（五）农业管理体系与政策

1. 农业管理体系

尼泊尔农业管理机构有尼泊尔林业和土壤保持部、农业发展部及其下属机构协会等。林业和土壤保持部主管林业、植物和草药的开发利用以及贸易监管；农业发展部制定全国农业方面的经济事务，主管农业方面的投资合作、贸易、食品安全和动物检疫。尼泊尔农业发展部包括农业广播部、渔业部、园艺部、动物卫生和农业教育与研究部，以及粮食和农业营销部。下属机构或实验室有：环境部、合作社司、家畜服务部、渔业发展计划司、植物保护计划司、农业培训计划司、农业商业促进和市场开发计划司、农业推广计划局、作物开发计划司、土壤管理计划司、果实发展计划司、工业昆虫学发展局、蔬菜开发局、中部地区农业局等。几个重点机构介绍如下。

（1）植物保护计划司

植物保护计划司被指定为尼泊尔的国家植物保护组织（NPPO），是农业部下的主要技术局之一，位于勒利德布尔，主要责任是制定植物保护政策。国家植物检疫计划，农药登记管理部门，区域植物保护实验室是植物保护局的主要组成部分。主要的工作内容有：IPM项目的实施、病虫害调查和监视、农药管理、生物农药推广计划、人力资源开发、病虫害诊断服务、农药残留分析、紧急植保服务和信息交流。

国家集成项目管理（IPM）计划。尼泊尔政府通过了IPM项目作为国家植物保护战略。IPM产品市场的出口是国家IPM计划的主要活动。不同层次的人力资源开发，培训课程开发、指导和规范编制是由中央层面提出和由地方层面实施。目前，尼泊尔农业部正计划通过使用Russell IPM的Ceranock系统，以提高尼泊尔柑橘出口量。

植物检疫。区域植物检疫办事处和植物检疫检查站位于不同的陆地边境和国际机场。植物检疫程序主要有检查货物、处理货物、签发植物检疫证书、入境许可和病虫害监控。

（2）土地管理计划司

尼泊尔管理土地的政府部门是尼泊尔土地改革和管理部。该部成立于2000年，是在尼泊尔土地税收局和土地改革局合并之后成立的。同时还将土地信息系统工程和中央资料局合并，成立了土地信息和资料局。原来在土地测量局领导下进行工作的土地测量培训中心单独成立土地管理培训中心，为土地管理、土地测量与制图和地理信息培养技术人员。

（3）其他农业协会或组织

尼泊尔农村供水和卫生基金发展委员会（Rural Water Supply and Sanitation Fund Development Board，RWSSFDB）负责促进尼泊尔社区供水和卫生的部门，并动员非政府组织和私营部门组织协助社区实现供水和卫生计划。

尼泊尔国家茶和咖啡发展委员会（National Tea and Coffee Development Board，简称NTCDB）是尼茶行业的主管职能部门，主任由农业部部长兼任，17名执委会成员来自不同部门。其主要职能是制订行业政策法规、解决行业发展中存在的问题、制定价格、跟踪国际市场信息等。

尼泊尔喜马拉雅传统茶造商协会（The Himalayan Orthodox Tea Producers Association of Nepal，简称HOTPA-NEPAL），是一个非官方、非营利社团，由小农户、企业家及农业企业中心（Agro Enterprise Centre）组成。该协会致力于在东尼泊尔丘陵地区推广高档次及传统制茶工业。HOTPA协会长远规划包括建立一个自营的茶叶研究中心，用以提高产品附加值、培育种子；改进当地病虫害治理技术；以及访问印度阿萨姆邦大吉岭地区和斯里兰卡，学习栽培经验等。

2．农业支持政策

为了增加农业生产并使农业基地多样化，政府重点关注灌溉、化肥和杀虫剂的使用，引进新工具和高产品种的新种子，同时出台了多项政策支持农业生产，比如农业信贷农业保险、发放"农民优惠卡"等。

（1）农业信贷

尼泊尔农业发展银行（Agriculture Development Bank）是尼泊尔首要的农村信贷机构，覆盖了全国超过67%的信贷服务，其主要业务是农村金融。可以申请农业信贷的农产品有谷类作物（水稻、小麦、玉米），经济作物（甘蔗、茶叶、咖啡、豆蔻），蔬菜，林果，花卉等。尼泊尔政府为了扩大国际市场份额，大力宣传茶叶理念，除了给农业贷款外，同时在近年预算中宣布减免茶叶种植贷款40%～60%的利息。

（2）农业保险

尼泊尔保险委员会于2013年开始推行强制农业险，非寿险公司开始受理农作物、牲畜和家禽的投保，从而使农户免于自负风险。尼泊尔农业发展部在政府公布全额预算后向农业险提供50%的补贴，由于愿意参保的农牧民人数较少，为了吸引农牧民参保，2014年尼泊尔政府再次提高农牧业保险补贴，将其从50%提高至75%。这一政策降低了自然灾害带给农牧民的经济损失，引入农业险对尼泊尔农业生产商业化将起到积极作用。

（3）发放"农民优惠卡"

为更好地向农民提供服务，尼泊尔农业发展部向农民发放"农民优惠卡"。持卡农民在购买化肥、种子、农具时将享受优惠政策，该政策主要面向贫下中农。根据该政策，在南部平原拥有4公顷以下土地以及北部山区拥有1公顷土地以下的农民可以获得"农民优惠卡"。

作为一项试验性的优惠政策，在尼泊尔全国5个发展区中，政府将在每个发展区内选择一个县发放"农民优惠卡"。

3. 农业发展规划

尼泊尔国家计划委员会制定的第13个国家发展计划，内容包括尼泊尔经济将保持6%的增长速度，贫困率将从23.8%降低到18%，提高就业率3.2%，并在计划期内将通货膨胀控制在7%，从而到2022年使尼泊尔从最不发达国家迈入发展中国家行列，2030年成为中等收入国家。计划将尼泊尔农业产业的年增长率从现在的3%提高到5%，土地生产率从每公顷1600美元提高到5000美元，劳动生产率从每人800美元提高到2000美元。

农业领域发展规划主要有食品安全规划，内容包括推广土壤改良、科学施肥、灌溉、资源保护等技术，保障农产品的供给；国家牛奶发展规划，目的是替代奶粉进口并增加农民收入；农产品增值规划，通过提高柑橘、茶叶等经济作物品质，争取国际市场份额；粮食品种改良规划，通过扩大杂交水稻、小麦的种植，增加单位面积产量。

2016年尼泊尔财政部审核通过总额1300亿卢比（约合129亿元人民币）的农业现代化项目规划。该规划通过推广农业机械、农业技术以及合理使用种子和化肥，最终提高农业生产率和实现农业产品自给自足。该项目规划实施10年，采用政府与私有团体合作的方式开展，第一年政府投资57.8亿卢比（约合5.75亿元人民币）。项目计划开辟2000多块面积为10～1000公顷不等的示范田，所有示范田将得到化肥、灌溉、技术等方面的资金补贴，农民建设仓储、加工设施以及购置农业机械等也有补贴。通过项目的实施，尼泊尔政府计划2～4年内逐步实现水稻、马铃薯、玉米、鱼类产品以及水果的自给自足[①]。

三、农业投资环境

（一）国家商业环境

1. 营商环境逐步优化

世界银行《2018年营商环境报告》显示，尼泊尔的营商效率（DB）在全球190个国家和地区中排名第105位，排名较上年跃升2位，在南亚国家中排名相对靠后。DTF得分为59.95[②]，较去年增加了2.35，跟不丹（66.27）、中国（65.29）相比有一定的差距，仅低于印度0.81，高出南亚平均得分6.31（图19）。在衡量DTF具体指标上，尼泊尔2018年名次上升的

---

① 尼泊尔《加德满都邮报》
② DTF（Distance to Frontier）为一测量尺寸，用来衡量各项指标的表现，DTF数值越高，表明企业经营越便利

原因主要是在获得信贷、保护少数投资者、办理施工许可证、创业、电力供应等方面有不俗的表现，特别是获得信贷方面，DTF 得分较上年增加了 20，只有纳税方面比上年减少了 0.01。

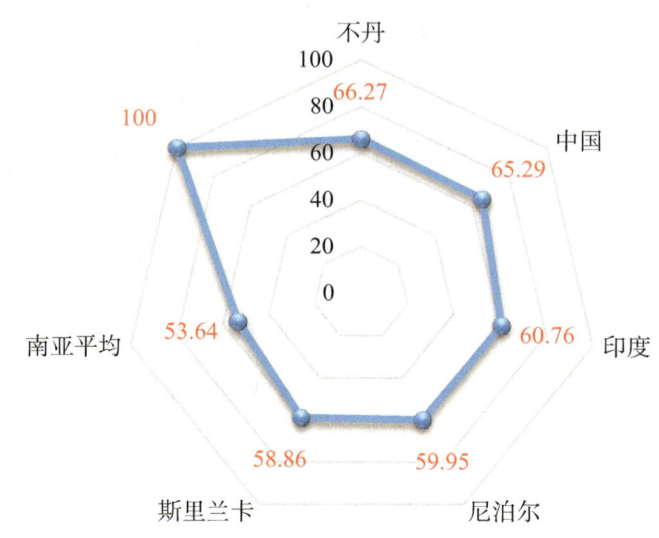

图 19 2018 年南亚国家 DTF 得分

数据来源：世界银行

根据世界经济论坛的《2016—2017 年全球竞争力报告》，尼泊尔在 144 个国家和地区的竞争力排名中列第 98 位，比 2015—2016 年的第 97 位上升了 1 位。尼泊尔宏观经济环境和健康与基础教育指标分别位居南亚地区的第 1 名和第 2 名，但技术成熟度与基础设施类指标仍是竞争力最弱和次弱项。按发展阶段划分，属于要素驱动阶段。竞争力指数能衡量一国在中长期取得经济持续增长的能力。2007—2010 年尼泊尔竞争力指数呈小幅下降趋势，2011 年开始持续上升，到 2017 年达到最高点 3.87（图 20）。近几年，尼泊尔政府积极推行各项改革措施优化营商环境，比如除了立法上的突破，还在官僚和司法体系的效率上进行改进。

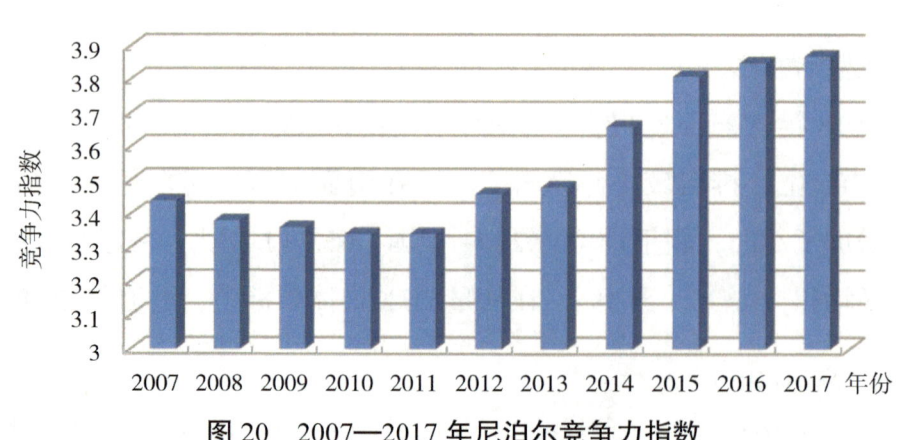

图 20 2007—2017 年尼泊尔竞争力指数

数据来源：trading economics

2. 拥有利于农业投资的政策氛围

尼泊尔非常重视利用外商投资促进国内农业发展的重要性，积极寻求国际合作。外资企业可获得农业耕地的承包经营权，可种植粮食、蔬菜、果树等；可获得林业耕地的承包经营权，租赁经营期可根据项目性质进行洽谈。外国投资者可在大中小规模农业企业拥有100%股份。农业基础领域（如灌溉等民生项目、视频、草药加工）取消了外资投资额度限制，允许建立外商独资企业。水稻、小麦、玉米和蔬菜等基本农作物以及活动物、农机、肥料、种子、杀虫剂等为生产基本农产品购买的商品的税率为0。国家对以农林为基础的工业、生产农业机械设备的工业以及冷冻储藏和保鲜企业给予优先待遇。

（二）农业优势与潜力

1. 农业发展优势

（1）农业占GDP比重大

据世界银行数据，得出1965—2016年间尼泊尔农业增加值在GDP中比例变化图（图21）。1965年农业增加值占GDP的65.5%，中间几年比值稍有起伏，但农业增加值的占比总体呈缓慢下降趋势，2016年仍达到33.0%，而同期中国农业GDP占比已降至10%。

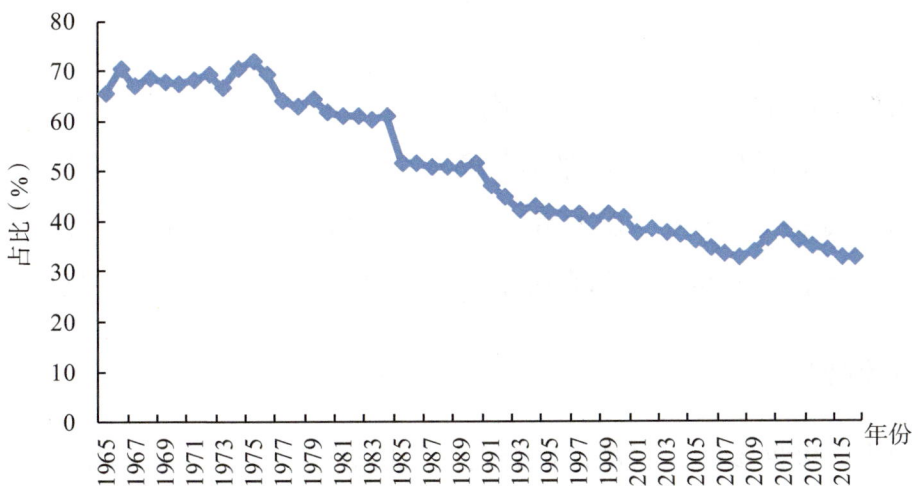

图21 尼泊尔农业增加值/GDP百分比

数据来源：世界银行

（2）劳动力资源丰富

人口是决定经济长期增长的重要因素，经济增长模型告诉我们，在投资没有达到一定量的时候，人口增长可以促进经济增长。尼泊尔农村人口较多，农业生产成为劳动力的主要去向。15～64岁是充满活力的群体，是提高经济增长率的主要来源。1990—2017年，

15～64岁年龄段人口占人口总数的50%以上，具有人口规模和结构优势。

（3）自然地理环境优势

尼泊尔独特的气候条件和海拔差异赋予了其得天独厚的农业资源和水利水电资源，发展农业的基础好。另外，由于中印两国发展强劲，尼泊尔处于非常有利的地理位置。尼泊尔是中国西藏自治区（简称西藏，全书同）的主要贸易伙伴和中国西藏与印度转口贸易的主要通道，尼泊尔的雅犁口岸与印度贡吉和中国普兰口岸相对，为国际性常年开放公路口岸，具备较好的发展机遇。

2. 农业发展潜力

虽然尼泊尔农业发展水平较低，但由于特殊的气候条件，发展特色农业潜力很大。例如被高山分隔开的众多自成一体的小气候，为生产高价值的蔬菜种子提供了有利的条件。从国内外市场需求看，尼泊尔、印度、巴基斯坦等国家的气候相近，种子的质量标准也类似，可以开拓这些国家市场，建立蔬菜种子农场的潜力很大。

尼泊尔推崇种植有机农作物，比较出名的是当地的咖啡和茶叶。2015年尼泊尔正式推广有机农业。90%以上的咖啡小农场为有机种植方式，这是因为之前推广咖啡的有机种植方式是用于进行防止水土流失而并非将咖啡转化为商业种植的作物，现有近1/2的咖啡已经过有机认证。茶叶方面，因尼泊尔天气温暖，害虫较少，加上当地人对生物链的完美利用，茶叶基本上并无农残。

2018年尼泊尔的正统茶叶出口将不再用"印度大吉岭"的标识，在印度喜马拉雅山种植茶叶的154年后，开始以"喜马拉雅山"商标出售茶叶。同时农业部颁发了"尼泊尔正统茶叶认证商标实施指令2074"，其标识下生产的茶叶必须是完全有机的。当前，无论国内市场还是国外市场，对有机咖啡和有机茶的需求都非常大，发展前景良好。

（三）风险分析

农业风险的来源多种多样，主要有政治风险、政策风险、法律风险和自然风险。

1. 政治风险

全球和平指数（Global Peace Index，简称GPI）是世界公认的反映一国和平状况的权威指标，是以某国的暴力犯罪、武器进口、难民人数等23项指标的数据为参照并构建评价体系。在该机构发布的2016年GPI指数排名中，尼泊尔排名93位。

由世界银行所构建的一套全球治理指标体系（World Governance Indicators，简称WGI）是世界公认的反映一国政治和法律情况的权威指标体系，其中衡量指标有政治稳定性与非暴乱、腐败控制、法治程度以及管制质量等，以百分制计算，得分越高，合作风险越低。2016

年尼泊尔政治稳定性与非暴力指数为 19.05，在南亚地区处于中等水平，稳定程度较好；腐败控制指数得分为 23.56，处于南亚地区的第 5 名，政府有效性指数为 19.71，无形中增加了投资的成本和风险（表 6）。

表 6　2016 年南亚国家 WGI

	腐败控制	政府有效性	管制质量	法治程度	政治稳定性与非暴乱
尼泊尔	23.56	19.71	23.56	19.71	19.05
巴基斯坦	19.23	28.85	27.40	20.19	1.43
阿富汗	3.37	9.62	7.21	3.85	0.95
不丹	83.17	70.19	26.92	68.27	82.26
印度	47.12	57.21	41.35	52.40	14.29
孟加拉国	21.15	25.48	22.12	30.77	10.48
马尔代夫	28.85	40.87	34.62	36.06	60.00
斯里兰卡	48.08	44.71	51.44	54.33	49.52

数据来源：WGI

2. 政策及市场风险

货币财政和税收政策，金融（信贷、储蓄、保险）政策，监管和法律政策，贸易和市场政策，土地使用制度等政策的不确定性，组合成了农业生产过程中的政策风险。尼泊尔政府更迭频繁，对政策风险的评估尤其关键。

农业市场风险主要包括汇率风险，外汇管制风险和物价上涨的风险等。农产品市场价格受汇率影响起伏很大，这些年来，尼泊尔汇率波动的幅度较为剧烈，投资商承受到了较大的汇率风险。尼泊尔一直实行着严格的外汇管理制度，当地货币卢比与其他国际货币不能自由兑换，当其境内的农业投资需要部分或者全部使用当地货币时，往往会造成很大的财务风险。物价上涨对于合同周期一般都较长的农业项目而言，投资成本会大大提高。

在农业投资过程中，对风险的评估要具体问题具体分析。比如国际市场价格波动（包括价格周期性急剧下滑）是大多数粮食和油籽商品以及传统饮料和经济作物的生产商和贸易商的主要风险来源。

3. 法律风险

农业海外投资所面临的环境是多元的。尼泊尔政局刚进入稳定状态，经济社会发展建设尚未完全复苏和步入正轨，国内法律法规的制定尚不健全，难免会存在一些政策制定的缺口和政策执行的漏洞。世界正义工程（WJP）发布 2017—2018 年 WJP 法治指数，从有限的政府权力、腐败的缺席、开放的政府、基本权利、秩序与安全、监管执行、民事司法、刑事司法这八个因素进行衡量。尼泊尔整体法治表现较上一年度（2016—2017年度）上升了5位，在113个国家中列58位，它的得分在南亚6个国家中处于第1位，12个低收入国家中排第2位。在8个衡量因素中，秩序与安全、监管执行和民事司法排名相对靠前，在南亚地区6个国家中列第一位，在全球处于中下位置（表7）。

表7 2017—2018年尼泊尔WJP法治指数排名

因　素	南亚地区排名	中低收入国家排名	全球排名
有限的政府权力	2/6	1/12	42/113
腐败的缺席	3/6	4/12	80/113
开放的政府	2/6	1/12	51/113
基本权利	2/6	5/12	71/113
秩序与安全	1/6	1/12	57/113
监管执行	1/6	2/12	62/113
民事司法	1/6	5/12	82/113
刑事司法	2/6	3/12	63/113

数据来源：World Justice Project（WJP）

注：南亚地区衡量的国家：阿富汗、孟加拉国、印度、尼泊尔、巴基斯坦、斯里兰卡

中低收入国家：阿富汗、布基纳法索、埃塞俄比亚、利比里亚、马达加斯加、马拉维、尼泊尔、塞内加尔、塞拉利昂、坦桑尼亚、乌干达、津巴布韦

4. 自然风险

由气候与发展知识网络（CDKN）资助的一项研究显示，由于气候变化和极端事件，每年约有0.8%的农业GDP损失。1990—2014年，尼泊尔发生的自然灾害有洪水、滑坡、极端气温、风暴、地震、干旱、野火，其中洪水发生的概率最为频繁，为51.7%，其次是洪水引起的滑坡，占25.9%（图22）。洪水和滑坡造成人员的死亡率最高，分别达到69.5%和24.5%。洪水和地震对经济损失风险贡献率分别为82.9%和17.1%。2017年世界风险指数[①]报告显示尼泊尔的自然风险指数为5.4，高于中国的4.1。衡量指标中应急能力最弱，指数为5.9，危险性、脆弱性指数分别为5.3和5.1。在世界172个国家中，尼泊尔的自然灾害风险指数排68位，总体风险水平在全球范围内属于中等偏低。2015年4月25日和5月12日，尼泊尔分别发生8.1级和7.5级强震，让地震风险再次出现在人们的顾

---

① 世界风险指数，是由联合国大学提供，用以衡量各国面对地震、暴雨、洪水、干旱等自然灾害的濒危程度

虑清单中，这两次地震造成了巨大的人员伤亡和经济损失，这说明在传统安全风险依然存在的同时，自然灾害（洪水、地震、飓风）等非传统安全因素已经对尼泊尔安全构成了严峻的挑战。

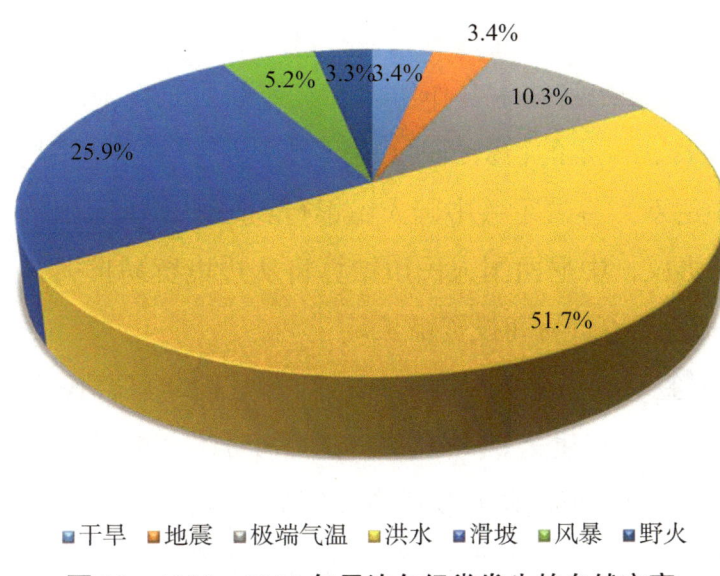

图22　1990—2014年尼泊尔经常发生的自然灾害

数据来源：Prevention Web

（四）总体评价

总体来说，尼泊尔区位优势明显，潜力巨大，而且农业是其最重要的产业，到尼泊尔进行农业投资有诸多便利和机遇，但同时风险也很大。

随着制宪会议的召开、新政府的成立，尼泊尔政局进入了平稳过渡期。联合评级以国家的政治环境、宏观经济、金融稳健性、财政实力和外部流动性5大部分28个定量指标作为评价标准，得出尼泊尔等级为BB_i-，是南亚主权信用风险较高的国家，展望前景较为稳定[①]。

四、中尼农业合作现状与合作重点

（一）合作现状

1. 合作机制

2002年6月，中尼签署了《中国人民银行与尼泊尔银行双边结算与合作协议》，规定了中尼双方之间的贸易往来也可用人民币来结算。

---

① "一带一路"沿线国家主权信用风险综述

2002年12月，中方贸促会与尼工商联签署了合作备忘录，根据双方在备忘录中达成的一致意见，中国贸促会与尼工商联将致力于两国间在投资、贸易、旅游、信息交流、法律咨询与仲裁等方面的合作，并积极为双方的企业特别是中小企业到对方国家举办商品展销会和技术博览会提供服务。

2014年3月，中尼签署经济技术合作协议。按照新协议，中尼将开展一系列经济与技术合作项目，中国还将提供一定的物资援助，用于支持尼泊尔经济发展和技术进步。

2014年12月，中尼双方签署了《中国人民银行和尼泊尔国家银行双边结算与合作协议补充协议》。根据补充协议，中尼两国人民币结算将从边境贸易扩大到一般贸易，并扩大地域范围，这将进一步促进双边贸易和投资增长。

2015年3月，中尼签署《中华人民共和国政府和尼泊尔联邦民主共和国政府经济技术合作协定》。双方表示，希望在建交60周年之际进一步加强经济合作，促进双边关系发展。

2016年3月，在"中国—尼泊尔贸易投资介绍会"期间，中尼签署了两机构合作协议。根据协议内容，双方将加快合作机制建设，为中尼企业合作提供全面服务，帮助双方企业发现商机，深化互利共赢合作。

2016年3月，中尼共同签署《中华人民共和国商务部和尼泊尔商业部关于启动中国—尼泊尔自由贸易协定联合可行性研究谅解备忘录》，宣布正式启动双边自贸协定联合可行性研究。

2016年3月，中尼发表了联合声明。声明提到中方愿鼓励地方政府、中资企业和社会团体积极探讨与尼方开展产能合作、经贸合作区建设，在建材、水利水电开发、有机农业等尼方有资源优势的领域加强合作。

2017年5月12日，中尼两国签署《中华人民共和国政府与尼泊尔政府关于在"一带一路"倡议下开展合作的谅解备忘录》。

2017年8月，中尼签署《中华人民共和国政府和尼泊尔政府关于促进投资与经济合作框架协议》。

2018年4月23日，在中国北京举行"一带一路中国—尼泊尔农业合作对话会"，以中尼农业合作的现状、机遇和前景展望为主题。

2. 科技合作

中尼政府和企业通过互派专家和学者、研讨培训等方式加深合作交流，为两国农业科技创新合作打下了坚实基础。近年来，中尼两国在多个农业领域内有多项农业科技开发合作项目。2006年中国与尼泊尔的科学家合作开发出一种适用于喜马拉雅山南坡低海拔湿润地区的新型坡地农业技术。技术的核心是在每层梯田的边缘种上一排绿篱，而选用的植物为千斤拔，对经济作物种植和畜牧业均有好处。这项新技术已经在尼泊尔中部山区大面积推广。

2013年建立了中国与尼泊尔等国家和国际组织种质资源引进交换渠道，拓宽了农业国际合作领域，在种质资源引进和联合鉴定，小麦、玉米基因组研究和大豆基因资源多样性保护等方面取得了重大进展。2015年4月中尼两国政府签署的换文规定，中国承担援助尼泊尔第1批农业技术合作项目，由隆平高科承担该项目的运作。主要任务分为两部分：一是从中国引进杂交水稻和玉米品种，中尼双方专家合作开展田间试验和高产栽培技术示范，筛选出优良的杂交水稻和玉米品种在尼泊尔推广种植；二是培训尼方农业管理人员和技术员，从而提升尼泊尔农业的综合实力。

3. 贸易合作

自古以来，中尼之间的贸易交往就非常密切。新中国成立后，尼泊尔与中国签订了一系列促进尼泊尔与中国贸易和交流的协定。1956年9月20日，中尼签订《中华人民共和国和尼泊尔王国保持友好以及关于中国西藏地方和尼泊尔之间的通商和交通的协定》。中途经过几次修订，目前执行的是1981年签署的第4个贸易协定，即《中华人民共和国政府和尼泊尔国王陛下政府贸易和支付协定》。2001年5月14日，中尼两国政府签订了《避免双重征税协定》，于2010年12月31日正式生效。

随着中尼贸易协定的签订以及"一带一路"倡议的提出，中国与尼泊尔的农产品贸易发展势头很好，尼泊尔已成为中国通往南亚市场的重要通道。为推动双边贸易发展，中国政府先后于2010年、2013年对尼泊尔出口至中国产品提供60%、95%零关税优惠待遇，2014年零关税待遇的范围进一步扩大到97%，优惠政策将包括8030个税目商品，涵盖了尼泊尔对中国出口的绝大多数农产品。2014年中国与尼泊尔边境曾经的最大陆路通商口岸—吉隆口岸正式扩大开放。目前，位于尼中边境尼方一侧的出口加工区正在建设中，建成后，尼泊尔对华出口可望进一步扩大。

4. 投资合作

尼泊尔政府着力吸引外资促进本国经济增长。尼泊尔与中国政治关系长期稳定，根据尼泊尔相关法律，尼泊尔与中国签订了"避免双重征税协议"为中国企业投资奠定了基础，两国政府也正在进行《双边投资促进保护协议》的谈判。

尼泊尔政府计划与包括中国和卡塔尔在内的5个国家签署双边投资保护和促进协议（BIPPA），这是尼泊尔政府首次主动提出与其他国家签订双边投资保护和促进协议。

近年来，中资企业在尼投资增长迅速。2015—2016财年，中国内地对尼泊尔的投资额为62.92亿卢比，项目数量达128个，占尼泊尔吸收外资投资总额的41.3%[①]，在尼泊尔吸

---

① 数据来源：尼泊尔工业局

收外资来源地中名列第一。中国在尼泊尔投资的企业有100多家，其中规模较大有30余家，较出名的有中国水电建设集团国际工程有限公司，中国水利电力对外公司等。主要集中在水电站、航空、餐饮、宾馆、矿产、中医诊所、食品加工等行业。在农业基础设施领域，如灌溉等民生项目，作为农业国家，尼泊尔大力发展水利灌溉工程，城市和乡村的基础设施也有待完善，这两个领域是中国援助资金重点投放对象。

（二）合作潜力

1. 合作基础

文化上，两国在宗教信仰、民族构成、传统习俗等方面具有极强的相似性。尼泊尔和中国两国人民一直保持着深厚的友谊，中国企业在尼泊尔一直受到当地居民尊重和欢迎。地理位置上，尼泊尔是中国山水相连的近邻，有着农业贸易便利的交通条件。政策上，中尼双方制定了一系列优惠的农业贸易投资政策，为对方创造良好的营商和投资环境。

2. 合作前景

尼泊尔地理位置优越，农业资源丰富，复杂的地貌和多变的气候，使得农业发展形式多样化。中国有世界领先的农业科技、优质高效的产能。双方利用其优势互补，在农业基础设施，农业投资贸易和农产品加工等领域加强合作。双方合作不仅能促进尼泊尔农业发展，还可使中国企业获得在尼泊尔乃至南亚区域市场的机会，合作前景良好。

交通是发展农业的关键。为了确保农业基础设施之间的连通性和平稳运行，尼泊尔方面将完成塔托帕尼港口周围和阿尼柯高速公路沿线的灾害处理，保持加德满都Syaphrubesi公路处于运行状态。中国愿意与尼泊尔合作，提供技术和人才等方面的支持，通过港口、铁路、高速公路、航空、通信等项目建立一个喜马拉雅山多维连接网络总体框架。

尼泊尔方面表示愿意加快发展尼泊尔的3条南北经济走廊，即戈西经济走廊，甘达基经济走廊和卡纳利经济走廊，以创造就业机会，改善当地民生，促进这些地区的经济增长和发展。中尼双方同意进一步研究上述走廊合作的可能性。中国同意采取积极措施，促进尼泊尔对华出口，并考虑为农产品研发提供技术和资金支持。中国为尼泊尔设立农业研究实验室和检疫设施，以促进尼泊尔农产品出口到中国。双方达成协议在两国之间开辟更多农产品贸易路线。

中国鼓励地方政府、企业和社会团体发挥与尼泊尔农业生产能力合作，加强在尼泊尔具有资源优势领域的合作保护，如水利、有机农业和草药等。同时，中国的食品加工全球领先，将中国先进的农业食品加工技术、设备和研发引进尼泊尔是大势所趋，推动中国农业食品加工生产企业集群走进南亚市场。

（三）合作重点

1. 重点领域

中国愿与尼方共同努力，开展农业科技示范园的建设，探讨在草药、蔬菜、水果、畜牧等领域的合作。

（1）草药

尼泊尔在利用草药进行保健和治疗方面有着悠久的历史，约有80%的人口使用传统草药进行初级保健。目前大约有1700种植物被用作药物，包括原油形式和加工药物。瑞士苦苣菜、巴黎多茴香、乌头等是一些有价值的和广泛使用的尼泊尔的药用植物。通过对喜马拉雅山植物中分离出的化合物进行仔细和系统的筛选，发现了抗癌基因。因此，未来的研究应该从这些具有潜在价值的植物中分离生物活性化合物并系统评估其药理学性质。

（2）花卉种子

尼泊尔农业气候条件多样，拥有出产各类花卉种子所需的独特环境，以低成本生产花卉种子的条件相对优越，这些花卉种子可在国际市场上出售。花卉种子的商业化生产和出口要求有很高的技术标准和良好的监测系统，尼泊尔可有效利用中国公司的技术来发展此项赢利型农业产业。

（3）蔬菜种植

尼泊尔各地气候不一，土壤肥沃，出产的蔬菜品种多，质量好。以商业化规模种植的蔬菜种类主要有白菜、萝卜、花椰菜、茄子、马铃薯等。虽然尼泊尔也向印度和中国西藏地区出口一些蔬菜，但绝大部分的蔬菜都供自己消费。近年来，尼泊尔开始种植并出口雪豆至日本，效益不错。尼泊尔还将种植法国扁豆等其他出口产品，展示了以商业规模生产特殊蔬菜出口的潜力。中国对尼泊尔蔬菜种植业进行投资，利用科学手段种植蔬菜并出口，合作前景很好。

（4）水果加工

尼泊尔生态条件好，适宜种植各类水果。柑橘、香蕉、杧果、荔枝、桃、杏等水果的产量大，供应充足。尼泊尔采取措施，通过实施商业化水果开发计划来增加水果种植面积。尼泊尔水果质量很好，但是加工水平低，规模小。通过与中国合作，建立工厂，加工果汁、果酱、果冻和果酒，并将之出口。

（5）养蚕业

日本、韩国、中国和印度的专家认为，发展养蚕业可为尼泊尔中部山区和特莱平原的发展创造非常好的前景。这些地区的农业气候条件适于种植桑树和养蚕。1975年以来，尼泊尔政府在加德满都以东约35千米的柯帕石建设了1个养蚕中心，最初该中心只是一个演示机构，后来扩展成为培训和研究中心。1991/1992 年度以来，还成立蚕子养殖站。尼泊尔已经建立了 6 条二化线，这些二化线可用来生产杂交蚕子。温和二化技术在尼较受欢迎，操作简单，小农场主容易接受。

初步估计尼泊尔桑树种植面积可扩大 6000 公顷，可出产 350 吨原蚕丝和 85 吨废蚕丝，其价值可超过 18 亿卢比。可推动小农场主大力投资种植桑树和养蚕，将缫丝业和丝织品制造业发展成为中型产业。

（6）综合乳制品业

尼泊尔制奶业历史悠久，曾向印度和中国西藏出口过奶制品、酥油和黄油。中尼合作发展制奶业以满足国内市场需求，并重新启动对印度及其他海外市场的出口。通过建立综合制奶业，结合其他相关活动，如改良牲畜饲养方法、牲畜食品生产和奶制品加工等，提高奶制品的产量和质量。在高海拔地区生产牦牛乳酪向海外出口，前景良好。

（7）调料加工

尼泊尔出产的调料品种丰富，有生姜、小豆蔻、姜黄、香料药草、桂皮、大蒜以及各类辣椒。大多数调料供国内消费，少部分如辣椒、姜黄、大蒜、姜和小豆蔻等以原材料向印度及其他国家出口。在尼建立调料加工厂，利用自动化、脱水、清洗以及包装技术等，生产高附加值产品供出口。

2. 重点项目

（1）中国食品谷全球商贸城项目

中投互贸平台促成尼泊尔国家级重点农业项目。中国政府与尼泊尔政府达成合作共识，将共同开发中国食品谷全球商贸城项目的合作，在南亚 8 国建立永不落幕的中国农业产品展销会，共同推动中国农业食品加工生产企业集群走进南亚市场。

（2）杂交水稻培育项目

中国援尼泊尔的杂交水稻项目。援尼农业技术合作项目组在加德满都、奇特旺等多个地区挑选了数个水稻和玉米试种点。从多个品种中筛选出一些优良品种，能较好地适应尼泊尔的气候、土壤等条件，也较为符合尼泊尔人的口味，并具有高产、高抗病虫害能力等优势。一年多的试验显示，中国杂交水稻和玉米表现优异。援尼农业技术合作项目组已经完成了 67 个品种的试验，其中 4 个最优品种在尼试种面积已达 9.6 公顷，杂交水稻种植面积将进一步扩大。

五、中尼农业合作建议

（一）加强农业科技合作，培养农业科技创新人才

尼泊尔农业发展易受气候变化和自然灾害影响，农业基础薄弱，技术水平落后，推广难度大，农业职业技能人才培养力度不够。发展农业科技水平和提高劳动者素质可以解决农业发展中所面临的问题。

加强农业科技合作对中尼两国是一次机遇。尼泊尔可将中国拥有的技术优势转化为生产优势，如研发一些适应尼泊尔气候条件的优良种子，形成从引种选育、栽培试验、推广、生产管理等配套体系，实现技术向生产力的成功转化。同时，进一步完善双边与多边科技合作机制，丰富政府间合作渠道和企业间合作平台，制定符合双方发展特色的科技人员交流和机理体制，充分发挥学科间、区域间、部门间相互交流的积极作用，营造有利于培养农业科技创新人才的环境。

（二）加强农业贸易合作，拓宽国内国际市场

尽管中尼两国一直是战略合作伙伴关系，但农业贸易领域合作水平却始终未能达到相应的高度。主要表现在进出口农产品结构单一，未充分发挥优势产业；农业贸易区域不均衡，主要是以边境（中国西藏）贸易为主；贸易关系不稳定，易受自然灾害等因素影响。

1. 建立中国西藏—尼泊尔自贸区

中国对尼泊尔出口贸易有将近1/2通过西藏陆运口岸。建立中国西藏—尼泊尔自贸区是加强两国经贸往来的最好方式之一。尼泊尔和中国西藏在很多方面具有相似性，比如两者经济都不发达，以农业生产为主，另外尼泊尔有较好的转口贸易条件，贸易发展前景很好。虽然尼泊尔与中国西藏地区农产品贸易总量有限，但对西藏经济增长存在较大贡献，建立中国西藏—尼泊尔自贸区显得十分必要。另外，中国其他省份也应积极开拓尼泊尔的农产品市场，比如青海省为出口提供最大便利化，开辟了农产品"绿色通道"，目前向尼泊尔出口了青海本地的压榨菜籽油和"青薯9号"红皮脱毒马铃薯，扩大了农产品出口种类。

2. 完善农产品贸易沟通机制

由于农产品的特殊性，农产品贸易具有一定的时效性。在双边贸易不稳定的复杂环境下，构建和完善有效的事前沟通机制十分必要。中国和尼泊尔应加强边境口岸的沟通和协商机制，尽量通过谈判解决两国之间的贸易摩擦。这样有利于能尽快消除中尼之间的贸易壁垒，降低出口商的政策风险，减少因贸易政策调整带来的巨大经济损失。完善农产品贸易沟

通机制，通过建立双方贸易信息共享平台，减少贸易中的中间环节，提高商品的通过效率。

（三）加强农业投资合作，稳定农产品贸易关系

虽然中国是尼泊尔第一大投资国，投资项目已超过印度，但农业直接投资项目很少，且规模不大。建议加大对尼泊尔农业直接投资额，扩大投资对象及规模，缩小中尼两国农产品贸易差额，减少贸易摩擦，这对稳定中尼农产品贸易关系非常关键。另外，面对中国国内日益高涨的土地价格和劳动力成本，而尼泊尔则相对低廉，从而减少商品成本。中国农企在尼泊尔投资建厂，除了能得到尼泊尔投资贸易政策上的各项优惠，还能享受南盟成员国之间零关税的待遇。这不仅降低农产品出口成本，还能以较高效率进入潜力巨大的南亚市场，尼泊尔"转口贸易"的优势得到了体现。同时，中国多年对尼泊尔进行经济支持和援助，在当地居民中积累了良好的印象，国家影响力得到显著提升，为中尼农产品贸易关系打下稳定基础。

参考文献

陈利君，刘曼.2015.2014年南亚地区经济发展形势［J］.东南亚南亚研究，（1）：43-54，109.

程宇航.2015.神秘山国尼泊尔［J］.老区建设，（23）：47-50.

国际商务财会.2012.对外投资国别产业指引［J］，（9）：90-93.

何维.2006.中资承包商在尼泊尔的国际工程承包项目的风险分析及对策研究［D］.西安：西安建筑科技大学.

李小双，朱丽艳，李百航，等.2010.以"桥头堡"建设为契机 加快云南林业"走出去"步伐［J］.林业建设，（5）：10-15.

刘馨蔚.2018.尼泊尔盼深度参与中国一带一路建设［J］.中国对外贸易，（6）：68-69.

宋志辉.2005.尼泊尔投资环境及中尼经贸现状分析［J］.南亚研究季刊，（3）：36-41，5.

王春丽.2018."一带一路"重要节点：南亚区域市场的投资环境与拓展对策［J］.东南学术，（1）：184-192.

肖黎.2012.我国农业海外投资的六类风险与应对措施［J］.求索，（3）：90-91，31.

徐奇渊.2015.亚投行发展融资理念：应以全球价值链合作为出发点（英文）［J］.China International Studies（5）：61-66.

张杰.2014.中国和尼泊尔贸易现状、问题及对策研究［D］.石家庄：河北经贸大学.

周晓阳.2016."一带一路"战略背景下西藏沿边开放政策调整研究［D］.拉萨：西藏大学.

Nawal S. 2018.Traditional therapeutics in the Nepal Himalaya：a trove of ethno medicinal plant knowledge［J］.中国药理学与毒理学杂志，32（4）：271.